南京简史

南京市地方志编纂委员会办公室　编

南京出版传媒集团
南京出版社

图书在版编目（CIP）数据

南京简史 / 南京市地方志编纂委员会办公室编. --
南京：南京出版社, 2024.7
ISBN 978-7-5533-4823-0

Ⅰ. ①南… Ⅱ. ①南… Ⅲ. ①南京 - 地方史 Ⅳ.
①K295.31

中国国家版本馆CIP数据核字（2024）第109732号

书　　名　南京简史
编　　者　南京市地方志编纂委员会办公室
出版发行　南京出版传媒集团
　　　　　南 京 出 版 社
社址：南京市太平门街53号　　邮编：210016
网址：http://www.njcbs.cn　　电子信箱：njcbs1988@163.com
联系电话：025-83283893、83283864（营销）　025-83112257（编务）

出 版 人　项晓宁
出 品 人　卢海鸣
责任编辑　徐　智
封面设计　赵海玥
版式设计　王　俊
责任印制　杨福彬

排　　版　南京新华丰制版有限公司
印　　刷　南京凯德印刷有限公司
开　　本　787 毫米 × 1092 毫米　1/16
印　　张　20.75
字　　数　280千
版　　次　2024年7月第 1 版
印　　次　2024年12月第 2 次印刷
书　　号　ISBN 978-7-5533-4823-0
定　　价　69.00 元

用微信或京东
APP扫码购书

用淘宝APP
扫码购书

编委会

目　录

前　言

城市的诞生和延续，一是自然的“天成”和支撑，二是人类的选择和创造。南京作为中国“四大古都”之一和当代最重要的区域中心城市之一，也走过了这样的历程并具备这样的规律。

今天的南京是江苏省省会、东南“门户城市”、国家级交通及物流枢纽城市、长江经济带重要中心城市、“一带一路”交汇城市，也是中国至今最具活力的中华古都之一。

跨江而立的南京主城，其大地域背景为长江下游宁镇丘陵地区，东南面是长江三角洲，西南是皖江地区，北面是江淮平原，古代的长江入海口就在南京以东不远的扬州和镇江之间。从孙吴开凿连通秦淮河和江南运河的破冈渎到今天连接沪宁杭三城的城际高铁，从明代联系南、北两京的驿站和大运河到今天的京沪高铁，南京一直处在中国南北大动脉和长江黄金水道的交汇处，地理位置十分优越。

南京为什么拥有中华古都的战略地位？其原因深藏在中华文明的宏观结构之中。考古学、历史学、民族学、人类学等多学科资料证明，中华文明体系主要是由四个文化板块构成：北方及西北的草原高原文化板块、黄河文化板块、长江文化板块、东南海洋文化板块。在中华文明五千年持续发展中，这四个文化板块的能量互补、此起彼伏、碰撞激荡、融会贯通，成为中华文明体系生命历程至今未断的重要原因，也是中华文明“多元一体”的根基所在。我们所说的中华四大文化板块都是以新石器时代中晚期文明的初起段为根基、为起因，此后成长过程中文化空间的位移和多元文化板块的交流是融会、是结果，即后者不是它们的开始而是其文化特质的转型与升华。在四大文化板块中，草原高原文化板块和黄河文化板块相对接近，其中又以黄河文化板块为主导，人们一般视之为中国北方文化；东南海洋文化板块与长江文化板块相对接近，其中又以长江文化为主导，人们一般视之为中国南方文化。它们构成了中国文化多元互补、南北竞美的格局。在黄河文化和长江文化中，夏商周至两汉，黄河文化占主导地位，从三国两晋南北朝开始，长江文化逐渐占据优势地位，而“长江文化”正是支撑南京立都的文化根基，也是南京作为都城能够“不断复兴”的重要动力，这在本书中有大量的史料可以证明，即在中国版图上，南京位于东南地区长江下游的江南区域，在传统中国以“中原”为天下之中的形势中，南京是偏于一隅的。所以，三国孙吴之前，南京不仅几乎没有区域中心的地位，甚至还不是一座成熟的城市，但是她雄视长江、领袖东南、通海控淮的地缘优势，决定了她担负着在中国大格局中必然崛起的历史使命。当然，作为中华古都，南京的发展底蕴又不局限于长江一线，她与立都于黄河流域的古都在文化上属同一血脉，在地位上是互动交融的关系，其结果就是促使南京成为中国南、北文化的汇聚地：东晋时，“洛阳文化”来此，与原先的吴都文化相融会；南唐时，这里以继承大唐文化而具盛名；明代时，汲取了唐、宋、元文化中的许多成分，又凝聚了大量南方文化因子，后将成型于南京的一种新型文化推及北京乃至全国；晚清至民国时，更多地吸纳了东南海洋文化板块的优势，从而构成中、西渐融的民国文化。从中国大格局上说，长江流域及南方地区经过“六朝”时代获得深度开发，中国经济中心逐渐向南方倾斜，加之儒、道、释多样文化的兴起和交融及教育的发达，政治、文化都呈现出新气象。后经五代十国和两宋，出现“苏湖熟，天下足”“上有天堂，下有苏杭”之说，至明代，长江流域及广大南方已经成为中国经济、文化根本之所在。在此过程中，古都南京的主导性作用和地位是鲜明而突出的。

中华文明因为存在着四大文化板块及各文化板块之间的竞合互动关系，导致中国政治文明中心即都城的空间位移，在数千年的文明发展中，大体形成了与各文化板块相对应的三大古都文化圈。它们分别是与黄河文化板块相对应的西安、洛阳、安阳、开封古都文化圈；与长江文化板块相对应的南京、杭州古都文化圈；与草原高原文化板块相对应的北京古都文化圈。中国政治中心的空间位移，其背后的推动力量是不同文化板块内生能量消长及互相竞合的结果，代表着中华民族和中华文明不断传承、碰撞、发展、融会与复兴的伟大进程。

历史告诉我们，早在先秦时代，南京所在的长江下游沿江区域已成为“吴文化”的起源和早期发展之地。如在宁镇地区特别是秦淮河流域，考古学家发现了青铜时代的“点将台文化”及“湖熟文化”，近年在南京秦淮区西街地块还发现了三千年前的城防聚落遗址，代表着南京古代城市的起源。不过，从春秋至两汉的一千年间，江南地域的中心城市在太湖平原和皖南山区，南京区域呈相对边缘化状态。一直到东汉晚期，随着黄河流域经济与文化的衰落、政治的动乱和北方草原文化的南向扩张，南京的地缘优势才开始真正展现，在三国孙吴时期，一举成为中国东南地区政治势力的依托中心和文化的集聚地；东晋时期又成为从黄河流域南移的中原传统政治势力和中华传统文化的传承中心，其城市政治统治区迅速扩展到大半个中国，文化辐射力波及东亚列国。诚如日本学者吉村怜先生在《天人诞生图研究——东亚佛教美术史论文集》一书中所言：“从文化上来说，6 世纪的南朝宛如君临东亚世界的太阳，围绕着它的北朝、高句丽、百济、新罗、日本等周围各国，都不过是大大小小的行星，像接受阳光似的吸取从南朝放射出来的卓越的文化。”这一历史态势持续时间超过两个半世纪，写下了南京作为中国著名古都和东亚地区历史文化中心城市的辉煌篇章。尽管南北朝之后中国政治中心忽在黄河文化板块，忽在北方草原文化板块，但南京作为长江文化乃至南方文化板块的代表性都城的地位由此而确立，一旦历史需要，南京就会承担起作为全国政治中心和文化重心的使命。

宋代以前的中国各统一王朝的“两都制”以西面的长安（今西安）和东面的洛阳为主，汉唐五代都是这样，宋代虽然建都东京（今开封），但西京（今洛阳）仍然是核心型城市。南宋以后，随着黄河流域的衰落，必须依托强大的经济、文化及军事背景才可以立足的中国政治中心就改由代表长江及南方文化板块的南京和代表北方草原高原文化板块及黄河文化板块的北京“轮流”担任。朱元璋以应天（今南京）为中心推翻定都于大都（今北京）的元朝，建立一统大明江山；半个世纪后封在北京的燕王朱棣于南京登基，永乐十九年（1421）他把都城从南京迁到北京，以南京作为明朝“南都”（即陪都），地位仅次于北京，这种状态一直持续到明末；明末南明朝廷在南京建立，与定都北京的清政权相对抗；有清一代，南京为江南省治所，为南方地区政治地位最高的城市；清代晚期，太平天国政权立都江宁（今南京），号称“天京”，高扬反抗北京清政权的大旗；直到 1912 年孙中山先生在南京宣布推翻从秦始皇开始已延续两千多年的专制帝制，建立起亚洲第一个资产阶级共和国——中华民国。尽管孙中山先生执政时间不长，让北京的袁世凯夺取了辛亥革命果实，但南京作为新生“民国”的开国地，仍然有其不可磨灭的历史地位。自 1927 年开始，民国首都又从北京迁回到南京，直到 1949 年中华人民共和国在北京诞生。历史证明，元末以后到 1949 年的 581 年时间里，南京与北京这两个古都的互动主导着不同时期整个国家的政治格局和民族命运，充分体现了南京城市的独特地位和非凡的区位优势，也表明了南京对中华文明持续发展所做出的重大贡献。

历史学家认为，南京是中国著名的“十朝”故都。“十朝”指孙吴、东晋、刘宋、萧齐、萧梁、陈、南唐、明、太平天国、民国，历代建都时间共近 450 年。此外，杨吴、南宋、明代的南京曾一度承担“陪都”之任，时间也达 300 年左右。纵观历史，南京在长期的发展过程中，从文化和行政角度观察，具有以下一些特点。

一、江苏上古文化圈与南京的相对“边缘化”

史前时期，南京是长江下游重要文化区，以考古学上的“北阴阳营文化”为代表。到先秦时代，江苏主要有两个核心文化圈，即淮河以北的徐文化圈（以徐州到淮河一带为中心）和淮河以南及江南的吴文化圈（以苏州到无锡一带为中心）。另在南京以西有楚文化圈（立都于湖北荆州，后来向长江及淮河下游扩张）。南京在这一时期处于吴、徐这两大文化圈的“边缘地带”或吴、徐、楚三大文化圈的接合部。

两千多年前，南京的江北地区多具楚文化色彩，如最早的行政建置“棠邑”（今六合境内）为楚置；江南地区多吴文化色彩，如最早的行政建置“濑渚邑”（今高淳境内）为吴置。文献所载南京主城区最早的“城”类建筑“越城”（位于秦淮河南岸）传为越国所置，但根据最新的西街遗址考古发现，这处代表着南京城初起阶段的遗址早在商末周初时已经成为带城垣的“环濠聚落”，而南京第一个行政建置“金陵邑”为楚人于公元前 333 年所设，后来秦始皇南巡时将“金陵”改为“秣陵”。

总之，从先秦到秦汉时代，今天南京主城区还不是一个真正的城市建成区，其原因来自丘陵型地理条件以及政治和文化等多个方面。

二、汉末到隋初“异军突起”

南京自东汉末年到隋初360多年的三国两晋南北朝时期呈现“异军突起”的态势，并影响了当时整个中国发展格局的改变。从公元229年到公元589年，其间除去西晋37年（280—316）外，南京皆为中国半壁江山的中心城市，号称“六朝古都”，其文化辐射力达到整个东亚地区，由此奠定了南京在中国乃至东亚地区的历史地位、城市气质和文化基因。其中，西晋末年“衣冠南渡”时，把洛阳已养育千年的中原都城文明带到建康（南京在孙吴时称“建业”，西晋中改称“建邺”，西晋末改称“建康”），当时的建康都城高级士族在南方的青山秀水间仍然使用“洛下之咏”来吟诵经典，至于一般的中原方言俗语更是得以流行，南京原为吴语区，正是从六朝时期起，开始逐渐转变为江淮方言区。魏晋时期的中原地区流行玄学，江东当时还是传统经学盛行地区，从中原南迁的士族带来了“竹林七贤”的遗风，因此江东成为玄学的新中心，对吴地学术面貌产生了重大影响，由此带动江南地区从过去的“尚武”传统逐渐转变为“尚文”传统。《北齐书·杜弼传》记载，北齐高祖高欢对杜弼说：“天下浊乱，习俗已久。今督将家属多在关西，黑獭常相招诱，人情去留未定。江东复有一吴儿老翁萧衍者，专事衣冠礼乐，中原士大夫望之以为正朔所在。我若急作法网，不相饶借，恐督将尽投黑獭，士子悉奔萧衍，则人物流散，何以为国？”北齐统治者高欢说在江东（主要指今南京一带）的梁武帝萧衍积极从事华夏正统文化建设，中原士大夫认为南朝才是华夏“正统”，如果北朝的法律过于严苛，恐怕北方的士人都要投奔南朝了。可见直到南朝梁代，建康作为中华文明的“正朔”所在乃是当时南北的主流共识。

三、隋唐时期低潮期到五代十国时期的城市复兴

隋唐时代，南京遭受刻意贬抑。隋军攻占陈朝都城建康后，对其实行“平荡耕垦”式毁灭，唐代南京甚至被长期作为润州（今镇江）的属县，但是唐代的南京在农业、手工业、商业及佛教文化等方面仍然有一定地位，尤其是李白、杜甫、白居易、刘禹锡、杜牧、李商隐、韦庄等著名诗人创作了一批“金陵怀古”作品，为唐代南京展现了“旧都”的气象。唐以后的五代十国时期，南京先后成为杨吴政权的“西都”和南唐国的国都，时间约66年，南唐国不仅是十国中最强的一国，而且还是文化最为发达的国家。李昪正式建南唐之后，采取的国策是对外睦邻修好，不兴兵卒；对内与民休息，轻徭薄赋，发展经济；对己克勤克俭，礼贤下士；治国讲求法度，举贤任能。正如史温《钓矶立谈》所说：“江表五十年间，父不哭子，兄不丧弟，四封之内，安恬舒嬉。”陆游《南唐书·烈祖本纪》也讲：“江淮间连年丰乐，兵食盈溢。”北宋史家马令《南唐书》卷十三《儒者传》序在评价南唐历史地位时说：“五代之乱也，礼乐崩坏，文献俱亡。而儒衣书服，盛于南唐，岂斯文之未丧，而天将有所寓欤？不然，则圣王之大典，扫地尽矣！南唐累世好儒，而儒者之盛，见于载籍，灿然可观。如韩熙载之不羁，江文蔚之高才，徐锴之典赡，高越之华藻，潘佑之清逸，皆能擅价于一时，而徐铉、汤悦、张洎之徒，又足以争名于天下，其余落落，不可胜数。故曰江左三十年间，文物有元和之风，岂虚言乎？”这里说五代中原混乱，有三朝都是沙陀人所建，本来就不可能尊崇华夏文明，多亏南唐延续了中华文化。后主李煜虽是亡国之君，但是“词圣”的美誉也让南唐文化赢得了历史的不朽。

五代时期，李昪始建昇州城（今南京），“治城市、府舍甚盛”。立都扬州的杨吴权臣徐温坐镇昇州，于此置昇州大都督府，遥控杨吴政权。杨吴武义二年（920），改昇州大都督府为金陵府。937年李昪

代吴，建立南唐政权，改金陵府为江宁府。此后，分上元县南十九乡和当涂县北二乡，设置江宁县，两县并治金陵城内，从此，上元、江宁两县同城而治，直到民国初年。南宋时期，陆游亲眼见到南京的城墙高大坚固，所以在他写的《南唐书》里特别强调李昪建造南京城的事迹。到南宋绍兴年间（1131—1162），李昪当年建造的南京城保存还基本完好，今天南京城墙的南部格局就是这时奠定的。明代南京人顾起元《客座赘语》卷九“石城”条说：“南都城围九十里，高坚甲于海内。自通济门起至三山门止一段，尤为屹然。聚宝门左右皆巨石砌至顶，高数丈，吾行天下，未见有坚厚若此者也。”顾起元当时说南京城的南部尤其坚固，他还指出这是南唐时期奠定的基业。

四、宋元地位提升

南京在北宋时为昇州治所，一度称江宁府，南宋改称建康府，也是江南东路路治所在，领一府、七州、二军、四十三县。元代为江南诸道行御史台所在。宋高宗赵构曾数次欲定都于此，但迫于形势选择杭州为都，而又将建康作为“留都”，其宫殿区（原南唐皇宫区）一直作为“禁区”予以保留。南宋政府还将江南东路安抚使、建康帅府、总领两淮军马钱粮、沿江水军制置使、沿江制置使等国家重要军政机构驻扎建康，使其成为南宋一朝仅次于都城临安的重要中心城市。

农业文明时代，粮食生产成为社会经济的主业。宋代最著名的一些圩田都分布在今南京及其周边一带，比如石臼湖的永丰圩，宋徽宗赵佶政和五年（1115）建成，周长五六十里，有田九百五十多顷。宋《景定建康志》卷十六《镇淮桥》说：“自江淮吴蜀，游民行商，分屯之旅，假道之宾客，杂沓旁午，肩摩毂击，穷日夜不止。”可见，宋代今南京的贸易范围主要是江南路、淮南路、两浙路与长江中上游地区，南京是当时长江流域最重要的经济中心。

元代以江南诸道行御史台（俗称“南台”）设于建康路，监临江浙、江西、湖广三大行省，江东等十道，四百五十县，为元代东南区域及长江三角洲中下游地区官员监督中心所在。《至正金陵新志》卷八《风俗》引至顺年间（1330—1333）建康人戚光的话说：“旧称陪都大镇。今清要之官，内外通选，人品论鉴，居东南先。士重廉耻，不竞荣进，气习大率有近中原。地当淮浙之冲，谈者谓有浙之华而不浇，淮之淳而雅，于斯得之矣。”这里是说当时来自南京的人才在人才评定、入职选拔中居东南之首。南京虽然地处长江以南，但文化接近中原，正因为介于两浙与淮南之间，南京既有浙江那样华丽的景象，又有江淮那样淳朴的民风。在宋元约 370 年时间里，南京一直是名列前茅的全国中心城市之一，是除南宋都城临安之外长江流域及南方地区地位最重要的城市。

五、明代成为大一统王朝都城

元至正十六年（1356），从淮河之滨起家的朱元璋整合江淮流域的军事和文化精英，攻克集庆（即南京），改称应天府。洪武元年（1368），他以应天府为中心，完成了灭元建明的历史任务，开创了一个新的王朝。是年，颁《立南北两京诏》，“以金陵、大梁为南、北京”。自此，金陵得称“南京”。永乐元年（1403），明成祖朱棣升北平为北京，应天仍称南京。

永乐十九年（1421），朱棣迁都北京，南京仍保留有“五府六部”等中央军政机关，称“南京”或“留都”，南京直接辖区即“南直隶”直属南京六部，统领府十四、直隶州四、属州十七、县九十七，直到明亡。有明一代，南京有 53 年为全国首都，有 223 年为仅次于首都北京的全国性中心城市。明代南京状元焦竑在《沈氏世传录序》里说：“金陵，天下之一大都会也，而民无土著，士鲜完室。则胜国时为高皇帝定鼎于斯，徙四方巨族实之。故今居金陵者，率自四方来也。”明初迁徙四方豪族定居于南京，可以认为，大明时期的南京是江南文化、江淮文化、北方文化交融创新之地。明代的南京文化对全国形成很强的辐射作用，这在近年全国各地明代早期封王王府遗址或封王墓葬考古发现中得到了验证。

明初朱元璋对南京城进行了大规模的扩建，全城自外向内有四层城墙：外郭号称长 180 里，实际 60 多公里，开城门 18 座；内城又称京师城垣，长约 35 公里，开城门 13 座；皇城长约 9 公里；宫城周长约 3.4 公里，形成了四重城垣的都城制度，把古代中国的都城规划制度推至最完善的程度。明代建立的南京城，其空间范围直到 20 世纪也未被现代城市突破，可见当时都城规划之高远。明南京城还首次把鼓楼以北直到狮子山的广大地区纳入内城，并推动下关滨江一带的开发；首次把江北的浦口建设成为北面的“卫星城”，设置江浦县，并纳入应天府管辖，开启了南京城市“跨江发展”的先河。明代南京在教育（如国子监）、图书编纂出版（如《永乐大典》《十竹斋书画谱》）、造船及航海（如设立宝船厂及龙江船厂、郑和下西洋）、宗教（如设僧录司、大报恩寺、南藏雕印等）、军事（如设宝源局和火器制造机构）、建筑（如都城规划和宫殿、陵寝等建造）以及文学艺术等领域无不领先于全国。迄今保存下来的南京明代都城遗址、宝船厂遗址、明孝陵等都是称冠全国、饮誉世界的文明遗珍，其中明孝陵已经被联合国教科文组织列入“世界遗产名录”，南京明城墙列入“中国明清城墙”联合申遗项目，宝船厂遗址、郑和墓等也正在参加“海上丝绸之路”联合申遗工作。

六、清代成为重要区域中心城市和江南文化中心城市

清代，南京仍是中国除首都北京之外综合地位最为重要的城市。

明亡后，马士英、史可法等明朝大臣奉福王朱由崧在南京称帝，年号弘光，史称“南明”，一年后为清军所灭。顺治二年（1645），清政府改明朝的“南直隶”为“江南省”，应天府改称“江宁府”。顺治四年（1647），派驻两江总督于江宁（今南京），统辖江南省（约当今江苏、安徽、上海全境）和江西省、河南省（后划出）三省军政。有清一代，两江总督的地位仅次于直隶总督，在全国八个总督中，两江总督辖地最广、位高权重。清晚期，以两江总督兼南洋通商大臣，实际参与外交事务掌管。

1842 年 8 月，英国侵略军迫使耆英、伊里布、牛鉴三人代表清政府签订了中国历史上第一个不平等条约《南京条约》，开启了中国近代大变革的时代。可以说，中国的近代史大门是从南京打开的。从此，中国走上了艰难的近代化乃至现代化之路。1851 年 1 月，洪秀全在广西桂平发动武装起义，后建国号“太平天国”，1853 年 3 月 19 日攻克江宁，改名“天京”，到 1864 年 7 月 19 日“天京”被清军攻破，历时 11 年，南京实际成为加速清朝灭亡的主要城市。镇压太平天国和太平天国以后维持清朝统治、力主“洋务运动”的一批所谓“中兴之臣”，如曾国藩、李鸿章、左宗棠、刘坤一、张之洞、沈葆桢、彭玉麟、曾国荃等，没有一个不是从南京“两江总督府”走出去的封疆大吏。清代南京不仅有大批遗民文艺家，如孔尚任、“金陵八家”等，还催生了《桃花扇》《红楼梦》《儒林外史》等文学名著，袁枚在南京随园创立了文学史上的“性灵派”，李渔在秦淮河畔“芥子园”创作和刻印了大量流行文艺作品，“桐城派”领袖姚鼐等也在南京有诸多创作。清代的江宁府城虽然不是都城，但是她继承了这座城市的文学传统，仍然是中国最重要的文化中心之一，这为南京今天成为世界“文学之都”奠定了深厚基础。

七、民国又一次成为全国政治中心

1912 年 1 月 1 日，孙中山先生在南京宣布“中华民国”成立，这是中国历史上又一个伟大的创举。中华民国南京临时政府虽然仅存在了三个月，但这一时期以孙中山先生为首的一批革命先行者议决颁发了多项有利于推进民主政治和发展资本主义经济的政策和法令。这些政策、法令尽管未及全面实施，但民主、共和的思想已随之逐渐深入人心。正是因为南京在孙中山先生的人生历程中占有重要的地位，1925 年先生在北京弥留之际留下遗言，要求归葬生前亲自选定的南京紫金山，“中山陵”现在是南京最重要的历史遗产之一。

从 1927 年 4 月起，以蒋介石为首的国民政府又定都于南京，废金陵道（金陵道原辖十一县），改江宁县城区为南京市，开启了南京城市建设现代化的一页。1928 年 1 月成立了“首都建设委员会”。1929 年底正式公布《首都计划》，把南京城市空间划分为紫金山南麓的中央政治区、傅厚岗一带的市级行政区、长江两岸的工业区、主干道两侧和明故宫至新街口一带的商业区、鼓楼附近的文教区、山西路一带的新住宅区。这一时期，南京城市布局最大的变化是城北片的开发。宁沪铁路建成后，下关车站带动了城北的发展。20 世纪 30 年代，一些大型化工企业在长江北岸建成，形成新的工业中心，被命名为“大厂镇”。位于南京江北卸甲甸一带的永利铔厂在当时被称为“远东第一大厂”，由中国“化学工业之父”范旭东等所创建。中山大道（今中山北路、中山路和中山东路）沿线建起了一批公共建筑。国立中央大学、国立中央研究院等多所大学和研究机构使南京成为全国高校和科研事业的翘楚。东郊的中山陵建成后，带动了周围一系列纪念性建筑的兴建，一些风景名胜在这时发展成型。这些都对南京今天成为中国重要的教育、科学、文化名城发挥了重大作用。

从 1931 年开始，由于日本侵略者对中国及亚洲其他国家的入侵，当时作为中国首都的南京被卷入了世界历史的洪流之中，在此发生了震惊中外的侵华日军南京大屠杀，激发了中国人民坚决抵抗日本侵略者的血性和斗志。1945 年 9 月 9 日，标志日本侵略者彻底战败投降和第二次世界大战结束的中国战区受降签字仪式在南京举行。2014 年 2 月 27 日，十二届全国人大常委会第七次会议通过决定，将每年的 12 月 13 日设立为“南京大屠杀死难者国家公祭日”，以增强现代人对国家遭受战争灾难历史的记忆，让中国人民与世界各国人民一样，以史为鉴，倡守正义，维护和平，开创未来。南京见证了第二次世界大战侵略者战争的罪行和所受正义的惩罚，也见证了中华民族的博大胸怀，是名副其实的英雄之城、和平之城、博爱之都。

1949 年 4 月 23 日，人民解放军占领南京，标志着中国及中华民族命运发生里程碑式的重大转变。

通览整个中国的文明历史过程，公元 229 年以后南京的崛起，无疑是我国历史上的重大事件，即南京的崛起开辟了长江文化板块乃至中国发展的新景象，南京的历史地位具体表现为：

1. 在中国国土范围内塑造了又一个政治中心城市，使中国的政治中心城市走出黄河文化板块的一元格局即西安—洛阳的东西横向轴线，开启了多元竞美即南京—洛阳、南京—西安、南京—北京、开封—南京—杭州等多个南北纵向轴线的中国都城文明的新格局。

2. 南京作为都城之时，引领了长江流域及整个南方区域的发展，改变了中国原有的六朝之前北强南弱的局面，整体上促进了隋唐时代南北地区的共同发展，为最终形成五代十国以后南强北弱乃至明清时代南方独占鳌头的国家经济社会结构发挥了关键性作用。清代以后，华南和西南又崛起了一些政治中心，如民国的广州和重庆，而这些新兴的政治中心无不尊奉南京或最终还都南京。可以说，南京在宋代以后的近世中国，是整合连结南北的中心城市，在统一中国的形成过程中发挥着关键的作用。

3. 南京在中国国家发展的整个历史过程中，多次发挥过至关重要的文化传承作用，如为隋唐盛世的到来奠基；为宋代文化发达启先河；是明文化的开创地；翻开中国近代历史第一页；结束专制帝制，开创民国，推动中国走向现代化，等等。

4. 南京作为都城或大区域统治中心之时，凝聚了长江流域甚至全国的人才优势，如三国的孙权、周瑜、周处、陆机、陆云等，东晋南朝的司马氏、王氏及“书圣”王羲之、谢氏、阮籍、“画圣”顾恺之、刘裕、萧氏、陈霸先、刘勰、沈约、祖冲之、陶弘景及国内外众多高僧，南唐的“词圣”李煜、顾闳中等，明代朱元璋及一批开国功臣等，清代的李渔、袁枚、曹雪芹、吴敬梓、魏源、洪秀全、洪仁玕、曾国藩、李鸿章、张之洞等，民国时期的孙中山、黄兴、蔡元培、竺可桢、徐悲鸿等及相关资源优势，创造了一个又一个文化高峰，为推进中华文明的整体进步做出了巨大贡献。可以说，南京在历史上的文化影响力不亚于其政治影响力。

八、南京将来之发达未可限量

研究历史的目的不是为了过去，而是要在历史中发现文明运行动力、原理和规律，为当代和未来提供参考和指导。

历史告诉我们，南京过去和将来都会以其东南门户、“地介南北”、“拥江达海”的特殊区位，成为中国最为重要的都会之一。南京在今后的区域发展中应当充分运用其地缘优势和长期积淀形成的现代教育、科技、人才、交通、信息、市场、文化等综合优势，在中国式现代化建设的进程中，发挥更切实的大区域空间凝聚和辐射作用。

近年来，随着宁合、宁启、宁西、宁汉、宁杭、宁安等新铁路的建成，南京一跃成为长三角地区最重要的交通枢纽和科教名城，南京对长江下游及淮河流域的带动作用也更加突出。2010 年 9 月，南京被国家工信部授予首座“中国软件名城”称号。也是在 2010 年，国家发改委公布的《长江三角洲地区区域规划》中对南京的定位是：“发挥沿江港口、历史文化和科教人才资源优势，建设先进制造业基地、现代服务业基地和长江航运物流中心、科技创新中心，加快南京都市圈建设，促进皖江城市带发展，成为长三角辐射带动中西部地区发展的重要门户。”这一定位完全符合南京的历史地位、空间区位和现代实际发展能力，符合国家宏观区域发展战略。2019 年 9 月，南京被公布为全国 23 个国家物流枢纽城市，加上国家级新区（江北新区）、国家自贸区（江苏）和国家跨境电子商务综合示范区、“一带一路”交汇城市等城市身份，南京有条件从中国枢纽城市走向全球城市。2021 年 6 月，南京被批准为“引领性国家创新型城市”，这是国家对南京坚持将科技创新摆在高质量发展全局核心位置，坚持“一张创新蓝图绘到底”形成“大科技”合力的“南京经验”的全面肯定。南京，创新热潮从未停歇，犹如大江奔流，高歌向前。

此外，2019 年 10 月，联合国教科文组织批准世界 66 座城市加入联合国教科文组织“创意城市网络”，南京被列入“文学之都”，成为中国第一个获此称号的城市；2024 年 2 月 14 日，又将南京、苏州等 64 座城市纳入联合国教科文组织全球学习型城市网络，以表彰这些城市为助力居民实现终身学习所做的努力。这是南京这座中国特大型城市来自世界的肯定和褒奖。

正如孙中山先生所言：“南京为中国古都，在北京之前，而其位置乃在一美善之地区。其地有高山，有深水，有平原，此三种天工，钟毓一处，在世界中之大都市诚难觅如此佳境也。而又恰居长江下游两岸最丰富区域之中心……当夫长江流域东区富源得有正当开发之时，南京将来之发达，未可限量也。”

2020年11月12日至13日，习近平总书记在江苏考察，要求江苏“着力在改革创新、推动高质量发展上争当表率，在服务全国构建新发展格局上争做示范，在率先实现社会主义现代化上走在前列”。南京市委、市政府带领全市人民不忘初心、牢记使命，一个全面展现中国式现代化建设成就的“强富美高”新南京正崛起于世界的东方。

2023年7月5日至7日，习近平总书记在江苏考察时强调，江苏有能力也有责任在推进中国式现代化中走在前、做示范，希望江苏在科技创新上取得新突破，在强链补链上展现新作为，在建设中华民族现代文明上探索新经验，在推进社会治理现代化上实现新提升。“四个新”为南京高质量发展指明了方向，为中国式现代化南京新实践注入了新动能，“走在前、做示范”，继续推进“强富美高”新南京建设有了更高层次、更大理想的目标追求。

第一章

史前时代至秦汉一统

第一节　远古居民

距今300万至1万年左右，人类从古猿向现代人缓慢进化。这一过程，按照人类学的研究，经历了“能人”“直立人”“智人”三个阶段。从猿到人的过程，是人类发展的初始期，因主要使用打制石器为工具而被称为“旧石器时代”。从20世纪50年代开始，经考古学家调查，南京境内先后发现古人类和旧石器地点十余处，分布于长江以北的浦口、六合和长江以南的江宁、高淳、溧水等多个辖区，揭示出南京最早先民的活动线索。其中，江宁汤山葫芦洞出土的直立人头骨化石是南京人类历史的源头，对于整个人类起源和演化研究都具有十分重要的意义；溧水神仙洞发现的古人颞骨化石是晚期智人的重要代表，该洞出土的陶片是江苏迄今为止发现的年代最早的陶片，把江苏制陶的历史提前至距今1.1万年。

一、“南京直立人”

在南京主城以东约28公里处的江宁区汤山社区境内西、南部，分布着一条东西走向、长约5.5公里的山地，总称汤山。汤山地区喀斯特地貌发育完善，溶洞众多，为远古人类的生存和各种化石的保存提供了较为理想的环境。葫芦洞位于汤山西段雷公山西北部的山腰处，1990年由当地村民开山采石时发现。洞全长约64米，平均宽度25米，面积1800余平方米，因其东、西两端较宽，中部略窄，形似葫芦而得名。

1993年3月13日，当地民工在葫芦洞南侧下方的一个小支洞中发现一具头骨化石，即南京人1号头骨化石。4月17日，民工在大洞与小洞之间的巷道沉积中又发现一具头骨化石，即南京人2号头骨化石。同年12月至次年1月，由南京市博物馆联合北京大学，对出土头骨化石的小支洞进行考古发掘，又发现一枚古人类臼齿化石和2000余件古脊椎动物化石。南京人1号头骨化石属于一位30岁左右的成年女性，其形态具原始性：骨壁厚，整个头骨尺寸较小，颅容量小，发育有直立人样式的眶上圆枕和枕骨圆枕，前额低平、后倾等，这些特征都与北京直立人相同，在古人类分类学中处于相同的位置，因而被命名为“南京直立人”，简称“南京人”。1号头骨化石的绝对年代，经南京师范大学地理科学学院、美国明尼苏达大学同位素实验室、澳大利亚昆士兰大学地球科学系实验室等中外机构利用高精度电热质谱铀系

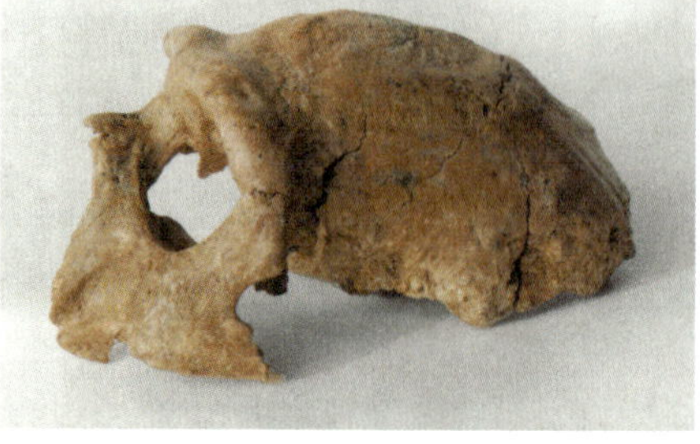

南京人1号头骨化石左视图

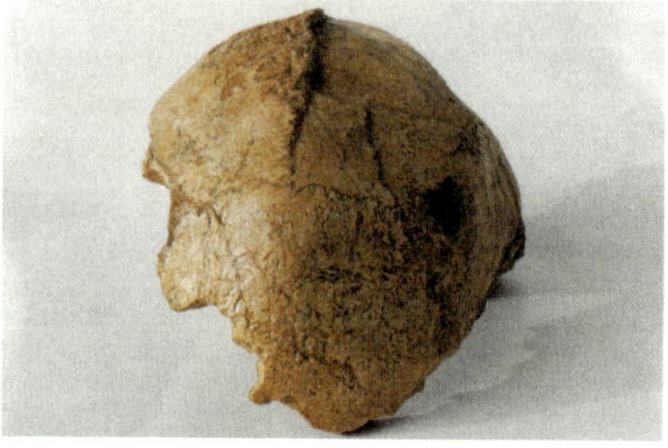

南京人2号头骨化石顶视图

法（TIMS）多次测定，修正为距今60万至50万年。这一结论得到古人类研究界普遍的认可。

南京人2号头骨化石仅保存有脑颅顶盖左半的大部分和右半上部的一部分，从颅骨的粗壮、骨壁的厚重、颅腔的宽阔等特点判断，可能属于一个30—40岁的壮年男性。2号头骨形态上既有与直立人相接近的特征，又有一些接近早期智人的特征，从总体上看属于比较进步的直立人，处于直立人至智人的过渡阶段。经测定，2号头骨化石的年代为距今50万至24万年。

葫芦洞小洞中还发现有一枚古人牙齿化石，经研究属于一个20岁左右智人个体的右侧上颌第2臼齿。

葫芦洞内出土的动物化石数量十分丰富，包含哺乳动物6目15科22属24种，有棕熊、黑熊、中国鬣狗、虎、豹、中华貉、狐、南方猪獾、李氏野猪、肿骨鹿、葛氏斑鹿、毛冠鹿、梅氏犀、水牛、马、剑齿象、马铁菊头蝠、鼠耳蝠、变异仓鼠、根田鼠、似小林姬鼠等，总称为“汤山动物群”。汤山动物群总体上与周口店北京直立人第1地点动物群相当，主要为耐冷型的北方动物，缺少喜湿热的南方动物种类，这表明南京直立人生存的环境较为寒冷，处在一个影响范围很大的寒冷期之中。

汤山葫芦洞因同时发现多枚古人类头骨和牙齿化石，涉及直立人和智人两个发展阶段，以及大量动物化石，成为与北京周口店齐名的我国古人类与古生物学研究的关键地点。南京人1号头骨化石的发现，把江苏有人类活动的历史提前到距今50万年，对于我国人类起源和演化的研究具有重要的价值。葫芦洞中未发现石质或骨质工具，说明这里并非南京直立人生活的主场所，很可能是偶然进入。2011年，南京市考古工作者又对葫芦洞周边地区进行了一次较为全面的考古调查。调查确认，在汤山和周边的阳山、青龙山、伏牛山等地至少存在26个大小溶洞，部分溶洞中已经发现有动物骨块化石。这些溶洞的存在和相关线索，证实汤山一带是适宜古人类生存和活动的区域，今后这里还会诞生有关南京先民和旧石器时代文化的重要发现。

二、晚期智人时代的南京

智人指有智慧的人类，其形态特征比直立人更为进步。智人的发展分为早期智人和晚期智人两个阶段。早期智人又被称为“古人”，生活在距今 25 万至 4 万年前，一般认为是由直立人进化而来。他们的脑容量已达到现代人的水平，能用兽皮做衣服，会人工取火，有埋葬死人的习俗。不过，南京地区目前尚未发现处于这一阶段的人类遗存。晚期智人又称“新人”，大约从距今四五万年前开始出现。他们在解剖结构上与现代人已没有差异，能制作精细的石器和骨器，懂得绘画、雕刻等艺术，能修建简单房屋，男女有明确的分工。南京溧水神仙洞发现了属于这一阶段的人类化石和遗物。

神仙洞位于溧水区白马镇回峰山的西北坡。洞穴系地下水沿裂隙在石灰岩山体中溶蚀而成。1975 年，工人们在采石过程中发现此洞穴，并采集了相当数量的动物化石，但溶洞的主体已在采石过程中被破坏，仅剩西南部的一个支洞。1977 年，中国科学院古脊椎动物和古人类研究所、南京地质陈列馆和南京博物院等单位联合对神仙洞支洞堆积进行了清理，从中发现一块人类颞骨化石，这是江苏境内最早发现的古人类化石。同时还发现鬣狗、棕熊、麝鼹、仓鼠、豪猪、貉、狗獾等 19 个种类的动物化石。更为幸运的是，在清理的最后阶段，出土了一块距今一万多年的小陶片。

神仙洞发现的古人类化石为人类右侧颞骨，保存状况不佳，可能属于一个年轻个体，性别难以判断。通过对化石的鳞部、乳突部、岩部、鼓板、耳孔等部位的详细观察和测量，其大部分特征均与我国晚期智

神仙洞发现的晚期智人颞骨化石

人的材料及现代人近似，与直立人有明显差别，因此神仙洞人被确定为晚期智人。神仙洞人生存的年代，中国社会科学院考古所利用碳 -14 方法，对洞内上部堆积中发现的炭屑进行检测，得出的数据为距今 11200 ± 1000 年。

神仙洞出土的陶片，发现于距地表 40 厘米深的洞穴堆积中，呈不规则的长方形，长 2.7 厘米，宽 1.8 厘米，厚 0.5 厘米，仅有一张普通邮票大小。陶片质地为泥质红陶，质松多孔，硬度不高，外表平整，为黑褐色，内面为橘红色，粗糙不平。从断面观察，可见由表面的黑褐色逐渐变为内面的橘红色，说明烧成温度较低，不足 900℃，符合早期陶器的制作特点。

神仙洞陶片发现之初，由于制作年代超过 1 万年，曾经引起过怀疑。但是随着距今 9000 年以上的早期陶器在全国多个遗址，如江西万年仙人洞、湖南道县玉蟾岩、广东英德牛栏洞、广西桂林甑皮岩、浙江嵊州小黄山等地陆续被发现，神仙洞陶片被公认为江苏迄今出现的最早陶器。

神仙洞发现的距今 1 万年的陶片

陶器是史前时代人类最伟大的发明之一。制作和使用陶器意味着人类懂得了将水、火、黏土等不同物质有机地结合起来，创造出改变原料性质的新物品。学会烧制陶器或许是人类对化学变化最早的有意识应用，因此具有划时代的意义。距今 1.8 万至 1 万年前后，在全世界范围内，陶器制作、原始农业、定居生活、磨制石器等纷纷开始出现，标志着人类从漫长的旧石器时代向崭新的新石器时代迈进。神仙洞陶片的年代正处于这一关键时期，它的出土将江苏陶器制造的历史提早至距今 1.1 万年左右，在全国星星点点出现的早期陶器群中，代表江苏发出了宝贵的光芒。虽然神仙洞遗址大部分遭到破坏，根据一枚陶片难以判断其时是否已经进入新石器时代，但是有理由相信，在南京溧水神仙洞生活的人们已经临近这道门槛，很可能是最早看到新石器时代曙光的江苏先民。

第二节　文明起源

根据“中华文明探源工程”研究的最新成果，大约从距今约 5800 年开始，我国各个区域相继出现较为明显的社会分化，进入了文明起源的加速阶段；距今 5800 至 3800 年，经历的是文明起源的古国时代；距今 3800 年之后，我国进入了王朝时代。

南京所在的长江下游，与辽河流域、黄河中下游、长江中游地区一起，是支撑中华文明多点起源的关键区域之一。南京地区的文明起源发轫于新石器时代，完成于商代晚期。

一、北阴阳营文化

新石器时代的南京，在秦淮河、金川河、胥河、长江、滁河等主要流域生活着不少人群，他们分布范围广，相互之间交流频繁，共同

北阴阳营遗址考古发掘现场

创造了丰富多彩的南京史前文化。鼓楼北阴阳营，高淳薛城、朝墩头，江宁太岗寺，江浦牛头岗、营盘山，六合羊角山等多个重点遗址的发掘，使南京地区新石器时代的时空框架得以初步建立，新石器时代的文化面貌逐渐清晰。其中以北阴阳营遗址为载体的北阴阳营文化位于南京主城核心地带，是南京迄今发现的年代最早、持续时间最长的新石器时代文化，对南京及周边地区的历史文化产生了重要影响。

北阴阳营遗址位于今鼓楼以西的南京市鼓楼区北阴阳营8号小区，原为 座圆阜形土墩，面积约7100平方米，古金川河自南向北流经其西侧。1955—1958年，考古工作者先后对其进行了四次考古发掘。北阴阳营遗址文化层堆积深厚，时代跨度很大，包含了四个发展时期，其中第一、二期属于新石器时代中期，第三、四期属于新石器时代晚期。该遗址第一、二期揭示的新石器时代中期聚落，距今约为6200至5700年，前后延续了500年时间，文化面貌在宁镇地区具有典型性，因此被考古学界称为“北阴阳营文化”。

埋藏于遗址最底部的第一期文化遗存较少，主要发现是两个灰坑，出土了特色鲜明的腰沿陶釜和腰部附有鸡冠形耳的夹砂红陶罐，以及宽扁牛鼻形器鋬和少量石器。

第二期遗存是北阴阳营文化的主体，代表该文化的基本面貌。在这一时期，台地规划有序，居住区位于遗址东部，墓葬区位于遗址西部。这一期的陶器以夹砂和泥质红陶为主，灰陶数量较少，还有少量的彩陶和红衣陶。主要器形有鼎、豆、碗、钵、罐、壶、盉、盆等。陶器主要特征是圈足、三足器、罐形器较普遍，圜底器少见；流行侈口小圆唇，鼓腹；器物上常见咀、流、鋬、盖等附件。陶器一般先进行手制，然后以慢轮修整；器表以素面为主，也用弦纹、附加点纹、竖条形或花瓣形压印纹、乳丁纹、附加堆纹、捺窝、乳突、划纹、镂空、锥刺纹等多种纹饰进行。北阴阳营出土的彩陶相当有特色。所施的颜色一般为红、黑、白三色，间有褐色和橙黄色。绘彩前，陶器表面往往先施一层白衣或红衣，然后绘彩。彩绘多施于外壁，最常见的纹样是在口、腹、圈足等部位绘 1—3 周红色或黑色宽带纹，个别加绘连续的菱形网格纹。

第二期的石器制造相当发达，在北阴阳营墓葬中出土的 1580 件随葬品中，石质工具多达 554 件。其中石锛 290 件，穿孔石斧 142 件，其他的还有刀、磨盘、镞、球、杵、砺石、纺轮等。

北阴阳营的石器选材精良，磨制精细，擅长以“管钻法”穿孔，

北阴阳营遗址出土的七孔石刀

其中以穿孔弧刃石斧、有脊石锛、半月形七孔石刀最具特色。通过对石器工具的分析，北阴阳营时期的农业生产尽管已经相当兴盛，但狩猎经济仍然占有重要地位。与之相应，在北阴阳营遗址中出土了鹿、水獭、鱼、鼋、野猪等多种动物的骨骼。

北阴阳营遗址出土的花石子

这一期墓葬中常以小件玉器随葬，包括璜、玦、管、坠、镯、珠等器类，以璜和玦的数量最多。另外还发现可与玉器媲美的石质装饰品，如绿松石、花石子等。北阴阳营墓葬中的花石子，即今天南京人熟知的“雨花石”，是当时的人们有意识地采集而来，体现出与今人相同的审美情趣。

骨角牙器一般作为饰品、工具或其他特殊用具等，有簪、玦、镞等器类。北阴阳营墓葬中出土刻纹猪獠牙 4 件，弯曲如新月，系截取猪獠牙的牙冠部分制成，其中一件长达 11 厘米以上，中部刻有三周凹槽，这种精致加工的猪獠牙器可能有某种特殊意义。

北阴阳营东部居住区发现的地面建筑平面呈长方形，屋内地面用火焙烤，墙壁和屋顶则用竹木等植物秆茎构成框架，然后再涂抹草拌泥建成。西部墓葬区发现的 250 余座墓葬，有基本相同的葬式和朝向，随葬品数量也大致相当，没有出现男女合葬现象，这是母系氏族血缘社会实行生产资料公有制、财富相对平均分配的表征。

从考古发现可知，以第一、二期为代表的北阴阳营文化有着自身独特的面貌，圈足碗、杯，呈双弧腹的钵，宽直缘盆，平底及三足盉，带流的三足壶，独具风格的彩陶器，穿孔石斧、石刀，以及各类玉石饰品等典型遗物，构成了它的主要特征。同时，北阴阳营文化中也有外来文化的明确影响。比如北阴阳营发现的圜底红陶钵、红衣陶钵形高足豆、小口双鼻罐、平底盉、足部附有乳突的鼎等，与苏北淮安青莲岗遗址、邳县刘林遗址中的器物类似；而卷缘或折缘的罐形鼎、折腹鼎、折缘豆等器物，与太湖流域马家浜和崧泽文化早期器物形制接近；其他如环形穿孔石斧、锄形穿孔石斧、半环形玉璜、玉玦等遗物，在上海崧泽、常州圩墩等遗址也都有发现。这些现象说明新石器中期的南京地区文化，与周边共存的江南、江北的文化保持着较为密切的交流与联系。

北阴阳营遗址第三、四期的时代距今约5000至4000年，已进入新石器时代晚期阶段。此时使用的陶器与前期大不相同，以灰陶为主，红陶较少，代表器类是鼎、豆、罐、盆、壶、鬶等，第二期文化居民常用的碗、钵、平底盉、平底罐和各种彩陶器，以及牛鼻形器錾、管状流等附件皆已基本绝迹。石器工具流行扁平长方形穿孔石斧、有肩石斧、长条形石凿；墓葬随葬品中，玉石饰品已属罕见之物。通过对这两期物质文化面貌的分析，考古学家推测当时在北阴阳营地区生活的人群可能已经发生了变动，新来的人群在第二期聚落的废墟上重新开辟了聚落。另外考古发掘证实，与北阴阳营晚期聚落居民同时生活在南京地区的还有江宁昝缪和西善桥太岗寺的居民。这三座遗址的文化面貌相似，应该属于同一种文化类型。

北阴阳营晚期聚落中新文化因素的出现，反映了南京史前居民与周边文化族群的交流在不断增强。比如编号为H2的灰坑是北阴阳营第四期代表性遗存，从中出土了两种形制风格迥异的陶鬶：一种带有前置的细颈，弧裆肥袋足，是山东大汶口文化典型器物；另一种细长颈，捏流，高裆细长袋足，见于吴兴钱山漾等太湖地区良渚文化遗址。

这两件器物共出一坑，鲜明地体现出新石器时代晚期江北、江南多种文化在南京地区交汇、交融的情况。

二、点将台文化

公元前 2070 年左右至公元前 256 年，夏、商、周三代在黄河流域强势崛起，成了华夏文明的主源。这一时期是中华文明形成的关键阶段。著名考古学家苏秉琦先生指出，中华文明的起源其实是“满天星斗”式的。从新石器时代至夏商周时期，众多发展水平相近的文明散布在中国的四面八方，犹如天上群星，中原文明只是众星之一。

作为“满天星斗”的一员，南京及其周边地区的文明进程在夏商时期大放异彩。在新石器时代北阴阳营文化的基础上，南京先后出现了点将台文化和湖熟文化，它们在承继地方文化特点的同时，又受到北方文化的强烈影响，不断向国家形态的文明社会迈进。点将台文化是以点将台遗址命名的考古学文化，其时代与中原地区的夏代基本相当。点将台遗址位于栖霞区西岗社区桦墅村（原属江宁区汤山街道），1972 年秋被地方文化部门发现，1973 年 11 月由南京博物院组织发掘。

遗址的外观呈圆台形，高出周围地面约 4 米，南北长 60 米，东西宽 50 米，所存面积约 3000 平方米，发掘面积约 130 平方米。遗址文化层的堆积厚达 2.5 米，分为上、中、下三个文化层。其中中层和上层遗存分别属于湖熟文化和吴文化早期，相当于中原的商代和西周早期，而下层遗存的时代早于湖熟文化、晚于新石器时代晚期文化，绝对年代约在公元前 2000 年至公元前 1600 年之间，大体相当于中原地区的夏代。下层遗存中黑陶所占的比例增加，出现薄胎磨光泥质黑陶，盛行篮纹、方格纹，呈现出一种比较特殊的文化面貌。1989 年，南京博物院考古专家将点将台遗址下层遗存所代表的文化特征确定为“点将台文化”。

点将台文化不仅发现于点将台遗址，通过多年的考古调查与发掘，南京的北阴阳营、安怀村、太岗寺、昝缪、朝墩头，镇江的马迹山、城头山、三台阁，丹徒的团山，以及马鞍山的邓家山、当涂的釜山等遗址中均发现有点将台文化的地层和遗存，说明它是夏代较广泛分布于宁镇和皖南地区的一种重要的地方文化类型。

在点将台文化中，生产工具仍以磨光石器为主，主要器形有斧、锛、刀、凿、戈、镞等。青铜器目前虽未发现，但在高淳朝墩头和镇江城头山遗址中都出土过点将台时期的青铜炼渣，证明它已经迈入了青铜时代的门槛，成为宁镇、皖南一带最早的一支青铜文化。

点将台文化的生活用器以陶器为主，另有少量玉器、骨角器和蚌器。陶器在遗物中数量最多，最能反映该文化的基本面貌。点将台文化的陶器以夹砂红褐陶为主，泥质红陶、黑陶、灰陶也占一定比例。主要器形有鼎、甗、罐、豆、瓮、盆、盘、匜、尊、簋等，从陶器的形态特征、装饰上看，分为明显不同的三组：其中，甲组陶器的主要器形有三角形侧扁足盆形鼎、侈口罐、敛口罐、深腹盆、浅盘细柄豆、深盘高柄豆、侈口大圈足簋、罐形圈足匜、浅盘高足匜等，纹饰主要有弦纹、刻划纹、捺窝纹、戳点纹等。这组器物的源头是宁镇地区的北阴阳营文化。乙组陶器主要器形包括足跟有捺窝的三角形侧扁足绳纹罐形鼎、筒状袋足甗、横篮纹高领罐、广口罐、绳纹小口瓮、宽把觚形杯等，纹饰主要有弦纹、拍印的篮纹、绳纹、细弦纹和少量的方格纹。这组器物的源头为分布于豫东、皖西北、鲁西南等淮河上游地区的王油坊类型龙山文化，然后经苏北地区的南荡、周邶墩、龙虬庄等遗址，传播至宁镇地区。丙组陶器的主要器形有三角形侧扁足甗、直壁附耳缸形器、深弧腹平底盆、三足盘、凸棱纹尊、凸棱纹折腹杯、蘑菇钮器盖等，纹饰以凸棱为主，有少量弦纹。这组器物的来源是分布于山东中南部的尹家城类型岳石文化，同样经苏北周邶墩等遗址，影响到点将台。

在三组陶器中，甲组器物占50%以上，乙组器物约占40%，丙组器物约占5%。通过对陶器来源的文化因素分析，可以看出点将台文化是一种混合型文化，本土与外来文化因素几乎各占一半，本土文化受到了北方外来文化的深刻影响。

在点将台文化的构成要素中，王油坊类型龙山文化占有很大比重。经多位学者研究，公元前2400至公元前2100年前后的豫东、皖西北和鲁西南一带，为东夷集团中有虞氏部族活动的中心区域，诞生于此的王油坊类型龙山文化就是有虞氏的文化。有虞氏是传说中舜帝所在的部族。新石器时代晚期，有虞氏在舜的带领下，与鲧、禹为首领的夏后氏部族发生过激烈的争夺。失败后，舜"禅让"禹，有虞氏被迫举族迁徙。公元前2100年以后，王油坊类型龙山文化在当地突然消失，却在江淮东部的兴化南荡，高邮周邶墩、龙虬庄等遗址留下大量遗存，最终于公元前2000年左右到达宁镇地区，与当地原有文化相结合，创造出点将台文化。近年来，上海广富林遗址也发现了王油坊类型龙山文化遗存，进一步证明有虞氏部族一路向东、向南，渡过长江求取生存与发展，是历史上发生的真实事件。

尹家城类型岳石文化的前身是山东龙山文化，是海岱地区东夷部族创造的文化。尹家城类型岳石文化的年代为公元前1900至公元前1600年，传至苏北周邶墩遗址的年代约为公元前1600年，传至宁镇地区还要略晚。在点将台文化中，两种北方文化因素不是同时传入的，王油坊类型龙山文化传入时间早，影响深入；岳石文化传入时间晚，影响较浅。不过岳石文化对其后的湖熟文化产生了重要影响。

点将台文化大都出土较多的斧、锛、刀、镞等石质生产工具，说明这一时期的狩猎活动在聚落生业经济中仍然占有很大的比重。从各遗址出土大量造型、纹饰复杂的陶器分析，点将台文化的制陶业已经相当成熟。另外，从点将台文化受到多支东夷部族的影响，且东夷文化因素占比很高来看，点将台文化时期的宁镇地区应该被纳入东夷文化圈之中。

夏代是我国青铜时代、国家形态的最初期。在全国范围内，夏代的历史文化面貌都处于相对模糊的状态。点将台文化的发现，使得宁镇、皖南地区夏文化的探索有了主体，其基本面貌和文化来源已经得到了初步的揭示。但是，目前已发掘的遗址点将台文化层皆相对较薄，尚未发现延续时间长的大型聚落，也未找到房址、墓葬、祭坛等重要遗迹，对于其社会性质、生业模式、生活习俗等方面的探索还有很大的研究空间。

三、湖熟文化

湖熟文化是宁镇地区商代的主体文化，由点将台文化发展而来，又成为其后吴文化的滥觞。湖熟文化 1951 年发现于南京江宁湖熟镇，南京博物院在当地发现十多处同类性质的遗址，并试掘了其中的前岗、老鼠墩两处。其后在宁镇山脉和秦淮河流域，通过调查又发现 150 余

位于雨花台区铁心桥社区的郭家山坑湖熟文化遗址考古发掘现场

处同类遗址，证明它是本地区广泛存在的一种重要的古代文化，1959年正式命名。湖熟文化是新中国第一批，也是江苏首个正式命名并得到学术界公认的考古学文化。

经过数十年的研究，尤其是运用碳-14测年技术，学术界已经明确湖熟文化的上限应为商代初期（公元前1540±90年），下限为西周初期（公元前1195±105年），与中原商代大体相当。

湖熟文化遗址迄今已发现300余处，分布在东至茅山、西至九华山、南至黄山、北至长江的宁镇和皖南东部区域内，其中秦淮河流域、高资至大港长江沿岸和茅山以东河网地带是三个最主要的分布区。南京江宁、溧水、高淳诸区，以及主城范围内皆有湖熟文化台形遗址分布，调查发现的总数超过100余座。出土的文化遗物主要包括石器、陶器、原始青瓷器、青铜器、骨器等。

湖熟文化的遗址大都为高出地面5—10米的圆形或椭圆形台地，面积7000—20000平方米以上，遗址周边一般有河流经过，甚至为两条河流所环绕。遗址文化层往往厚达3—5米，说明人类活动延续的时间很长。

石器仍是湖熟文化时期最主要的生产工具，多为磨制。器形有犁、斧、锛、刀、镰、凿、矛、镞等，其中三角形大石犁、有肩穿孔石斧、半月形穿孔石刀和横三角形石镰的出现，说明当时的农耕经济已经相当发达，而狩猎经济应已退居次要地位。

湖熟文化时期产生了宁镇地区目前最早的青铜器，主要包括生产工具类的削刀、鱼钩、镞、钻、斧，兵器类的戈、钺，以及酒器类的罍、爵、斝，乐器类的铙等。南京锁金村、北阴阳营遗址湖熟文化地层中都发现有陶坩埚、陶勺、青铜炼渣等遗物，说明当时南京本地已经出现了较为成熟的青铜铸造业。而且在上述遗址中，早期阶段仅发现一些小件器物，较大型的青铜器主要发现在中晚期，说明本地青铜铸造技术从早期到晚期在不断提高。

特别值得一提的是1973年在江宁境内征集的一件青铜三羊罍，据调查原是从陶吴、横溪一带出土的。该器通高29厘米，大口，短颈，斜折肩，深腹下收，圈足。全器分层装饰夔纹、饕餮纹、扉棱、云雷纹等纹样，器肩还有三个高起的卷角羊首。其造型稳健敦厚，装饰纹样繁缛而层次分明，主体突出，具有较高的工艺水平。同类器在北京平谷刘家河、河北藁城台西村商代墓葬内均有发现，传世品中也能见到。就其造型和装饰特征看，这件三羊罍是典型的商代晚期青铜礼器，用于礼仪场所盛酒或装水。这样一件贵重的礼器在江宁出土，即使还不能确证当时商王朝势力已经跨过长江，到达今南京地区，至少也反映了湖熟文化的主人已同中原商王朝有了文化上的交流。

另外，1974年江宁横溪塘东村还出土另外一件商代晚期青铜大铙。此器通高46.5厘米，两面均饰饕餮纹，双目突出，周围以勾连云纹环绕，以圆圈纹为地纹。同类器不见于中原地区，而与湖南、江西等地出土者相似，具有强烈的南方色彩。铙是商周时期流行的打击类青铜乐器，

江宁出土的商代晚期三羊铜罍

江宁横溪塘东村出土的商代晚期青铜大铙

可用于军旅，亦可用于祭祀和宴乐。此器的出土证明商代晚期南京地区的青铜铸造业除接受中原商文化的影响外，也与南方其他地区有过交流与联系，从而逐步形成自己的特色。

陶瓷制造业在湖熟文化时期出现了重大突破，硬陶和原始青瓷器的出现成为湖熟文化区别于点将台文化的重要标志。湖熟文化的陶器主要包括夹砂陶、泥质陶和硬陶三种，以夹砂红陶为大宗，占 50% 以上。陶器以素面为主，约占 70% 以上，常见纹饰主要有弦纹、梯格纹、捺窝纹、戳点纹、绳纹等。常见的器形为鬲、甗、罐、鼎、瓮、簋、盆、豆、钵等。

硬陶所用泥料含铁量高，烧成温度也高于普通陶器，其器表多拍印云雷纹、羽状纹、回纹、方格纹、饕餮纹等各种纹饰，又被称为“印纹硬陶”，它是长江中下游地区商代新出现的陶器种类。北阴阳营遗

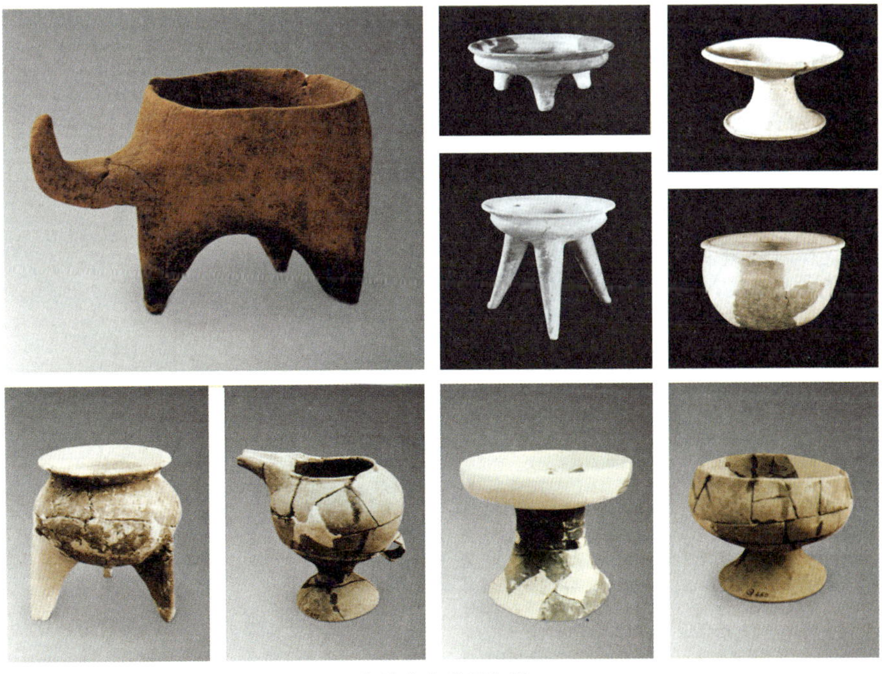

湖熟文化常见陶器

址中发现过五座湖熟文化时期的小型陶窑，窑室呈长方形，火膛在窑室底部，外通火道，从结构上看为直焰窑，可以烧造温度很高的硬陶，标志着南京当时的制陶技术提升到一个新阶段。近年来浙江东苕溪原始青瓷窑址的发现，将我国瓷器的烧造年代提前至夏代晚期。宁镇地区最早在湖熟文化中出现原始青瓷，主要器形有豆、瓮、罐等。2008年，溧阳市天目湖镇发现了烧造硬陶和原始瓷的下马滩、前家岗窑址，为宁镇地区寻找原始瓷窑址提供了重要线索。

北阴阳营和太岗寺遗址湖熟文化地层中均出土有卜甲和卜骨，它是占卜术兴起的直接证据。比如，北阴阳营遗址第三层中发现的卜甲和卜骨共 12 件。其中卜甲 7 件，全是龟的腹甲，龟甲较薄的部位采用直接烧灼法，龟甲较厚的部位则采用先钻后灼的方法；卜骨 5 件，用的是牛的肩胛骨和肢骨，其背面均有圆窝形钻孔，并有直透正面的灼痕。用甲骨占卜是商文化的主要特征之一，北阴阳营等遗址甲骨的发现，证明这一时期的先民在精神生活方面也受到商文化的影响。

湖熟文化时期的房屋在多个遗址中皆有发现，造型多样。比如2011 年在江宁上坊艾塘遗址中发现了一座南北走向、四间连排的大型房屋，每间房宽 4.2—5.8 米，总长达 17.04 米。房屋内外的地面经过火烤处理，能够起到硬化、防潮的作用。溧水白马镇二塘头遗址中也发现了三座保存较好的湖熟文化时期房址。它们的平面形状皆为圆形，朝西南方开设门道。建筑方法是先整体下挖深 0.35—0.55 米的近圆形基坑，在坑底填一层黄褐色垫土，然后在中心设中心柱，基坑周围设墙柱，门道两侧也各立一柱，最后在房内再填土、砸实，与地表平齐，形成居住面。单个建筑的室内面积约 6.15 平方米。这组建筑规划整齐、结构合理，表明当时已经有了成熟的建筑技术和较好的居住条件。

湖熟文化是多种文化融合的产物，主要来源有点将台文化、岳石文化、马桥文化和殷商文化。在早期湖熟文化遗物中，除陶鬲外，大多数陶器、石器都可以在点将台文化中找到其渊源，说明点将台文化是湖熟文化的主要源头。岳石文化自点将台文化开始便对南京本土文化产生影响，对湖熟文化的影响更为强烈。最明显的表现是素面鬲的流行。点将台文化中最重要的炊器是陶鼎和陶甗，但在湖熟文化中鼎被鬲迅速取代，素面鬲从湖熟文化开始一直被沿用至吴文化时期，而素面鬲的来源即为岳石文化。另外，半月形石刀的源头也是岳石文化。马桥文化是分布于太湖东部和杭州湾地区的夏商时期青铜文化，它在夏代即出现印纹硬陶器，湖熟文化中的印纹硬陶一般认为来源于该文化。

对湖熟文化影响最为深刻的还是来自中原地区的殷商文化。湖熟文化青铜器的造型并未形成自己的特色，罍、爵、斝、戈等大都模仿中原器物，两者之间几无差别；陶器当中的绳纹鬲、甗、罐、盆、簋、缸等器类也与河南郑州二里岗的商代同类器物相同或相近，卜甲、卜骨的风俗亦与商文化有着密切的联系。透过这些实物证据，当时中原商王朝流行的占卜文化、礼乐文化甚至酒文化应该都对湖熟文化产生过重要影响。

根据殷墟出土甲骨文的零星记载，在商王国势力范围以内及周边地区分布着数量众多的方国，他们与商王国之间既有广泛的交流，也有激烈的战争。其中比较强大的方国，西北和北方有鬼方、上方、羌方等，东南和南方则有虎方、人方、徐方。商代的南京地区有没有方国存在？中心区域在哪里？这些问题在 2023 年底有了重要的线索。

四、名城肇始

2023 年 12 月 19 日，中国考古学会两周考古专业委员会和南京市考古研究院联合公布，在南京长干里发现了距今约 3100 年、属于商代晚期的“长干古城”。

该遗址位于南京正南门（中华门）外的西街，属于长干里的核心地带。这里有一处长、宽约 260 米，高出地表的台地，自六朝以来一直被称为“越台”。据《越绝书》记载，东周元王三年（前 473）越国灭吴，越王勾践命大夫范蠡于长干里筑城，史称“越城”，又称“长干城”“范蠡城”，这是南京有文献记载的最早城址。由于过去未曾开展科学的考古工作，其真实性一直无法得到确证。从 2017 年起，南京市考古研究院对越城遗址开展了全面、系统的考古工作。经过六年多的努力，终于在这处遗址上找到了古城存在的证据。

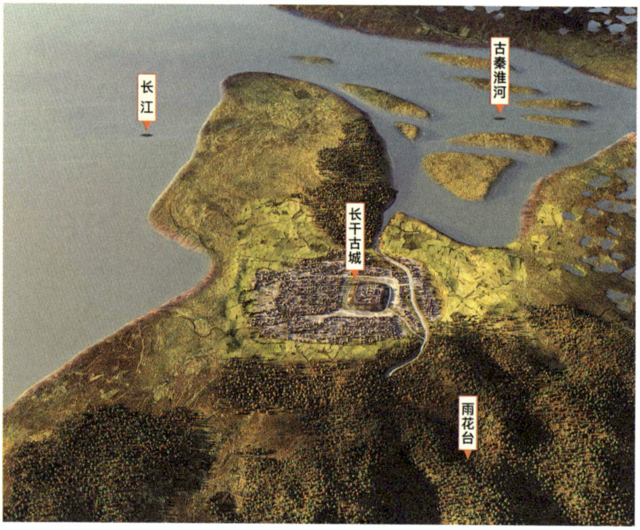

长干古城古环境模拟复原图

根据最新的考古成果，古城由中心台地和外围的环壕、墙基、门道、水井、祭祀坑等多个与筑城相关的遗迹组成。虽然中心台地破坏严重，但台地东北部幸运地保留了一段清晰可见的墙基遗迹，并发现一处宽约 2 米的门道。在台地周围，先后发现了 5 条反复开挖的环壕，它们布局规整，严密地包围着中心台地。墙基、门道、环壕都是古代城防的重要设施，它们的面世证明越台原为城址的记载是可信的。在环壕内外，还发现了多座同时期的水井，以及祭祀遗迹。

遗址中出土了种类丰富的遗物，包括陶器、石器、原始瓷器、铜器等。与文献记载不同的是，遗址中最早期的遗物不仅呈现南北文化交融的

具有湖熟文化特征的素面陶鬲、陶豆

趋势，而且具有非常明显的商代特征。比如出土数量最多的素面鬲、细高柄带凸棱陶豆，是长江下游商代湖熟文化的典型器物；而数量相对较少的绳纹鬲、三角纹觯形杯带有中原殷墟陶器的风格。更重要的是，通过对环壕内出土陶片、动物骨骼进行碳 -14 测年，得到的数据为距今 3100 多年，由此确认这座古城的始建年代应为商代晚期。

根据传统文献，越城始建于距今约 2500 年前的春秋战国之交。本次考古成果既对文献中记载的城址予以确认，又对其年代错误进行了修正，南京建城史由此向前推进了 600 年。由于“越城”不能代表古城的真实内涵，经过专家论证，中国考古学会两周考古专业委员会一致建议，应该因地为名，将城址命名为“长干古城”。

在中国四大古都中，西安揭露的杨官寨仰韶文化聚落遗址，洛阳发现的二里头夏都遗址，北京确认的琉璃河燕都遗址，都已通过考古的途径找到了城市的发源地。长干古城的发现为南京找到了城市之根，补上了城市发展史的关键缺环。

长干古城的建造者无疑是以湖熟文化为基础的南京先民，而城市的出现往往伴随着国家的形成。商代晚期，南京地区诞生了哪一个方国？长干古城在其中发挥了什么作用？成为南京历史研究的重大课题。

第三节　吴头楚尾

商末周初，众多方国、受封的诸侯国在华夏大地纷纷涌现，其中吴、楚、越三国在长江中下游地区应运而生，最为突出。从西周至春秋战国时代，它们各自发展壮大，彼此又激烈竞争，都曾在南京地区创造过波澜壮阔的历史，留下了不可磨灭的印记。

诸国之中，吴国对于南京历史和城市的影响最为深远。吴国及其文化是在湖熟文化的基础上，以宁镇地区为核心发展起来的，它是南京历史上第一个有明确史料记载并以国号命名的发展阶段。长干古城的出现与吴国的崛起关系最为密切。

南京地区自古有“吴头楚尾”之称，这不仅有地理上的含义，标志着南京处于吴、楚交界地带；而且也符合商周时期历史的进程，南京地区的发展史从吴国崛起开始，以楚国获胜收尾，越国则在其中发挥了承上启下的作用。

一、吴国的崛起与吴越之争

吴国创始于商代晚期，横跨西周，延续至东周春秋末年，于公元前 473 年为越国所灭，前后长约 700 年。吴国及其文化在中国历史上留有浓墨重彩的影响，太伯奔吴、吴越争雄等故事世代流传。《史记》将吴国列为《世家》第一，《荀子 · 王霸》将吴王阖闾与齐桓公、晋文公、楚庄王、越王勾践并列为春秋五霸。江苏自古被称为吴地，后世的孙权、杨行密、朱元璋、张士诚等在江苏范围内建立政权，不约而同地以吴为号，都源于此。

吴国的史料散见于《春秋》《左传》《论语》《史记》《吴越春秋》《越绝书》等先秦至汉代的众多文献之中。通过文献可以了解吴国历史发展的基本脉络。据《史记 · 吴太伯世家》的记载，吴国是以太伯、仲雍为首的周人集团于商朝末年南迁，与号称荆蛮的土著集团结合而创立的，国号“句吴”。周武王时期，吴国正式受封成为诸侯国。自太伯、仲雍始，历季简、叔达、周章、熊遂、柯相、强鸠夷、余桥疑吾、柯卢、周繇、屈羽、夷吾、禽处、转、颇高、句卑、去齐、寿梦、诸樊、余祭、余昧、僚、阖闾，至夫差，前后凡二十五世。春秋中期寿梦为王后，与晋国结盟，实力大增。至阖闾时，吴国“大霸，筑吴越城……徙治胥山”，将都城迁至太湖地区。

文献材料还揭示了吴国社会习俗、礼仪制度、生产力水平等方面的一些重要情况。据《史记》《吴越春秋》记载，吴人在服饰上最明显的特征是“文身断发”“以椎髻为俗”；礼制上历代吴王皆直呼其名，无庙号、谥号，表明吴国文化有很强的地方特色，不同于周制；但是吴公子季札观乐的故事表明，春秋以后吴国上层贵族积极学习周礼，具备了很高的文化修养。又如《越绝书》记载，吴国有“大翼、小翼、突冒、楼船、桥船”等多型战舰，与周边国家发生冲突时，吴国经常动用水军。《左传》记载，吴王夫差为进军中原，在扬州附近开凿了运河“邗沟”，打通了江淮两大流域。另有文献记载，吴王阖闾为伐楚而命伍子胥在南京南部开凿了胥河，该河流经固城湖，沟通了水阳江和太湖流域。这些材料都反映出吴人善用舟楫、重视水利的特点。吴国还拥有较为优越的铜锡资源，《考工记》称“吴粤（越）之金锡，此材之美者也”，在此基础上吴国发展出发达的冶铸业，尤其擅长制造兵器。《战国策·赵策》为此大赞：“夫吴干之剑，肉试则断牛马，金试则截盘匜。”

虽然有关吴国的文献材料在先秦诸国中相对丰富，但也存在较为严重的缺载，尤其是寿梦之前西周至春秋早期的吴国史料几乎为空白。另外，历来被奉为信史的“太伯奔吴”在现代史学兴起后受到不少质疑，一些学者主张吴人非周人后裔；部分学者认为在当时的条件下，周人集团不可能迁徙至遥远的江南发展，于是提出了太伯所奔之地为陕西陇县、宝鸡的“西吴说”，山西大阳、平陆的“北吴说”，以及太伯到达地为湖南衡山、江西樟树等多种观点。

最新发现的长干古城，经碳-14测年证明始建于商代晚期，与太伯奔吴的时间段吻合，而且出土器物具有本地的湖熟文化与中原文化融合的特征，与《史记》记载的吴国初创时的情况也很符合。目前长干古城初露峥嵘，作为吴国早期中心城邑的证据虽不够充分，但学界仍认为长干古城的发现对于揭示太伯奔吴的真相，探索长江下游文明化进程具有重要价值。

从20世纪50年代至今，考古工作者对宁镇和皖南东部地区广泛分布的土墩墓遗存进行了深入研究，调查确认的数量近万座，发掘数百座，最终揭示出它们与吴文化之间的密切联系。发掘证明，土墩墓是一种独特的墓葬形式，时代上自西周初期，下至战国初期，主要特征有三：一是平地埋葬，不挖墓穴或者略挖浅穴；二是堆土成墩，在地表形成馒头状的封土；三是聚族而葬，一墩内往往埋葬同一个家族的多座墓葬，仅少数为一墩一墓。这与当时宗周、中原流行的竖穴深坑、地表无封土的墓葬形式截然不同。

土墩墓大小差别明显。小型墓直径10米左右，陪葬品多为带有明显湖熟文化印记的夹砂红陶、印纹硬陶和原始瓷器；而大型墓直径20—30米，有的达到60米以上，除了陪葬陶器和原始瓷器外，还有丰富的青铜器。土墩墓出土青铜器的来源与特征前后有明显变化：西周早中期既有直接来自宗周的器物，也有本地仿制宗周的器物，还有地方特色的器物，比如镇江大港烟墩山一号墓不仅出土有角状器、鸠杖等本地特色青铜器，还出土了著名的宗周器“宜侯夨簋”。该器铭文长达120余字，记录了周王将虞侯夨改封为宜侯，赐以山川、土地、人民之事。郭沫若、唐兰先生考证后认为，虞侯夨就是太伯四世孙周章，这件重器是吴国受封为诸侯的实证。南京溧水乌山岗沿山二号墓出土一件西周中期青铜方鼎，器形厚重，四角有弧形扉棱，宗周风格明显，但其合金成分含铅量高达34.27%，含锡量为0，与中原、宗周器的成分构成不同，因此证明是本地仿制的宗周风格器物。

到了西周后期至春秋时代，大型墓中来自宗周的青铜器已不见，全部代之以本地仿制中原器、本地特色器，以及兵器和工具等，而且本地仿造的器物也开始呈现自己的风格。比如溧水宽广墩出土的西周晚期至春秋早期青铜簋、卣、匜等器物，器形虽然来自中原，但装饰的却是本地流行的垂鳞纹、变体夔纹。春秋晚期北山顶墓中出土一件铸造精细的青铜鸠杖，杖墩为一个跪坐的人像，脑后梳双髻，全身胸、背、股、臀等处皆装饰云纹，与文献记载的吴人“文身”“椎髻”的形象高度相符。该墓中出土带有“余眛”铭文的青铜矛，发掘者由此推测墓主为吴王余眛。

土墩墓出现的时期与吴国兴亡的时段基本一致；土墩墓中的大型墓，无论是墓葬形制还是陪葬的青铜器，明显存在土著文化与周文化并存且逐渐融合的现象，同周人与荆蛮结合而生吴的历史记载相契合；烟墩山墓、北山顶墓出土的宜侯夨簋、余眛矛等青铜器，墓主线索皆指向吴王。因此通过对土墩墓的深入研究，考古界一致认为土墩墓就是吴人的墓葬，其中的小型墓为平民墓，大型墓属于高级贵族阶层。镇江丹徒沿江的大港至谏壁一带，由于先后发现烟墩山、母子墩、磨盘墩、青龙山、北山顶、王家山等多座大型土墩墓，墓主多被推测为吴王，因而被认为是吴国的王陵区。

土墩墓性质的确定为吴文化研究找到了关键的突破口。土墩墓主要分布于东至茅山、天目山，西至九华山，北临长江，南抵黄山的区域内，与湖熟文化的分布区高度一致，表明太伯、仲雍所奔的“荆蛮”就是商代以来在宁镇和皖南东部创造出湖熟文化的人群。吴文化是以湖熟文化为基础，结合周文化和周边方国文化共同形成的。更为重要的是，宁镇和皖南东部的土墩墓自西周早期一直持续至春秋晚期，而以苏州为中心的太湖以东地区虽也分布有土墩墓，但不仅数量少，而且时代全部为春秋中期以后，证明吴国及其文化是自西向东发展的，宁镇和皖南东部地区是吴文化的发祥地，也是春秋中期之前吴国的核心疆域，春秋中期之后吴国的统治中心才东移至太湖地区。

除土墩墓之外，考古工作者还确认了吴文化时期另一种重要遗存——台形遗址。吴文化台形遗址与湖熟文化台形遗址一脉相承，很多直接由湖熟文化时期的遗址发展而来，它们是吴人居住和从事生产活动的场所，常常与土墩墓交错分布。目前通过考古调查，南京境内先后发现吴文化时期土墩墓 1000 余座、台形遗址 100 余处，主要分布于江宁、溧水、高淳三区。

通过对南京及周边地区土墩墓和台形遗址的发掘和研究，西周至春秋时期吴国的物质文化面貌有了较为明晰的呈现：

吴文化时期仍然处于铜、石并用阶段。在江浦蒋塍子及镇江龙脉团山、马迹山、孙家村等西周至春秋时期吴文化遗址中普遍发现石质工具，主要有斧、锛、刀、铲、凿、犁、镞等，器形与湖熟文化时期变化不大。进入春秋以后，铜质工具数量明显增多，南京高淳、溧水曾出土多件春秋时期的锛、铲、锸、镬、犁等青铜农具，但石质工具仍在生产、生活中承担重要作用。

吴国青铜器制造水平在宗周、中原文化的影响下不断提升。除了礼器、农具外，吴国制造的青铜兵器尤为精良，重要兵器上还出现铭文。1970 年江宁陶吴中学出土一件铜戈，上有铭文 19 字。多位学者考证后将其命名为伯剌戈，“伯剌”为寿梦之孙，此戈乃寿梦为吴王时所铸，是吴国步入强盛时代的重要物证。春秋晚期吴国青铜兵器上还出现菱形、曲折形的暗纹，与兵器本体明暗相间，不仅装饰效果冠绝一时，

高淳境内出土的春秋战国时期青铜农具

而且具有很好的防腐蚀作用。南京六合程桥一号和三号春秋贵族墓中分别出土的两件青铜剑，皆有暗格花纹，都是运用这种工艺制造的吴剑精品。另外，在程桥一号墓中还出土一件铁丸，经金相鉴定是我国目前所知最早的生铁之一，证实春秋晚期我国已经掌握了生铁冶炼技术，迈进了铁器时代，比欧洲早了1900多年。

夹砂红陶、印纹硬陶器和原始瓷器是吴文化最主要的生活器具，也是最为常见的吴文化遗物。夹砂红陶多用作炊器，常为素面，印纹硬陶和原始瓷器多用作容器和盛器。印纹硬陶和原始瓷器的主产地为太湖流域和钱塘江流域，即传统上的越地，吴文化中大量使用越地产品，说明吴越之间的文化联系与交流非常密切。

吴文化时期的建筑技术相比湖熟文化时期也有很大提高。在南京秣陵中庄，镇江丹阳凤凰山、马迹山等多处西周至春秋时期台形遗址中，多次发现由四个柱础组成的建筑单元。专家推测，这些粗壮的柱础起支撑作用，其上构建干栏式房屋，反映出吴人能够根据江南多雨的特点，设计出更适宜的房屋。

在吴国以宁镇为中心，崛起于江苏西部和皖南的同时，越国以太湖和钱塘江流域为中心，崛起于江苏东部和浙江一带。据《史记》《越绝书》等文献记载，越国的始祖名无余，号称大禹的后代，“封于会稽，以奉守禹之祀”。西周初年，越国曾向周成王献玉、雉等特产，与宗周、中原地区建立了联系。

春秋时期，吴国与晋国结盟，大举向江淮和太湖地区扩张，而越国则与楚国结盟，与吴国之间爆发了多次大战。公元前 544 年，吴伐越获胜，但吴王余祭却被越国战俘乘隙刺杀。公元前 506 年，吴王阖闾以孙武、伍子胥为大将，攻破楚国都城郢（今湖北宜城），而越军乘机攻入吴境，牵制吴军。公元前 496 年，阖闾率军攻越，在槜李（今浙江嘉兴南）被越军击败，阖闾负伤身死。两年后，继位的夫差于夫椒（今太湖中洞庭山）大败越军，报了槜李之仇。但夫差未采纳伍子胥建议，答应越王勾践请降为质，其后又将他放归，越国得以幸存。

公元前 482 年，夫差率吴军主力北上，与晋国及中原诸侯会盟，将吴国的霸业推至顶点。但经过十年生聚、十年教训的越国乘机攻吴，占领吴都姑苏。夫差仓促南归，与越军决战不利，被迫议和。公元前 478 年、475 年，越军连续攻吴，吴军无力迎战，只能据都城防守。周元王三年（前 473）城破，夫差自杀，吴国灭亡。勾践则率军“北渡江淮，与齐、晋诸侯会于徐州”，成为春秋时期最后一任霸主。

越灭吴之后，包括南京在内的吴地尽归于越。据《越绝书》等史料记载，越灭吴之后，范蠡受命于长干里筑“越城”。长干古城的时代明确后，该条史料并非没有价值。它说明越国占据南京期间，很可能对长干古城进行过较大规模的整治和修缮，从而留下了修筑越城的记载。

二、楚与吴、越争霸

先秦时期，雄踞于长江中游的楚国，不仅长期与秦、晋等北方强国抗衡，同时也不断向长江下游地区扩张，先后与吴、越两国争雄。

春秋时期，为了争夺江淮之地的控制权，楚、吴之间多次爆发大战。据学者统计，从公元前584年至公元前516年的六十余年间，楚、吴在州来（今安徽凤台）、鸠兹（今安徽芜湖东）、庸浦（今安徽无为南）、舒鸠（今安徽舒城）、朱方（今江苏镇江东）、乾溪（今安徽亳县东南）、长岸（今安徽当涂）、鸡父（今河南固始东南）等地，先后大战十次，其中吴军全胜六次，楚军全胜一次，双方互有胜负三次。公元前506年，吴军一度攻入郢都，令楚国元气大伤。总体来看，在春秋楚、吴争霸的过程中，吴国胜多败少，屡占上风，体现出霸主之风。但楚国地大国强，屡败屡战，而且与越国联盟，始终对吴构成严重威胁，迫使吴国主力改为向东拓展，与越国的冲突不断加深。

在楚、吴大战中，发生于现今南京地区的主要有以下几场战役：周灵王二年（前570）春，楚共王派令尹子重伐吴。楚军沿江东下，首先攻克鸠兹，继而挺进衡山，并命前锋邓廖率“组甲三百，被练三千”深入吴境。吴军在半途截击楚师，俘获邓廖，逃回的楚军仅剩下“组甲八十，被练三百”。随后吴军乘胜伐楚，夺得楚国重要城邑驾（今安徽无为西南）。此役之中，楚、吴发生交锋的“衡山”，有学者考证为今南京江宁与安徽当涂交界处的横山地区。

周灵王十二年（前560）秋，楚共王卒，吴国乘机发兵侵楚。楚军实行诱敌深入之计，吴军追击至庸浦（今安徽无为南），遭楚军伏击，吴军大败，公子党被俘。次年秋，楚康王为报复，命令尹子囊率楚军驻扎于棠地，以讨伐吴国。吴人反施诱敌之计，主动退军，子囊以为吴军畏惧而放松警惕，结果在皋舟（今南京六合南）被吴军突袭击败，楚公子宜谷被俘。

此战之中的“棠”，就是南京江北的六合，古称“棠邑”。棠邑本由楚国设立，并长期由楚国控制，鲁昭公二十年（前522），伍子胥之兄伍尚还为楚国担任过“棠君”。公元前518年，吴楚间爆发“卑梁之战”，吴国夺取楚国边邑卑梁、钟离。卑梁治在今安徽天长石梁镇，与六合北境相距甚近，推测棠邑于此役后归属吴国。1964—1988年，考古工作者在六合县程桥中学附近，先后发现三座春秋晚期贵族大墓，出土编钟、编镈、暗纹青铜剑、玉剑具、铁器等各类重要文物数百件。学界普遍认为墓主是从属于吴国并与吴王联姻的罗国贵族臧公家族。罗国原为汉淮之间的小国，春秋后期被楚吞并，其贵族臧公投奔吴国，吴王妻之以女，将其安置于吴楚边境的棠邑地区。程桥贵族墓的发现，直观地反映出春秋晚期南京江北地区楚、吴势力犬牙交错、此消彼长的情况。而最初由楚国设立、后归属于吴的“棠邑”，是目前所知南京境内最早出现的行政建置。

周景王七年（前538）秋，楚灵王又以讨伐齐国叛臣庆封为名，率领蔡、陈、许、顿等小国联合伐吴。楚军深入吴国腹地，包围了已赐作庆封之邑的吴国朱方（今镇江丹徒东南），并最终攻克，俘虏了庆封。朱方之役是吴楚争霸中少有的楚军大获全胜的战役。是役主战

程桥贵族墓出土的战国铜编钟

场虽在朱方，但研究者普遍认为楚国是从丹阳古道深入吴境，进围朱方。丹阳古道位于今江宁区丹阳集镇旁的云台山与横山之间，从商周开始直到六朝时期，一直都是沟通长江中下游地区的交通要道。

同年，取得朱方之战大胜的楚军攻占了“濑渚”。濑渚位于今高淳固城境内，很可能是吴国所设的行政建置。楚国夺取濑渚之后，对其认真经营，作为抗吴的重要基地。周敬王十四年（前 506），伍子胥率军重夺此地，“固城宫殿逾月烟焰不息”。20 世纪 60 年代以来，高淳境内出土了数量众多的春秋时代青铜兵器，很可能就是这一阶段残酷战争所遗留的见证。

楚国与越国曾长期结为盟友。《史记·楚世家》记载，楚庄王三年（前 611），“庄王左抱郑姬，右抱越女，坐钟鼓之间”，说明楚、越两国存在联姻关系。吴、楚对抗之际，越国坚定地站在楚国一边。

然而越灭吴之后，由于共同的强敌已经不复存在，两国又都争当霸主，楚越关系迅速走向对立。公元前 473 年，勾践在灭吴之后率军北渡淮河，与齐、晋等国会盟于徐州，并向周天子致贡。周元王使人赐勾践胙，册封他为伯。《史记》记载：“当是时，越兵横行于

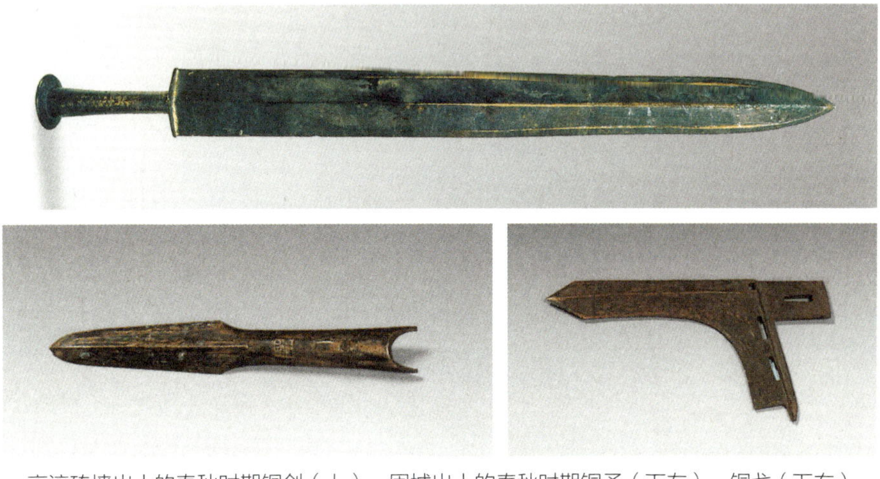

高淳砖墙出土的春秋时期铜剑（上），固城出土的春秋时期铜矛（下左）、铜戈（下右）

江、淮东，诸侯毕贺，号称霸王。”不久，勾践将都城北迁至琅琊（今山东胶南或诸城东南），越国领土扩张至鲁境之南，国力达到鼎盛。

楚惠王四十四年（前445），为了争夺淮北泗上之地，楚、越、齐之间终于爆发大战，最终楚国获胜。其后楚国进一步东征，逼近琅琊。公元前397年，越国被迫将都城从琅琊迁回吴地。楚威王七年（前333），楚国再次伐越，大破越军，越王无强被杀，包括南京在内的“故吴之地”全部归属楚国，越国退回灭吴之前的本土。其后，楚越两国仍然长期敌对，直至公元前222年，秦国先后击败楚国和越国，平定江南，楚越之争方才画上句号。

楚国败越之后，为了加强对秦淮河下游地区的开发与控制，在秦淮河北岸石头山（今清凉山、国防园一带）设立“金陵邑”，这是南京主城目前所知最早的行政建置，“金陵”这个称号从此与南京相伴，成为南京最知名的名称。

古代“金”指铜，陵为山。关于金陵名称的起源，有多种说法。《太平寰宇记》引《金陵图经》记载：“昔楚威王见此有王气，因埋金以镇之，故曰金陵。”《建康实录》记载：“或云地接华阳金坛之陵，故号金陵。”华阳金坛即今句容、金坛地区，与南京原属一体，因而得名。

第四节 秦汉一统

秦汉时期，南京地区首次进入大一统国家的版图，出现了比春秋战国时代更加完善的行政建置，得到了全面、有序的治理。秦汉时期在南京设置的县域名称，历史上被长期沿用，不少还成为南京的代称。

一、秦置五县

公元前221年，秦国完成了统一大业，建立了中国历史上第一个统一的中央集权的封建王朝。秦朝吸取周代诸侯割据、战乱不息的教训，废除分封制，在全国推行郡县制——即地方由中央垂直管理，地方的行政机构划分为郡、县两级，以郡统县。

秦代，在今南京范围内共设置了五县，分属两郡。其中，长江以北设一县：棠邑县，属九江郡；长江以南设四县：秣陵、溧阳、丹阳与江乘县，并属会稽郡。

棠邑县　该县本为楚之棠邑地，先于江南地区由楚入秦，在秦王政二十四年（前223）已归秦国所辖。公元前221年，棠邑正式设县，划属九江郡，郡治设于寿春（今安徽寿县）。

秣陵县　本为楚之金陵邑。据《建康实录》记载，秦始皇三十七年（前210），东巡至金陵，有望气者称："五百年后，金陵有天子气。"嬴政因而下令"凿钟阜，断金陵长陇以通流……乃改金陵邑为秣陵县"。而秣陵县治也不再设于秦淮河下游的金陵邑，而是迁至秦淮河中游今江宁区秣陵街道境内。

"秣陵"之"秣"乃指草料，由"金陵"改为"秣陵"，似乎有故意压低金陵的意味。所谓望气而断钟山长垄的说法也与之类似。然而，秦代凿通南京东部的山地，疏导秦淮河顺利入江，并且将县治从有利于军事防御却不利于农业生产的金陵邑，迁至灌溉便利、土地肥沃的秦淮河中游地区，对于南京的整体开发是极为重要的举措。

溧阳县　秦王政二十六年（前221），以楚平陵旧地置溧阳县，因地在濑水（又称溧水，即今胥河）之北而得名。治所在今溧阳市西北十五里旧县乡。现今南京所属溧水、高淳两区，秦时均属溧阳县地，后世分置为两县。

丹阳县　秦始皇三十七年（前210）东巡，过丹阳往钱唐，新置丹阳县，治于今江苏、安徽两省交界处的江宁区江宁街道小丹阳附近。丹阳之名，相传系秦始皇东巡时"经此，见山多赤柳，定名丹杨。'杨'

通‘阳’，后世称丹阳”。也有学者认为，“丹阳”是因该地在古丹湖之北而得名。

江乘县　《史记·秦始皇本纪》载：秦始皇三十七年（前210），“上会稽……还过吴，从江乘渡。并海上，北至琅琊”，于是新置江乘县。《括地志》载：“江乘古地东西所及甚远。”据学者考证，秦代江乘县域西起石头山，沿江东去，至今句容下蜀镇一带，由下蜀而南，约抵于江宁区淳化街道一带，面积相当广大。

江乘县治位于今栖霞山附近，至清代还有遗迹可寻。乾隆时期撰写《摄山志》的学者陈毅亲自踏查过江乘城址，称“古江乘去摄山三里许，今尚有居民数百家，残垣废郭，历历可指”。现代学者进一步考证，江乘城址应在栖霞区摄山西湖村。

二、汉设郡县侯国

汉代在沿袭秦代郡县制的同时，大量分封诸侯国，实行郡、国并行的制度。由于西汉时期诸侯国多次封、除，南京地区的行政建置也屡屡变动。两汉时期，除江乘、溧阳始终置县外，棠邑、丹阳、秣陵，以及新增的胡孰县均曾一度设为侯国。

秦汉之际，“项羽自立为西楚霸王，王九郡，都彭城”。今南京地区尽属西楚。其时又分会稽郡，新置鄣郡，以故鄣（今浙江安吉）为郡治，江乘、秣陵等十七县俱属鄣郡。

刘邦灭项羽，建立汉朝。汉高帝五年（前202），立韩信为楚王，以项羽西楚地分封韩信，今南京地区属韩信楚国。高帝六年（前201），诛韩信，改封刘氏皇族同姓，“以东阳郡、鄣郡、吴郡五十三县立刘贾为荆王”。所统秣陵、丹阳、江乘、溧阳诸县及江北之棠邑县，并属荆国之鄣郡。

高帝十二年（前195），荆王刘贾被杀，高祖又立刘濞为吴王，领刘贾旧封“三郡五十三城”，鄣郡所属秣陵等诸县改属吴国。由此记载可知，当时秣陵、丹阳、江乘诸县均已筑城。

“七国之乱”中刘濞兵败被杀，汉景帝于前元四年（前153）以淮南王刘非徙封江都，为江都王，领原吴国封地。至汉武帝元狩二年（前121），江都王刘建获罪自杀，江都国废。其间，南京地区江南各县（有的已封为侯国）属江都国鄣郡，江北棠邑县（侯国）则属江都国东阳郡。江都国除后，棠邑属广陵郡，其后又属分置的临淮郡。

汉武帝元封二年（前109），改鄣郡为丹阳郡，受扬州刺史部监督，下统秣陵、丹阳、江乘、胡孰、溧阳等十七县（侯国）。从秦汉之际到汉武帝近百年时间，南京地区行政建置变迁频繁。江南即四易其国（楚、荆、吴、江都），三更其郡（会稽、鄣、丹阳），县一级则新建胡孰县于秦淮河流域，又改秣陵、丹阳、胡孰三县为侯国，有的侯国又复置为县。

王莽篡汉，改国号为“新”，于天凤元年（14）改丹阳郡为宣亭郡；江乘县改称相武县，秣陵县改称宣亭县。两汉之际，刘玄更始元年（23），恢复丹阳郡原称，设治所于宛陵（今安徽宣城）。东汉末年，军阀混战，郡治屡有迁徙，一度移治曲阿（今江苏丹阳）。两汉时期南京郡县、侯国的变迁具体如下：

棠邑县与棠邑侯国　汉高帝六年（前201），封陈婴为棠邑侯，领县地，棠邑县始为棠邑侯国。汉武帝元狩六年（前117），改棠邑之名为堂邑。次年废堂邑侯国，恢复为县。

自春秋设邑起至秦汉时期，棠邑治所的历史记载一直缺失，1949年以来在六合雄州镇周边陆续发现的大型遗址和高等级建筑，则为解决这一问题提供了重要线索。1965年，在雄州镇李岗村发现一处西汉铸钱作坊遗址，建筑基础用楠木作桩，屋顶铺设筒瓦、板瓦，出土数量颇多的西汉四铢“半两”、“五铢”等钱币和铜锭、铜块等遗物。

2005年，在距离李岗村不远的冶浦村走马岭，考古人员调查发现一处大型汉代遗址，总面积达84万平方米。遗址内发现云纹瓦当、水井、排水沟等汉代遗迹和遗物，考古学家推测这是一处官署建筑。更为重要的是，近年来在走马岭周边3—4公里范围内的六合方州广场地铁站、高余村、城北村、马营、姚庄等地点，先后发掘战国至汉代墓葬数百座，不少为高等级贵族墓，越来越清楚地揭示出以走马岭遗址为核心的雄州地区应为战国至秦汉时期棠（堂）邑县治所在地。

秣陵县与秣陵侯国　汉初仍设秣陵县。汉武帝实行“推恩令”，元朔元年（前128）封江都王刘非之子刘缠为秣陵侯，领一县之地，秣陵县始为秣陵侯国。元鼎四年（前113），刘缠死，无后，国除，复为秣陵县。王莽篡汉，秣陵县一度改称宣亭县。至东汉建安十七年（212），吴主孙权改秣陵为建业县。

丹阳县与丹阳侯国　汉初仍设丹阳县。元朔元年（前128），汉武帝封江都王刘非之子刘敢为丹阳侯，县改为丹阳侯国。元狩元年（前122），刘敢死，无后，国被废，复为丹阳县。两汉时期，丹阳县域范围较大，大体包括今南京江宁区西南部的小丹阳、横溪、陶吴等地以及今安徽省当涂县大部地区。

考古工作者在小丹阳地区先后发现了数量较多的汉代墓葬。1986年，小丹阳窑场附近发现的一座西汉墓中，出土朱雀云气纹漆碗、神兽纹玉璧、牛钮铜鼎等珍贵文物，表明墓主人有很高的社会地位，很可能是丹阳县（侯国）的高等级官员或贵族。

江乘县　汉初设江乘县，因县域辽阔，后分割江乘东部，增设胡孰、句容两县。王莽时，一度改江乘县为相武县，东汉时复称江乘。

胡孰县与胡孰侯国　汉初，分江乘县地新置胡孰县。元朔元年（前128），封江都王刘非之子刘胥行为胡孰侯，县改为胡孰侯国。元鼎五年（前112），袭爵的刘圣因罪除国，复为胡孰县。胡孰县城遗址至宋代尚存，《景定建康志》记载："今在上元县丹阳乡，去县五十里，淮水北，古城犹在。"进一步考证，该城位于今江宁区湖熟街道"城岗头"和"梁台"遗址的范围内。1949年以来，这里发现有大量板瓦、筒瓦、花纹砖等汉代建筑构件。

溧阳县与溧阳侯国　汉初仍设溧阳县，辖今溧水、高淳、溧阳三地。西汉元帝建昭元年（前38），封梁敬王刘定国之子刘钦为溧阳侯，溧阳县由此改为侯国。后其子刘华因事免爵，国废，复为溧阳县。

汉代溧阳县城位于今高淳区固城镇东北，已被列为全国重点文物保护单位。2014—2015年，南京市考古工作者对该城进行了考古勘探，证实该城主体为汉代所筑，未见早期遗迹，应为汉代溧阳县治旧址。该城坐落于一处高于地表的台地之上，平面呈长方形，有内外两重，内城东西长200米、南北宽120米，外城东西长约1000米、南北宽约800米。城垣皆土筑，呈梯形，底宽约40米，顶宽约25米；四周均有豁口，推测为城门所在。墙垣外还设有宽约18米的城濠。

高淳固城汉代城址东侧城垣与城濠现状

三、汉代的儒学与道教

在大一统背景下，秦汉时期南京地区的文化面貌、发展水平与中原逐步接近。秦代由于存在时间较短，对远离关中的长江下游地区影响尚弱，南京迄今还未发现明确为秦代的重要遗迹和遗物。至两汉时期，中央对南方的控制与开发明显加强。受到官府大力推广的儒学，以及当时流行的道家文化日益渗透到人们的日常生活和思想观念之中，在南京留下了重要遗存。

为巩固大一统，汉武帝推行“罢黜百家，独尊儒术”的国策，儒学成为官方支持的正统思想，在全国得到了自上而下的大力推广。东汉建武六年（30），五官中郎将李忠出任丹阳太守，“以丹阳越俗不好学，嫁娶礼仪，衰于中国，乃为起学校，习礼容，春秋乡饮，选用明经，郡中向慕之。垦田增多，三岁间流民占著者五万余口”。由于成绩突出，李忠被三公奏举为天下第一。南京地区当时属于丹阳郡管辖，且与郡治所在的宛陵（今安徽宣城）相距不远。李忠从教育入手推行先进文化的举措无疑对当时的南京产生了直接而重要的影响，这也是史书中首次出现与南京教育活动相关的记载。

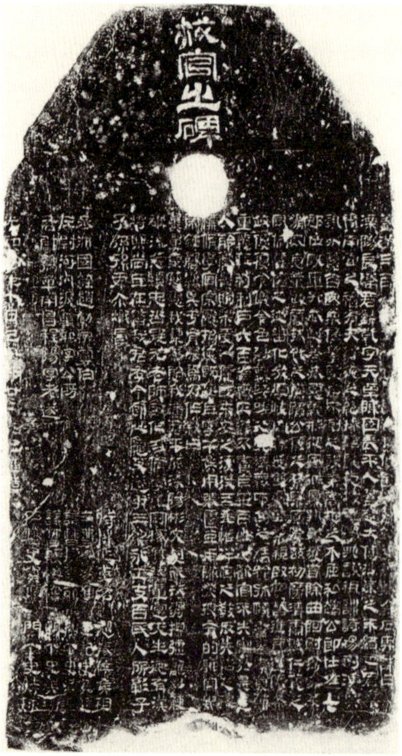
高淳固城出土的东汉《校官碑》拓本

南宋绍兴十三年（1143），在固城湖滨出土了一块《汉溧阳长潘乾校官碑》，碑高 148、宽 76、厚 22.5 厘米，青石质地，圭首篆书“校官之碑”四字。汉制郡国置“学”，县学曰“校”，故“校官”指官立的县学。《校官碑》立于汉灵帝光和四年（181），是江苏省内现存唯一的汉代碑石。碑文记载了光和年间溧阳县长潘乾创办县学，选贤施教，倡导教化礼乐的事迹。该碑是东汉时期儒学在南京地区得到深入推广，地方教育事业得到长足发展的实证。《校官碑》出土后被历代所珍视，现收藏于南京博物院。

道教是中国本土宗教，滥觞于上古时期人们对自然与鬼神的崇敬，从最早的望星、占卜等方术，逐渐演变成殷周时期的祭祀上天和祖先。道家在战国时代即为诸子百家之一。西汉初，以黄帝和老子的思想为基础，强调“无为而无不为”，倡导“待时而动”“因时制宜”的黄老之学一度成为指导国家政治的主流思想。东汉后期战乱连年，民众迫切需要一种适应国情的宗教出世，以解决痛苦的根源，于是传统的鬼神崇敬、神仙追慕、阴阳术数与崇尚黄老的思潮逐渐融合。最终张道陵于蜀郡鹤鸣山（今四川大邑境内）创立五斗米道，道教教派正式诞生。

南京地域历史上包含金坛、句容等地，境内有号称全国第八洞天的句曲山。相传西汉时，三茅真君由陕西至金陵修道，后入句曲山，从此句曲山改名茅山，常为修炼士出没之地。至南朝萧梁时期，陶弘景在此创立了茅山道派，茅山也因此博得了“秦汉神仙府”的美誉。

1995 年 7 月，南京江宁湖熟经济开发区发现一座东汉早期墓葬，出土一枚边长 3.4 厘米的木印。印体黝黑漆亮，已近炭化，其中一面刻有“黄帝神印”四字印文。研究者分析认为，此印当为方士或巫师作法时所用的法器。

2007 年 3 月，在中华门外长干里宝塔山发现一座建安二十四年（219）东汉墓，墓主名为龙桃杖。该墓出土一件六边柱形陶质买地券，其中五面阴刻铭文：“建安廿四年十月六日，龙桃杖从余根买上冢地，直钱万石。越时知要，不得争容。桃杖要，自当得所居地。□相然可恃，无相争。龙桃杖□□。”该地券模仿现世的土地买卖，实际上用作死者在冥间的凭证。另外，该墓还出土了一面神兽纹铜镜，上有铭文为“东方作镜真大巧，上有山人不知老，渴饮玉泉饥食枣，寿如金石，浮浮天下敖四海”。这些出土实物不仅表明墓主很可能信奉道教，而且也清楚地展示了道教思想在东汉时期对于人们实际生活的影响。

第二章

六代繁华

说到南京的“六代繁华”，熟悉中国古典诗词的文人雅士，常会脱口而出“有元一代词人之冠”萨都剌的《满江红·金陵怀古》：

> 六代繁华，春去也，更无消息。空怅望，山川形胜，已非畴昔。王谢堂前双燕子，乌衣巷口曾相识。听夜深，寂寞打孤城，春潮急。
>
> 思往事，愁如织。怀故国，空陈迹。但荒烟衰草，乱鸦斜日。玉树歌残秋露冷，胭脂井坏寒螀泣。到如今，只有蒋山青，秦淮碧！

出生北地雁门（今山西代县西北）的萨都剌的这首词，创作于至顺二年（1331）至四年（1333）他任江南诸道行御史台掾史、居住金陵期间。词中既翻用了唐代“诗豪”刘禹锡《乌衣巷》《石头城》、“江南才子”许浑《金陵怀古》以及北宋“词家之冠”周邦彦《西河·金陵怀古》的诗句词意，又以陈后主陈叔宝“玉树后庭花”的淫靡之音、导致被俘胭脂井的耻辱典故，寄寓孤城、故国、陈迹等等的如织愁思；既以“六代繁华……已非畴昔”感叹人事的沧桑，又以“蒋山青，秦淮碧”表达自然的永恒。然则人事沧桑、自然永恒，就是“六朝古都”“十朝都会”的南京之历史的主旋律吧。

第一节　孙吴定都建业

东汉建安十六年（211），讨虏将军、会稽太守孙权把他的政治中心从京（也称京城，东晋南朝时统称京口。今镇江）迁到秣陵（今南京），次年，改秣陵为建业。其时，汉朝的皇帝刘协虽在丞相曹操的掌控下，毕竟汉朝还在，所以孙权寓意“建功立业”的“建业”可谓涉嫌僭越，而南京作为孙氏政权事实上的“都城”，也可从212年算起。220年，曹丕在洛阳称帝，国号魏；221年，刘备在成都称帝，国号汉；222年，此前一年接受了曹丕之“吴王”封号的孙权，在武昌建元“黄武”，独立建国。至此，曹魏、蜀汉、孙吴之所谓“三国”，名实相副。黄武八年（229）四月，孙权在武昌称帝，国号吴，同年九月迁都建业，于是南京正式迎来了都城时代。

南京之所以成为孙吴的都城，向前追溯，既联系着富春（今杭州富阳）孙氏创立武装、割据江东的过程，也是孙权多方选择、东西摇摆的结果；而往后梳理，定都南京的孙吴政权，在南京史、南方史、中国史以及中外交流史上，都具有值得表彰的卓越贡献与广泛影响。

一、选择建业

东汉熹平元年（172），吴郡（治今苏州）司马孙坚“募召精勇，得千余人”，参与镇压会稽地区以许昌为首的起事，因功得授盐渎丞，后又历任盱眙丞、下邳丞。中平元年（184）黄巾民变大起，孙坚遂率

“乡里少年随在下邳者”以及新募的“商旅及淮、泗精兵，合千许人”，跟随右中郎将朱儁镇压黄巾，因功得拜别部司马，后升议郎、长沙太守，封乌程侯。再后，在以袁绍为盟主的“关东诸侯”讨伐董卓的过程中，已为行破虏将军、领豫州刺史的孙坚不仅表现突出，初平二年（191）还在洛阳意外获得汉帝所遗的传国玺。至此，富春孙氏的军事实力与政治地位初步成型。

然而，就在得玺的次年，孙坚奉袁术命攻荆州刘表，在“围襄阳，单马行岘山”时，为刘表部将黄祖手下射杀，终年37岁，孙坚将士与汉传国玺也归于袁术。兴平二年（195），孙坚长子孙策借口为袁术开拓江东，求得袁术归还孙坚千余旧部，孙策又得“推结分好，义同断金”的庐江大族周瑜的支持，“乃渡击秣陵，破笮融、薛礼，转下湖孰、江乘，进入曲阿，刘繇奔走，而策之众已数万矣”（《三国志·周瑜传》），孙氏开创江东基业由此启动。及至建安四年（199），拜讨逆将军、封吴侯的孙策已拥有吴、会稽、丹阳、庐江、豫章、庐陵六郡之地。次年，孙策更欲趁曹操与袁绍相拒于官渡的时机，渡江北进，袭击许县（今河南许昌），“挟天子以令诸侯”，却又惨遭其父孙坚同样的厄运，被其所诛的吴郡太守许贡的门客所伤，不治身亡，年仅26岁，临终前遗令其弟孙权继位。

吴大帝孙权（唐代阎立本《历代帝王图》）

孙权既继承“大统”，又受曹操表“为讨虏将军，领会稽太守，屯吴”（《三国志·孙权传》）。至于孙权的开疆拓土，历经211

年步骘的收定岭南、222 年陆逊大破刘备的猇亭之战，待到孙权自建年号的黄武元年（222），其较稳定的疆域范围，北自江北与曹魏对峙，西距三峡与蜀汉比邻，东、南抵海，拥有东南半壁江山。

然而拥有东南半壁江山的孙权，在都城或曰政治中心的选择上，并非一蹴而就。具体而言，建安五年（200），孙权仍孙策之旧，以吴郡治所吴县（今苏州）为政治中心。这里曾是春秋时期吴国的都城，秦与西汉为会稽郡治，东汉中期后为吴郡治，发展至于东汉晚期，其经济基础较为雄厚，城市建筑相对完备，“吴四姓”顾、陆、朱、张已崛起为地方大姓与文化家族；至于孙氏，本为吴郡人，孙坚初为吴郡司马、受封乌程侯、归葬曲阿，孙策袭爵乌程侯、进封吴侯等，也显示了富春孙氏与吴郡、吴县紧密的地缘关系。及至建安十三年（208），曹操南征，兵不血刃得荆州后，又威胁孙权“今治水军八十万众，方与将军会猎于吴”，于是促成了孙权、刘备两家结盟，共同抗曹；而当此之际，远离长江、不便与上游联系的吴县，遂被可以凭借长江天堑、有利发挥水军优势、“因山为垒，缘江为境”的京（今镇江）所取代。只是作为孙权的政治中心，京仍存在不少的缺憾。京的北面，与广陵（今扬州）隔江相望，广陵为春秋时吴王夫差所开邗沟（中渎水）的起点，邗沟沟通了长江与淮河，京也就易受来自江北乃至北方的压力甚至进攻；京的南面，虽有丹徒水道通达颇具经济实力的吴郡、会稽郡（治山阴县，今浙江绍兴），但转运至京的物资再经长江水道逆江而上，却因京江广阔、潮急浪大而相当困涩；至于京本身，腹地狭窄，较少发展空间与回旋余地，当然也不利于孙氏政权的发展与壮大。综此诸端，当赤壁之战后曹操、孙权、刘备三方势力基本稳定时，建安十六年（211）孙权乃将政治中心再移秣陵（今南京），次年又在先秦楚国金陵邑旧址上修筑石头城，以控制长江入秦淮河之口，并改秣陵为建业。是为孙权的政治中心在长江下游吴、京、建业三地之间的移动。

建安十六年（211）后，孙吴的都城基本稳定在建业，唯有两次西移长江中游。为了应对与蜀汉的紧张关系、强化对蜀汉的防御，建安二十四年（219）孙权移屯公安（今湖北公安西北），黄初二年（221）又徙镇鄂（今湖北鄂州），并改鄂为武昌。黄龙元年（229）四月在武昌称帝，及至六月蜀汉来使、重申盟好，西线无忧的孙权遂于九月迁都建业。而当蜀汉为曹魏所灭、曹魏与司马晋改朝换代将成、局势尚欠明朗之际，孙皓于甘露元年（265）至宝鼎元年（266）迁都武昌。武昌可称为孙吴的“西都”，其地“襟带江、沔，依阻湖山，左控庐、淝，右连襄、汉”，“实江东镇戍之中，非但扞御上流而已，缓急赴告，骏奔不难”（《通鉴地理通释·三国形势考》），所以孙吴一代或都建业，或都武昌，以求东西相峙、扼长江而保江东。至于常都建业、短暂迁都武昌的原因，综而论之，一是出于经济上的考虑。吴之境内，扬州最为富庶，其中尤以三吴及会稽最为丰沃，都建业可以有效地控制其经济命脉，军国所需就近取给；而武昌居于上流，扬州贡赋逆水上运，甚为不便。二为建业地理环境优越。武昌虽位于军事要区，无论是消极防守或主动攻击，均以都武昌为佳，但武昌形势并无特别之处，且自取荆州后，上流威胁不复存在；建业则山川形胜，气象雄伟，西、北有长江环绕，西有石头城为其捍御，南有秦淮河川为阻，东有钟山、北有幕府诸山环卫，进可以战，退足以守。三为政治因素。建都于扬州地区比较符合三吴大族的利益；而在扬州地区，以建业的地理位置最为优越。总之，因军事因素定都武昌终抵不上因经济的需求而定都建业，建业遂成为荆州军事区与吴会财赋区的连接点而统驭孙吴之大局。

其实，这样的优劣利弊比较，也是孙吴时人的普遍认知，如陆逊族侄、左丞相陆凯劝谏孙皓从武昌还都建业云：“武昌土地，实危险而塉确，非王都安国养民之处，船泊则沉漂，陵居则峻危，且童谣言：‘宁饮建业水，不食武昌鱼；宁还建业死，不止武昌居。’臣闻翼星为变，荧惑作妖，童谣之言，生于天心，乃以安居而比死，足明天意，知民所苦也。”（《三国志·陆凯传》）回到当时的语境，孙皓还都建业，是不敢“违逆”陆凯谏言中所说的童谣、天心、民苦，孙权择定建业为都更是如此。

孙权择定建业为都，如何不敢“违逆”或有意利用天意与民心？这可从两方面来理解。

一是解决孙氏出身问题。论起出身，富春孙氏委实一般。在《三国志》本传中，先说孙坚“盖孙武之后也”，又说孙坚为人“轻狡”，“孤微发迹”。孙武为春秋时吴国名将，孙坚是否孙武之后，世系邈远，无从稽考，而一个“盖”字，也显示了此说极为勉强、大可怀疑；“轻狡”即是无赖，具体到孙坚，还是经常打家劫舍的无赖，至于“孤微发迹”，孙坚早年历任盐渎、盱眙、下邳县丞，连个小小的县令长都没混上，可见即便是孙武之后，时至孙坚，家族也早已衰败。然而《宋书·符瑞志》中的一段记载，却给富春孙氏罩上了一层神异的色彩：“孙坚之祖名钟，家在吴郡富春，独与母居。性至孝。遭岁荒，以种瓜为业。忽有三少年诣钟乞瓜，钟厚待之。三人谓钟曰：‘此山下善，可作冢，葬之，当出天子。君可下山百步许，顾见我去，即可葬也。’钟去三十步，便反顾，见

孙坚故里浙江杭州富阳龙门古镇

三人并乘白鹤飞去。钟死，即葬其地。地在县城东。”此类关乎帝王之家的“传说”，“好人有好报”的社会观念，在讲究出身与重视道德的中国古代甚是常见，于是“瓜农”孙钟的后代孙权果真成了“天子”。吴大帝孙权为了避祖宗孙钟的名讳，还把钟山改名蒋山，“蒋山”之“蒋”则系出东汉秣陵县尉蒋子文，蒋子文的地位后来还一路攀升，从“侯”到“王”，从“王”到“帝”，护佑着建都建业、建康的六朝国祚。

二是落实“金陵有天子气”的预言。《史记·高祖本纪》中“秦始皇帝常曰‘东南有天子气’，于是因东游以厌之”的预言，被孙权适时地改造与利用了。如《晋书·元帝纪》记载：“始秦时，望气者云‘五百年后金陵有天子气’，故始皇东游以厌之，改其地曰秣陵，斩北山以绝其势。及孙权之称号，自谓当之。”

换言之，孙权把“东南有天子气”确定为“金陵有天子气”，而落实此天子气者，就是他本人；至于“五百年”，因为孟子明确说过“由尧、舜至于汤，五百有余岁……由汤至于文王，五百有余岁……由文王至于孔子，五百有余岁”（《孟子·尽心下》），不便更改，所以尽管从秦始皇帝三十七年（前210）的“东游”，到孙权称帝的黄龙元年（229），只相隔了不足“五百有余岁”的439年，孙权仍沿用了下来。

在完成了以上两方面的舆论宣传后，孙权定都建业就是顺理成章、水到渠成之举了。其具体的过程，如《三国志·张纮传》南朝宋裴松之注引《江表传》所述：“（张）纮谓（孙）权曰：‘秣陵，楚武王所置，名曰金陵。地势冈阜连石头，访问故老，云昔秦始皇东巡会稽，经此县，望气者云金陵地形有王者都邑之气，故掘断连冈，改名秣陵。今处所具存，地有其气，天之所命，宜为都邑。’权善其议，未能从也。后刘备之东，宿于秣陵，周观地形，亦劝权都之。权曰：‘智者意同。’遂都焉。”而与此相关的地理形胜表述，则是流播更加广泛的“龙盘虎踞”，至于“龙盘虎踞”说法的由来，史书、地志多归于诸葛亮。如西晋张勃《吴录》：“刘备曾使诸葛亮至京，因睹秣陵山阜，叹曰：‘钟山龙盘，石头虎踞，此帝王之宅。’”又南宋张敦颐《六朝事迹编类·形势门》：“诸葛亮论金陵地形云：‘钟阜龙盘，石头虎踞，真帝王之宅。’”甚至古往今来的南京胜迹，也有今清凉山公园里诸葛亮挽缰的驻马坡，今乌龙潭畔诸葛亮的饮马处。如此这般，诸葛亮遂成为南京的“地理之神”，而其“帝王之宅”的预言，不仅首次应验在孙权建都这“龙盘虎踞”之地，而且后来屡次应验在东晋南朝、南唐乃至大明王朝、太平天国的身上。

“龙盘虎踞”与“帝王之宅”之间，存在着密切的因果关系。所谓“龙盘虎踞”，从字面义看，是说“钟山龙盘”，即钟山像条青龙，盘曲在南京的东面；“石头虎踞”，即石头山像只白虎，踞坐在南京的西面。

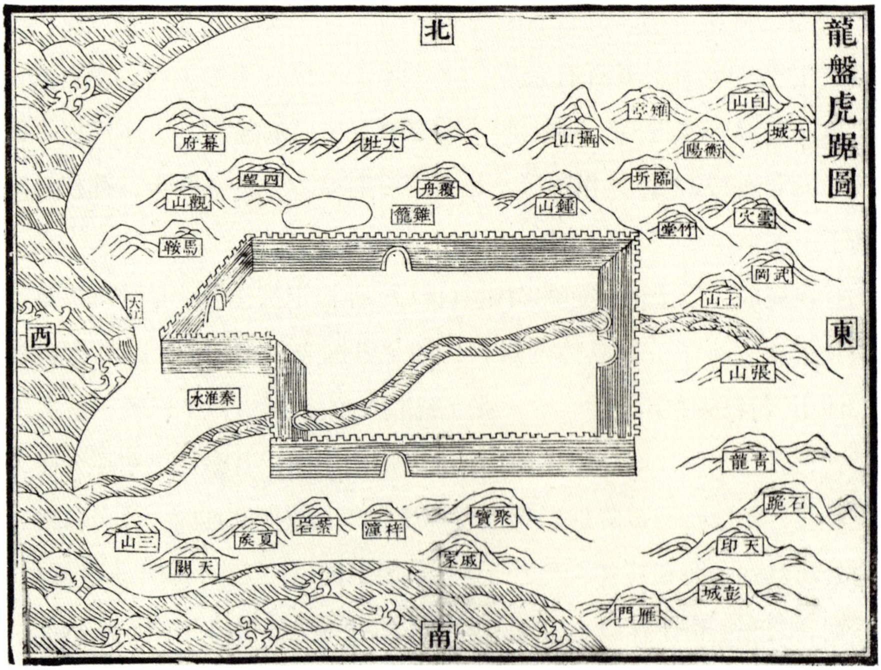

龙盘虎踞图（宋代周应合《景定建康志》）

显然，这样的“龙盘虎踞”来源于风水理念，具体而言，又来源于风水系统之生气、觅龙、察砂、观水、点穴、取向中的“察砂”。“察砂”是指对“吉地”周围群山的考察，最重要者当属“四神砂”，即左（东）青龙、右（西）白虎、前（南）朱雀、后（北）玄武，它们不仅要周旋围护着吉地，而且外观要秀丽端庄。南京正是具备了这样“四神砂”的地方，而且其自然山水可谓完备秀美：幕府山、大壮观山等为主山，覆舟山、鸡笼山等为坐山，石子冈（聚宝山）为案山，牛首山（天阙山）为朝山，加上钟山青龙、石头白虎为左、右护山，于是“山环”；西、南有秦淮河，东北有金川河，东有青溪、前湖（燕雀湖），北有后湖（玄武湖），外围的西、北为长江，于是“水抱”；中间则为“宽平宏衍之区”的“吉地”。这正是“山环水抱必有气”的风水格局，而历久流传的“金陵有天子气”“金陵王气”的说法既因此发生，南京也因这样的风水格局，成为孙权创始的“四十余帝三百秋”的六朝都城。

综上所述，孙吴政权的由来，历经孙坚的创立武装、孙策的割据江东、孙权的开疆拓土，可谓艰难曲折；而孙吴王朝定都建业的过程，也是多方选择、权衡利弊的结果，至于这个结果的最终达成，则体现了“能自擅江表，成鼎峙之业”（《三国志·孙权传》）的吴大帝孙权对天意与民心的利用，从而使“金陵有天子气”落实为“金陵”成了“建业”，“天子”就是孙权和他的子（孙亮、孙休）孙（孙皓）们。

二、营建都城

从“金陵有天子气”落实为“金陵成天子都”，吴大帝孙权厥功至伟，南京历史由此开启了新纪元。然而时移世易，孙吴都城建业的面貌，不仅今天已经无处寻觅，早在589年隋灭陈后，因为建康城邑宫室惨遭“平荡耕垦”的命运，唐人已说不清东晋南朝建康宫阙，更谈何孙吴建业旧貌！以此之故，谨据历史文献的零散记载，参考相关研究成果，对孙吴时代建业都城之概貌做一描述。

先述宫苑。吴都建业的宫殿与苑囿，大帝孙权时建有太初宫、南宫、苑城、西苑，末帝孙皓时又筑昭明宫。

太初宫　太初宫是孙权在建业建造的第一座宫殿，其前身乃孙权的将军府。建安五年（200），曹操表孙权为讨虏将军，领会稽太守，驻守于吴（今苏州）；建安十四年（209），刘备又表请汉室任命孙权为行车骑将军，领徐州牧，时在京（今镇江）。建安十六年（211）孙权从京迁建业（今南京）后，创建将军府。黄龙元年（229）四月孙权称帝于武昌（今湖北鄂州），九月迁都建业，即以昔日之将军府为太初宫，盖因当时三国并立，凡事皆以军国为重，所以无暇建设。及至赤乌十年（247），由于太初宫材柱腐朽，才不得不兴土木之功，予以改建。然而，孙权仍以军事未息，人民赋役已重，不愿再向各地征求需索，所以下令拆除武昌宫的材瓦，运至建业，作为改建太初宫的材料。

孙吴都建业图（明代陈沂《金陵古今图考》）

改建成的太初宫"方三百丈"，即周长约合今730米，其规制，据唐代许嵩《建康实录》卷二云："正殿曰神龙。南面开五门：正中曰公车门，东门曰升贤门、左掖门，西曰明阳门、右掖门。正东曰苍龙门，正西曰白虎门，正北曰玄武门。起临海等殿。"即太初宫的南面开五门，东、西、北三面各开一门；神龙殿为正殿，另有临海等殿为附属建筑。又据近年来的考古发掘，太初宫的位置约在今洪武路与游府西街相交处一带。这里地势平坦，远离居民区，适合屯兵扎寨，具备作为军政中心的优越条件。

南宫、西苑　南宫位于太初宫之南，是太子居住的宫殿。赤乌十年（247）二月至十一年（248）三月改建太初宫期间，孙权曾暂居于此。在太初宫西南、南宫西面，又有西苑，为孙权长子孙登所筑的园苑。孙登早薨，赠谥"宣明太子"。《建康实录》卷二记载："今运渎东曲折内池，即太初宫西门外。池，吴宣明太子所创，为西苑。"

苑城　太初宫、南宫、西苑皆处都城西南，而在都城中央偏北处另有苑城。苑城为皇家苑区及宫廷禁卫营地。据《建康实录》卷二"建康宫城即吴苑城"，东晋咸和年间所建建康宫"周八里"，约合今3500米，则苑城占地面积甚广。苑城内有苑仓，所以也称仓城，是城内仓储的场所。

昭明宫　昭明宫位于太初宫之东，宝鼎二年（267）末帝孙皓所建。《建康实录》卷四记载："（宝鼎）二年夏六月，起新宫于太初之东，制度尤广，二千石已下皆自入山督摄伐木，又攘诸营地，大开苑囿，起土山，作楼观，加饰珠玉，制以奇石，左弯碕，右临硎。又开城北渠，引后湖水激流入宫内，巡绕堂殿，穷极伎巧，功费万倍……十二月，新宫成，周五百丈，署曰昭明宫，开临硎、弯碕之门，正殿曰赤乌殿，后主移居之。"据此，周长五百丈、约合今1200米的昭明宫不仅规模大过周长三百丈的太初宫，而且构筑精巧，装饰华丽，摄山理水，充满皇家园林气息。联系此前的孙吴诸帝皆以军国为重，孙皓却不恤政事，大兴土木，花费亿万，起造宫苑，则其为“末帝”可谓宜也。在昭明宫建成后的十三年，孙吴即亡于代魏而立的司马氏的晋朝，吴都建业成为历史。

280年晋朝灭吴，寓意“建功立业”的“建业”被改名为“秣陵”；282年，司马氏又分秦淮河南为秣陵、秦淮河北为建邺。只是名称虽改，晋朝却并未平毁吴都建业，晋人且在胜利的荣耀心理下，创作了许多歌咏建业的辞赋，其中流传至今的最著名的作品，当推左思《三都赋》之一的《吴都赋》。不同于一般辞赋的浮夸，《三都赋》的叙述颇为可信，“豪贵之家竞相传写，洛阳为之纸贵”，吴都建业的城市面貌，也借由《吴都赋》的描绘而显得鲜活灵动：“起寝庙于武昌，作离宫于建业。阐阖闾之所营，采夫差之遗法。抗神龙之华殿，施荣楯而捷猎。崇临海之崔巍，饰赤乌之韡晔。东西胶葛，南北峥嵘。房栊对櫎，连阁相经。阍闼谲诡，异出奇名。左称弯碕，右号临硎。雕栾镂楶，青琐丹楹。图以云气，画以仙灵。虽兹宅之夸丽，曾未足以少宁。思比屋于倾宫，毕结瑶而构琼。高闱有闶，洞门方轨。朱阙双立，驰道如砥。树以青槐，亘以绿水。玄荫眈眈，清流亹亹。列寺七里，侠栋阳路。屯营栉比，解署棋布。横塘查下，邑屋隆夸。长干延属，飞甍舛互。”这段赋文中的“阐阖闾之所营，采夫差之遗法”，说明吴都建业一定程度上模仿了春秋时代吴国都城吴（今苏州）的形制；“神龙”“临海”“赤乌”是太初宫、昭明宫的殿堂，“弯碕”“临硎”是昭明宫的宫门，它们都丹青彩绘，雕饰精绮。又“驰道如砥”，指从太初宫南门至秦淮河上朱雀桥之间的御道，长七里，约合今3100米。御道两侧，植有绿树，开有排水沟，整齐罗列着军营与衙署，唐李善《文选》注云：“吴自宫门南出苑路，府寺相属，侠道七里也。解，犹署也，吴有司徒、大监诸署。”至于“邑屋隆夸”的横塘、查下，“飞甍舛互”的长干，李善《文选》注，“横塘在淮水南，近家渚缘江筑长堤，谓之横塘，北接栅塘。查下、查浦在横塘西，隔内江，自山头南上十余里，至查浦。建业南五里有山岗，其间平地，吏民杂居。东长干中有大长干、小长干，皆相连。大长干在越城东，小长干在越城西，地有长短，故号大、小相干”，可知这是建业城南之贵族与平民的居住区。

无论是皇家宫殿还是贵族与平民居住区，都离不开市场，建业的市场主要分布在人口稠密、交通便利之处，尤以秦淮河两岸为密集。据南朝宋山谦之《丹阳记》记载：“京师四市，建康大市，孙权所立；建康东市，同时立；建康北市，永安中立；秣陵斗场市，隆安中发乐营人交易，因成市也。”按“永安”先为吴景帝孙休年号，对应公元258—264年，后为西晋惠帝司马衷年号，短至七个月（304年正月至七月），则北市更可能是孙吴时所立。如此，在《丹阳记》所记“京师四市”中，除了斗场市立于东晋时，其余三市均为孙吴所立。大市分布在秦淮河南，东市和北市分布在秦淮河北。关于这些市场的经营情况，《吴都赋》描述道：“开市朝而并纳，横阛阓而流溢。混品物而同廛，并都鄙而为一。士女伫眙，商贾骈坒。纻衣絺服，杂沓傱萃。轻舆按辔以经隧，楼船举帆而过肆。果布辐凑而常然，致远流离与珂珬。”真可谓店肆林立、商贾云集，本地物品、外地特产乃至域外珍稀，应有尽有。

市场的繁荣、百货的齐全，又离不开便利的交通。就建业的陆路交通言，西有新亭大路，可通牛渚（今安徽马鞍山）；北渡长江，可往历阳（今安徽和县）转洛阳；西沿丹阳古道，可达姑孰（今安徽当涂）、鸠兹（今安徽芜湖）、宛陵（今安徽宣城）。建业的水路交通尤为重要，除了自然的长江与秦淮河外，人工开凿的运河又显得特别突出。这样的人工运河，在建业城内有运渎、潮沟、青溪。《建康实录》记载，赤乌三年（240）十二月，孙权“使左台侍御史郗俭监凿城，西南自秦淮，北抵仓城，名运渎”，运渎承担着繁重的物资运输任务；约与运渎开凿同期，“潮沟亦帝所开，以引江潮”，潮沟接青溪，抵秦淮，西通运渎，北连后湖（玄武湖）；赤乌四年（241）十一月，孙权“诏凿东渠，名青溪，通城北堑潮沟”，即将源出钟山南坡、潴为前湖（燕雀湖）后再南流入秦淮河的青溪河道，加以整治，向北、向西延伸，分别沟通后湖与潮沟；又宝鼎二年（267），孙皓将潮沟向南延伸，“开城北渠，引后湖水激流入（昭明）宫内，巡绕堂殿”。运渎、潮沟、青溪、秦淮河遂在建业城内构成相互连通的水运网，发挥着重要的运输功能。而相对于建业城内的运渎、潮沟、青溪，通往吴郡（今苏州）、会稽郡（今浙江绍兴）的破冈渎，更可谓吴都建业的一条水上交通生命线。据《三国志·孙权传》“赤乌八年八月”条，“遣校尉陈勋将屯田及作士三万人，凿句容中道，自小其至云阳西城，通会市，作邸阁”；又《建康实录》卷二记载：“使校尉陈勋作屯田，发屯兵三万凿句容中道，至云阳西城，以通吴、会船舰，号破冈渎，上下一十四埭，通会市，作邸阁。仍于方山南截淮立埭，号曰方山埭。”“会市”即会稽市场，“邸阁”即物流仓库、客栈设施。依据历史文献与现代考察，吴大帝孙权时，在建业东南方山脚下，截秦淮河东源支流建埭（拦水坝），抬高水位，船行向东，利用山区汇水而成的赤山塘补充水量，东偏北行至秦淮河水系与太湖水系的分水岭（茅山北麓高地），开岭破冈，沿途筑埭，过埭以人力、畜力牵引，直出属于太湖水系的云阳西城（估计在今丹阳九里一带）；然后接上东、西云阳渎，向南就是后来的隋江南河（其时已有一些运河河段），加上自然的水网密布，遂能水路通达吴（今苏州）、会（今浙江绍兴）。其时的吴地，“最为富庶，贡赋商旅，皆出其地”；其时的会土，“带海傍湖，良畴亦数十万顷，膏腴上地，亩直一金”。如此，破冈渎成为吴都建业获取东南物资的生命线，其经济意义实在非同一般。而这条基本贯穿了整个六朝时代

六朝破冈渎路线示意图（张学锋、陈刚 制）

的人工运河在其他方面的意义，同样堪称广泛。如在交通方面，通过破冈渎输送东南物资，既可减轻水运绕道京口、路途遥远的弊病，又能避开京江风大浪急、舟船漂溺之险；在技术方面，破冈渎之建埭以抬升水位、以人力或畜力牵引过船等，已见元明清时代京杭大运河诸多难题的解决方法；又在考古现象的理解方面，丹阳齐梁帝陵石刻所用石材，也是通过破冈渎由水路从建康运达丹阳。

就吴都建业的祭祀空间言，孙权太元元年（251）十一月“祭南郊”，又于朱雀桥南立“长沙桓王策庙”；孙亮建兴二年（253）正月于太初宫东为大帝孙权立“太祖庙”，五凤二年（255）十二月“作太庙”；孙皓宝鼎二年（267）为追谥的文皇帝孙和立“清庙”，凡此，都属建业的祭祀空间。值得注意的是，按照古代礼制，天子“祭天于南郊，就阳之义也；瘗地于北郊，即阴之象也”（《汉书·郊祀志》），虽然黄龙元年（229）四月孙权在武昌“立坛于南郊，即帝位，柴燎告天”（《建康实录》卷二），但同年九月迁都建业后，不仅武昌的南郊坛废弃不用，而且在建业也是直到晚年才举行过一次“祭南郊”，其后终吴之世，孙亮、孙休、孙皓三嗣主均未郊祀；又孙吴一直没有举行过北郊活动，建业应该未设北郊坛。

中国古代都城通常分为宫城、皇城、外郭三部分。吴都建业没有外郭。“周二十里一十九步”（《建康实录》卷二）、周长近9公里的都城相当于皇城。孙吴都城的营建，放弃了经过秦汉四百余年经营、已有一定基础的秣陵旧城（今南京市江宁区秣陵街道），而移治“龙盘虎踞”、有利防守的秣陵西北边地，即今南京市区。建业都城的具体形状不明，估计是座东北—西南倾斜而又随山就水的近长方形城市，其“城墙”或以竹篱筑造，或依山水为屏障，只在南面开有一门，习称“白门”。建业的宫城并未形成独立的空间，前述的那些宫殿、苑囿分别散置城内。又太初宫南门至朱雀桥的御道，被学者推为“当是后来我国都城皆在宫城前设一条宽阔的御街作为城市的中轴线，旁列官署庙社的肇端”（郭黎安《魏晋南北朝都城形制试探》）。至于西面的石头城，因山筑墙，俯瞰长江，控扼秦淮，屹为护卫都城的要塞，亦为军械、军粮的仓储重地；冶城、金城、白马城、越城，同为建业外围的军防城堡。吴都建业的大概面貌，秦淮河以北是宫殿、官署和苑囿区，秦淮河两岸及以南是居民区和市场。这种规划布局突破了《周礼》规定的前朝后市的基本格局，对东晋南朝建康城的规划、营建和布局产生了重大的影响。

三、中外交流

孙权继承父兄的事业，既割据江东，又开疆拓土，遂奠定了孙吴较稳定的疆域范围：东抵东海，南及南海兼有交趾（今越南），北自江北与曹魏分界，西沿三峡及今湖南、贵州、云南、广西边界与蜀汉为邻。以今地论，包括浙江、上海、福建、江西、广东、湖南等省市的全部，湖北、安徽、江苏、广西、贵州等省区的一部及越南的中北部、四川的一隅。这样的疆域，较曹魏小而较蜀汉大。

当孙权已有了岭南、荆州以后，再图向北、向西发展，逼于强大的曹魏、碍于结盟的蜀汉，已经没有多大的空间，于是孙权便把目光投向了海外。孙吴以水军立国，又造船业发达，有着丰富的内河和海上航行经验。如嘉禾二年（233），孙权“使太常张弥、执金吾许晏、将军贺达等将兵万人，金宝珍货，九锡备物”，渡海到辽东，联络辽东太守公孙渊，以图共同对付曹魏，结果因公孙渊背信弃义而未成功，孙权大怒，“欲自征渊，尚书仆射薛综等切谏乃止”（《三国志·孙权传》）。而以这样卓越的航海能力，孙吴意欲进行海外拓殖，也是可以理解的选项，这就是“浮海求夷洲及亶洲”“讨珠崖、儋耳”两次军事行动的背景与原因。

有关这两次军事行动的史料，《三国志·孙权传》记载：“（黄龙）二年春正月……遣将军卫温、诸葛直将甲士万人浮海求夷洲及亶洲。亶洲在海中……所在绝远，卒不可得至，但得夷洲数千人还。三年春二月……卫温、诸葛直皆以违诏无功，下狱诛。”“（赤乌五年）秋七月，遣将军聂友、校尉陆凯以兵三万讨珠崖、儋耳。”“夷洲”，今台湾岛；“亶洲”，一般指琉球。

这里所谓的“中外交流”，指孙吴王朝与域外国家或地区之间的交流。以下简单罗列孙吴时代吴都建业所主导的“中外交流”活动。

1. 东海航线的中外交流活动

前文提到孙吴嘉禾二年（233），“将兵万人”浮海辽东而遭公孙渊背信弃义事，其实此事还有前奏与尾声。其前奏是，嘉禾元年（232）三月，孙权“遣将军周贺、校尉裴潜乘海之辽东。秋九月，魏将田豫要击，斩贺于成山”，辽东太守公孙渊则“称藩于权，并献貂马”（《三国志·孙权传》）；其尾声是，当嘉禾二年（233）公孙渊背信弃义后，随同张弥船队赴辽东的中使秦旦、张群、杜德、黄疆四人，乘间从被软禁的玄菟郡（治高句骊县，今辽宁沈阳东）逃脱，先后到达句骊（即高句丽，时为中国边疆民族所建之国，有今辽宁、吉林南部及鸭绿江两岸；都丸都城，今吉林集安市西北），受到句骊国王宫的厚待。再后的情形，《三国志·孙权传》裴注引《吴书》曰："其年，宫遣皂衣二十五人送旦等还，奉表称臣，贡貂皮千枚、鹖鸡皮十具。旦等见权，悲喜不能自胜。权义之，皆拜校尉。"次年，孙权又派使者谢宏、中书陈恂到达句骊，封句骊王宫为单于，加赐衣物珍宝；宫还礼"马数百匹"，只是"（谢）宏船小，载马八十匹而还"。据此，孙吴已开辟了由长江口经东海直抵辽东半岛与朝鲜半岛的航路，并与高句丽建立了政治联系与"经贸"关系。

再说日本。中国和日本隔海相望、一衣带水，历史上两国之间的往来也是源远流长，其中孙吴与日本的交流，可从日语读音、考古发现两方面以见一斑。在日语中，汉字读音可以分为吴音、汉音与唐音三个系统。以"京都"的"京"为例，吴音读作きょう，汉音读作けい，唐音读作きん。在这三种读音中，吴音和汉音所占比重差不多，唐音只占少数。按照学者们的研究结论，吴音是模仿中国唐朝以前南方语音的，汉音是模仿唐朝中原一带语音的，唐音是模仿宋元明清时代语音的。单说吴音。中日之间的交流，或直接通过海道，或通过朝鲜陆路。海道在中国一方先以江南地区为终端，这一带在先秦时期曾是吴国的疆域，三国时代又属孙吴，所以江南地区被称为吴地，吴地的汉语方言传到日本也就成了吴音，乃至唐朝以前的日本，多称中国为"吴"，称中国人为"吴人"，称侨居日本的中国人聚居地为"吴原"，称在日本劳动生活的中国纺织工匠以及中国的织物与织法为"吴织"，称来自中国的服装为"吴服"，称中国胡床（一种坐具）为"吴床"。凡此，都反映了日本与江南吴地、孙吴王朝的接触较多。又日本各地古坟中出土的吴镜，也反映了孙吴与日本之间的贸易交流。如日本山梨县鸟居原古坟出土的“赤乌元年”对置式神兽镜、兵库县安仓古坟出土的“赤乌七年”对置式神兽镜等，这些古物可能是当时日本人渡海到吴地进行贸易的结果。同时吴地也有人流移到日本，如当时有大量工匠从会稽郡东冶县（治今福建福州）入海，经台湾、琉球，抵九州岛南部的种子岛，到达日本。

2. 南海航线的中外交流活动

南海航线带动了孙吴王朝与“海南诸国”的经济文化交流。所谓“海南诸国”，《梁书·诸夷传》云：“海南诸国，大抵在交州南及西南大海洲上，相去近者三五千里，远者二三万里。其西与西域诸国接。汉元鼎中，遣伏波将军路博德开百越，置日南郡。其徼外诸国，自武帝以来皆朝贡。后汉桓帝世，大秦、天竺皆由此道遣使贡献。及吴孙权时，遣宣化从事朱应、中郎康泰通焉。其所经及传闻，则有百数十国，因立记传。”据此，孙吴王朝虽承汉旧而通海南诸国，其与海南诸国的关系以及了解的程度，则更加紧密、大有进步。如黄武五年（226），交州刺史吕岱“遣从事南宣国化，暨徼外扶南、林邑、堂明诸王，各遣使奉贡”（《三国志·吕岱传》），扶南对应今柬埔寨，林邑对应今越南，堂明对应今老挝；又如赤乌六年（243），“扶南王范旃遣使献乐人及方物”（《三国志·孙权传》），为了安置这些扶南乐人，孙权在建业专门设立了“扶南乐署”，以供“乐人”居住并请他们教授吴国宫人；再如上引史料中的朱应、康泰事，尤具典型意义。孙权派遣朱应、康泰出访东南亚地区，约在赤乌、太元年间；朱应、康泰又将“所经及传闻”的“百数十国”记载下来，于是有了朱应的《扶南异物志》、康泰的《吴时外国传》，这两部书虽已散失，仅存零星辑佚条目，但仍被推为研究东南亚地区古代历史、地理的珍贵史料，甚至有学者认为，朱应、康泰出访海南诸国，其意义不亚于西汉张骞、东汉班超之通西域。值得一提的还有丹阳太守万震的《南州异物志》。因为职务之便，万震常与来建业的外国人交涉事务，他将了解到的外国方物风俗、传闻异事撰著成书，成书时间约在黄武至嘉禾年间，早于《扶南异物志》与《吴时外国传》。北宋李昉等编《太平御览》时，即引用此书甚多，如“外域人名船曰舡。大者长二十余丈，高去水三二丈，望之如阁道，载六七百人，物出万斛”，“斯调，海中洲名也。在歌营东南，可三千里。上有王国、城市、街巷，土地沃美”。又《吴时外国传》记载，“从加那调州乘大舶船，张七帆，时风一月余日，乃入大秦国也”（《太平御览》卷七七一引）；《史记·大宛列传》唐张守节《正义》引《南州异物志》：天竺，“地方三万里，佛道所出。其国王居城郭，殿皆雕文刻镂。街曲市里，各有行列。左右诸大国凡十六，皆共奉之，以天地之中也”，如此等等。斯调，即今斯里兰卡；加那调州，或说在今马来半岛，或说在今缅甸沿岸，或说在今印度西岸；大秦，即罗马帝国；天竺，指今印度。《扶南异物志》《吴时外国传》《南州异物志》所记其他域外国家与地区还有很多，不再赘述。又据《梁书·诸夷传》：“孙权黄武五年，有大秦贾人字秦论来到交趾，交趾太守吴邈遣送诣权，权问方土谣俗，论具以事对。时诸葛恪讨丹阳，获黝、歙短人，论见之曰：‘大秦希见此人。’权以男女各十人，差吏会稽刘咸送论，咸于道物故，论乃径还本国。”这是说大秦商人秦论从南海来到交趾（今越南北部），而据黄武五年（226）孙权在武昌、黄龙元年（229）孙权已迁都建业，以及嘉禾三年（234）开始诸葛恪征山越三年，则秦论又从交趾先后来到吴都武昌与建业，即前后居留孙吴境内十年上下，且与孙权、诸葛恪君臣颇有交往。然则综合各方面材料来看，包括东南亚、南亚乃至波斯、罗马等广大区域的海南诸国，其与孙吴王朝之海路往来、贸易络绎的繁荣景象，已经可见大概；孙吴王朝也对此甚为自得，如《吴鼓吹曲》中，就有“言大皇帝（孙权）

章其大德，而远方来附”的《章洪德》：“章洪德，迈威神。感殊风，怀远邻。平南裔，齐海滨。越裳贡，扶南臣。珍货充庭，所见日新。”（《宋书·乐志》）

得益于东海航线与南海航线的中外交流，不仅孙吴文化更显丰富多彩，吴都建业融通中外的“国际化”色彩也愈加鲜明。不妨精神与物质方面各举一例。

康僧会

精神之例如佛教。《高僧传·译经》记康僧会云：“康僧会，其先康居人，世居天竺，其父因商贾移于交趾。会年十余岁，二亲并终，至孝，服毕，出家……时吴地初染大法，风化未全，僧会欲使道振江左，兴立图寺，乃杖锡东游，以吴赤乌十年初达建业……（孙）权大嗟服，即为建塔，以始有佛寺，故号建初寺，因名其地为佛陀里。由是江左大法遂兴……会于建初寺译出众经……并妙得经体，文义允正。又传泥洹呗声，清靡哀亮，一代模式。”康居为西域国家，故地在今乌兹别克斯坦塔什干一带；天竺、交趾，上文已述。康僧会即康居国高僧，会使孙权大为嗟服的本领，是他在静室中请得如来遗骨舍利；而其结果，便是赤乌十年（247）吴都建业造起了建初寺，此为江南佛寺之始。延及后世，乃有了“南朝四百八十寺，多少楼台烟雨中”的景象，南朝建康的佛教走向极盛；乃有与梵呗相关的南朝萧齐之“永明声律”，“古体诗”由此向“近体诗”演进，五言、七言律诗的基础得以奠定。

至于物质之例，如鹦鹉螺杯。《太平御览》卷七五九《器物部·杯》引万震《南州异物志》：“鹦鹉螺，状似覆杯，形如鸟头。向其腹视，似鹦鹉，故以为名。”《太平御览》既在“杯”类中引述“鹦鹉螺”，可见《南州异物志》"故以为名"所指为鹦鹉螺杯。关于此杯的用法与妙处，唐人欧阳询等编《艺文类聚》卷九十七《鳞介部·螺》引《南州异物志》："扶南海有大螺，如瓯。从边直旁截破，因成杯形，或合而用之。螺体蜿蛇委曲，酒在内自注，倾覆终不尽，以伺误相罚为乐。"幸运的是，1965年南京象山东晋王兴之、宋和之墓出土的鹦鹉螺杯实物，正与《南州异物志》的描述吻合无间，则舶自域外、流行于东晋南朝上层社会的酒器鹦鹉螺杯，早在孙吴时代以及吴都建业，已非罕见之物。

南京象山东晋王兴之、宋和之墓出土的鹦鹉螺杯

由此精神与物质随举的各一例，吴大帝孙权、孙吴王朝在中外交流中的贡献、广采博纳异域文化的实绩，自是值得表彰。

第二节　永嘉南渡与建康崛起

公元265年，司马炎取代曹魏，在洛阳建立晋朝政权。至280年，西晋灭掉孙吴政权，完成全国的统一。然而，好景不长，西晋皇族内部为争夺中央政权而引发一场动乱，历时十六年（291—306），史称"八王之乱"。"八王之乱"是中国历史上最为严重的皇族内乱之一，当时社会经济遭到严重破坏，直接导致西晋亡国、十六国纷争和北朝建立。

一、永嘉南渡

西晋永嘉年间（307—313），北方流民为躲避战乱，纷纷渡江南下。据《晋书·王导传》记载："洛京倾覆，中州士女避乱江左者十六七。”历史上把这一时期北方流民大批南渡的现象称为“永嘉南渡”。现藏于广州博物馆的广州河南敦和乡客村出土的晋代多块铭文砖指出了北方流民南迁的原因：“永嘉中，天下灾。但江南，皆康平。”“永嘉世，九州空。余吴土，盛且丰。”

“永嘉中，天下灾。但江南，皆康平”“永嘉世，九州空。余吴土，盛且丰”铭文砖（广州博物馆 藏）

据谭其骧《永嘉丧乱后之民族迁徙》考证，从永嘉年间至刘宋时期，南渡人口约有 90 万，占北方人口总数的八分之一。东晋南朝所辖区域内，六分之五为本土居民，六分之一为北方侨民，其中尤以江苏境内侨民为最多，约有 26 万人，其中南徐州有侨民 22 万人，余下的 4 万人散布在建康等地。“江苏省所接受之移民，较之其他各省为特多，以帝都所在故也。……至侨民麇集之地，则江南以今之江宁、镇江、武进一带为最。”

早在晋怀帝永嘉元年（307），琅邪王司马睿受封为安东将军、都督扬州江南诸军事，镇广陵（今扬州）。他听从王导的建议，渡江镇建邺（今南京），史称“五马浮渡江，一马化为龙”，这条龙就是后来的晋元帝司马睿。

永嘉五年（311），匈奴人刘曜、氐族人石勒攻陷西晋都城洛阳之后，掳走晋怀帝司马炽。两年后，即永嘉七年（313），晋怀帝的死讯传到长安（今西安），司马邺在长安被拥立为帝，史称晋愍帝。晋愍帝司马邺在位期间，为了避其名讳，琅邪王司马睿改建邺为建康。建

晋元帝司马睿

兴四年（316），刘曜包围长安。《晋书·孝愍帝纪》记载："十一月乙未，使侍中宋敞送笺于曜，帝乘羊车，肉袒衔璧，舆榇出降。群臣号泣攀车，执帝之手，帝亦悲不自胜。"晋愍帝出长安东门投降，与其王公大臣一同被俘入汉国都城平阳（今山西临汾），西晋灭亡。建武元年（317），琅邪王司马睿在王导、王敦的扶持下，定都建康，称晋王，史称东晋。次年，晋愍帝死讯传到建康，司马睿正式称帝。

为安置北方移民，东晋及其之后的南朝政权在辖境内相继设立侨州郡县。据《晋书·地理志》记载，仅东晋时期先后在建康地区设立的侨郡侨县就有20多个。最早的侨县是太兴三年（320）在建康设立的怀德县（后改名为费县），专门安置跟随晋元帝司马睿一道从山东琅邪来的千余家南渡人口，其中大族就有上百家。他们居住在靠近皇宫的鼓楼一带。位于建康都城东北的江乘县，因靠近长江，设置了南东海、南琅邪、南东平和南兰陵四个侨郡以及临沂、阳都、即丘、谯等侨县；后来在都城范围内又加设魏、广川、高阳、堂邑等侨郡以及肥乡、元城、广川、北新城、博陆、堂邑等侨县；在江北六合境内设置秦、齐两个侨郡以及秦、尉氏、平丘、外黄、雍丘、浚仪、临淄、西安、昌国、益都、宿豫等侨县，它们仅仅是寄居在都城建康（包括六合），并没有实际领地。南迁的北方流民涵盖了皇室、官僚贵族、文武官员、学者、商人、手工业者、农民、士卒、僧尼、奴仆等社会各个阶层。

大批北方人口的南迁，不仅带来了大量劳动力、先进的生产工具和生产技术，还带来了社会财富的转移，为南方经济的发展提供了资金，

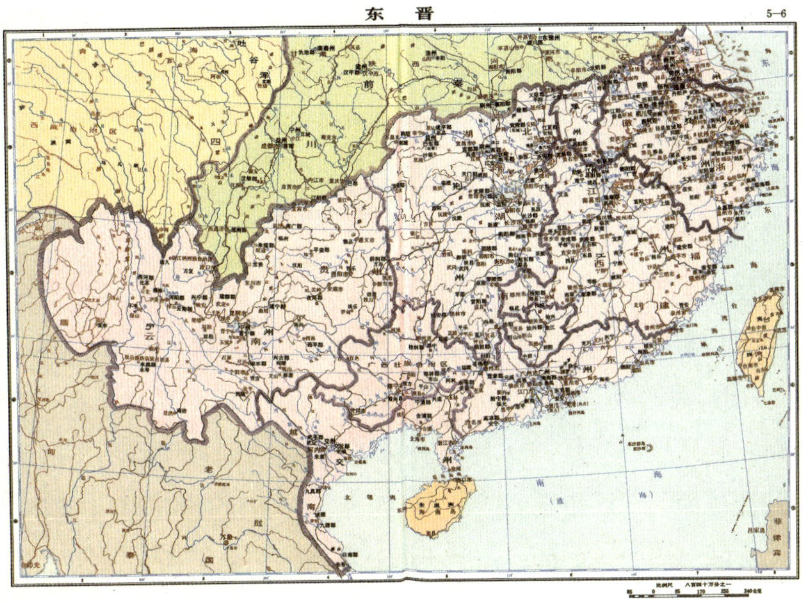

东晋疆域图（谭其骧主编《中国历史地图集》）

更重要的是，带来了中原地区先进的文化，对江南地区的政治、经济、文化和社会生活产生了重要影响。

二、建康崛起

发生在西晋永嘉年间的五胡入华以及此后的十六国纷争，客观上给了建康（今南京）以崛起的契机。这一时期江南的重要城市还有吴（今江苏苏州）、京口（今江苏镇江）、武昌（今湖北鄂州）、公安（今湖北公安）等，为什么偏偏建康会崛起？

吴（今江苏苏州）虽地处富庶之区，有较好的经济基础，春秋时期曾做过吴国的都城，秦汉时期是会稽郡治所，是汉末江南最为发达的城市，城市建筑较为完备，但因脱离长江，位偏地远，同时与长江上游军事联络也不方便。从大局上来看，不利于南方政权势力的扩张。

京口（今江苏镇江）有丹徒水道入通吴、会（今浙江绍兴），望江临海，但与长江上游联系不太方便。同时，由于京口与广陵（今扬州）隔江相望，春秋时吴王夫差开凿的邗沟（六朝时称作中渎水）连通江淮，流经广陵城下，所以京口很容易遭到来自江北的进攻。此外，京口地处宁镇丘陵，腹地狭窄，建都没有发展和回旋的余地，不利于南方政权与北方政权抗衡。

武昌（今湖北鄂州）位于军事要区，濒临长江，进可以攻，退可以守，曾经做过孙吴的都城，由于孙吴政权在经济上要仰仗三吴地区（即吴、吴兴、会稽，今苏州、湖州、绍兴）的供给，所以武昌存在着明显的缺陷。孙吴后主孙皓迁都武昌，遭到官民一致反对，迫使孙皓不得不还都建业，而民间流传的“宁饮建业水，不食武昌鱼；宁还建业死，不止武昌居”童谣，表达了当时人们的心声，也使这座城市形象大伤。

公安（今湖北公安）虽濒临长江，水上交通便利，并处于荆州与武昌之间地带，但因远离经济中心三吴地区，而且处于与蜀、魏交战的前线，无论是从政治上、军事上，还是从经济上来讲，毫无优势可言，只能作为权宜之计。

相比较而言，建康地处江南，襟江带河，山环水绕，自然环境优越。相传三国时期诸葛亮赞美南京：“钟山龙盘，石头虎踞，此乃帝王之宅也。”孙吴在这里前后定都50余年，城市各项建设都有一定的基础，与经济发达的三吴地区交通便利。西晋灭吴时，虽从政治上给予贬抑，却并未使这座城市伤筋动骨。西晋左思的《三都赋》传诵一时，其中的《吴都赋》对建业极尽赞美之词，奠定了这座城市在世人心目中的地位。

三、建康崛起的标志

建康的崛起，体现在政治、经济、文化、语言、风俗等多个方面。

东晋政权在建康定都，使之由地方性的城市，跃升为中国南方的政治中心，与北方政权分庭抗礼。东晋南朝时期，以建康为中心的南方政权不仅自认为，而且被公认为是神州“正朔”和“华夏正统”所在。此后南唐、明朝、太平天国、中华民国相继在南京定都。南京成为我国著名的四大古都之一。

秦汉时期，中国的经济中心仍在中原地区，江南地区属于“地广人稀，饭稻羹鱼，或火耕而水耨”之地（《史记·货殖列传》）。东晋南渡之后，江南地区得到进一步开发，农业、手工业和商品生产得到前所未有的发展，以建康为中心的新经济中心逐步形成。刘宋时期的著名官吏沈约在《宋书·孔季恭等传论》中评价说：“荆城跨南楚之富，扬部有全吴之沃，鱼盐杞梓之利，充仞八方，丝绵布帛之饶，覆衣天下。”

建康作为东晋都城，南方土著人口与北方人口相当，中原先进文化通过北方移民被带到建康，建康成为华夏文明的避难所，南北文化在建康交融，华夏文明在建康不仅得到传承，而且发扬光大。

都城建康原本属于吴语区，由于东晋政权以北方人为主体，北方官话自然而然成为官场语言，说北方官话成为身份和地位的象征，由此形成一股学说北方官话的时尚，形成吴语与北方官话在建康共存的局面。此后，经过南朝170年的演进，北方官话逐渐成为建康的主要交流语言。

此外，建康人的饮食、服饰也与中原地区逐步接轨，由单一的食米、鱼转向食米、鱼、面、羊肉等多样化；服饰也转向中原服饰系统；民风上，江南人由浇薄好斗向敦厚尚文转变。

永嘉南渡对于南京这座城市而言，是其发展进程中的重要事件。正因为建康处在不南不北、不东不西的位置，所以在中华文明生死攸关的时刻，它昂然崛起，肩负起传薪播火、续绝存亡的重任。

第三节 建康城的兴盛与衰落

晋怀帝永嘉元年（307），琅邪王司马睿受封为安东将军、都督扬州江南诸军事，镇广陵（今江苏扬州）。他听从王导的建议，渡江镇建邺（今南京）。晋愍帝司马邺在位时期，为了避其名讳，改建邺为建康。建武元年（317），琅邪王司马睿定都建康。次年，当晋愍帝司马邺被杀的消息传到江东后，司马睿在建康称帝，此后，南朝宋、齐、梁、陈相继以建康为都城，建康由此进入南京历史上第一次城市建设高潮期。

一、奠基期

东晋建国后，由于经济基础薄弱，政局尚待稳定，建康虽为一国之都，却极其简陋。从东晋元帝、明帝到成帝咸和二年（327）苏峻之乱前，建康城的形制、规模承袭孙吴西晋旧制，无所变更，仍然分为宫城和都城两重。这一时期的宫城沿用西晋时期叛将陈敏在太初宫遗址上建造的府舍，都城仍是孙吴西晋旧城。晋元帝司马睿曾打算在建康都城正南门宣阳门（俗称白门）外立双阙，以壮国威。司徒王导认为国家草创，财力薄弱，不宜大兴土木。他遥指正对宣阳门的牛首山双峰，对晋元帝说："此天阙也，岂烦改作！"晋元帝因此打消了建阙的念头。

尽管如此，东晋政权却颇为重视礼制建筑的建设。建武元年（317），立宗庙社稷；太兴二年（319），立南郊。这些礼制建筑皆由当时著名的占卜家郭璞卜筮所定，开启了东晋南朝建康礼制建筑的先河。晋元帝还曾于建武元年（317）立太学，太兴元年（318）建听讼观。

晋元帝永昌元年（322），荆州牧王敦以诛刘隗、清君侧为名，在武昌（今湖北鄂州）起兵，向都城建康进军，很快占领石头城。其手

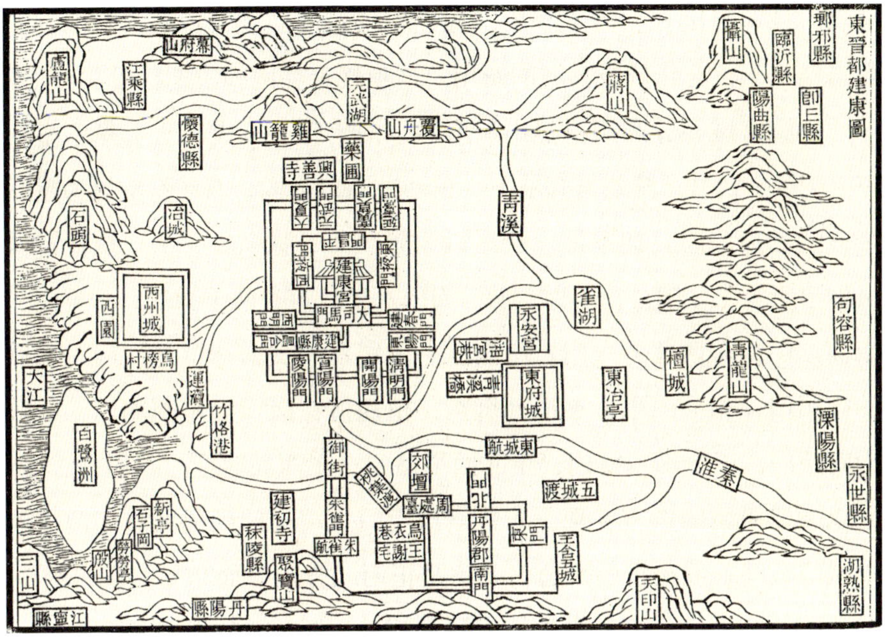

东晋都建康图（明代陈沂《金陵古今图考》）

下士兵对建康进行了疯狂的掠夺，台城（即宫城）也未能幸免。

王敦之乱平定后，历阳内史苏峻兵权在握，威胁朝廷安危。晋成帝欲夺其兵权。苏峻闻讯，遂于咸和二年（327）冬起兵历阳（今安徽和县），次年二月攻入建康，陷台城，纵火焚太极东堂、秘阁。当咸和四年（329）苏峻之乱被平定时，建康已是满目疮痍，简陋的宫室也被焚为灰烬，晋成帝只好临时居住在兰台（即御史台）。这时，温峤等一班大臣纷纷提议迁都豫章（今江西南昌）或会稽（今浙江绍兴），唯有司徒王导坚决反对，迁都之议遂罢。东晋政府迅即开始了建康城的重建工作。东晋建康城的建设可以分为宫城、都城和外郭建设三个方面。

先说宫城。东晋咸和五年（330），晋成帝开始在孙吴苑城故址上建造宫城，至咸和七年（332）完工，历时两年有余，在营建宫城时，首次使用砖头。由于经费紧缺，当时西掖门外南面一段城墙损坏，只好临时用茆苫围住。为了解决工程经费不足的问题，晋成帝命令官员各出钱二千，充作修筑宫城的费用。这项规定在南朝时期相沿成习。

建康宫城充分利用自然山川形胜。南宋陈亮《戊申再上孝宗皇帝书》记载，台城“其地据高临下，东环平冈以为固，西城石头以为重，带玄武湖以为险，拥秦淮、清溪以为阻”（《陈亮集》）。东晋宫城又称建康宫、显阳宫，俗称台城。周围八里，筑有两重城墙，开五门，南面二门，东西北各一门。南面正中大司马门，俗称章门，南对都城的宣阳门，相去二里，夹道开御沟，植槐柳；南面近东阊阖门，后改为南掖门；正东面东掖门；正北面平昌门；正西面西掖门。根据 21 世纪以来建康城的考古发现，东晋宫城南门大司马门到都城宣阳门再到朱雀门之间长约七里的御道，并不是正南北方向，而是呈北偏东约 25 度的倾斜，并且与孙吴太初宫南门到都城宣阳门之间的御道不在同一条直线上。

次说都城。东晋开国，“周二十里一十九步”的建康城只有正南门宣阳门一门。至成帝时，修筑建康城，在原有宣阳门的基础上，又增开陵阳门（又名广阳门）、开阳门、清明门、建春门（又名建阳门）、西明门五门，合为“六门”。其中宣阳门“门三道，上起重楼，悬楣上刻木为龙虎相对，皆绣栭藻井。南对朱雀门，相去五里余，名为御道，开御沟，植槐柳”（《建康实录》卷七注引《舆地志》）。

值得注意的是，东晋建康的宫城和都城城门均沿用魏晋洛阳城旧名，这在某种程度上体现了晋室对故国河山的怀念和恢复中原的决心。

再说外郭。在修建建康宫城和都城的同时，晋成帝又在都城周围设置篱门五十六所，作为建康外郭，其中不少篱门都在秦淮河南岸。

此外，晋成帝还修复了在王敦之乱中被烧毁的朱雀桥，沟通秦淮河南北的交通；于覆舟山（九华山）南立北郊，完善礼制建筑；于秦淮河南立太学，完善教育制度……这些举措都对建康城的发展起到了积极的作用。

晋成帝时期修建的建康城，宫城、都城、外郭三重城垣层层环绕，奠定了东晋南朝都城建康三重城垣的基本规模和框架。有学者认为:“成帝确为建康城奠定都城的规模，此后历代虽有踵事增华，然皆不能逾越成帝时的规划，在建康建都史上，成帝之世实为最重要的时期。”（刘淑芬《六朝建康城的兴盛与衰落》）

晋成帝之后，经康帝、穆帝、哀帝、废帝至简文帝，历时30年，建康城无所改作。直到孝武帝在位时，由于感到建康宫城比较破旧，与皇家身份不符，尚书仆射谢安提议重修，但是遭到了尚书令王彪之的强烈反对。太元三年（378）王彪之去世后，谢安立即主持对建康宫城进行大规模的重修，动用士兵6000名，历时五个月竣工，建成皇宫内外殿宇大小三千五百间，其中主体建筑太极殿高八丈，长二十七丈，广十丈。尚书谢万因参与这项工程监督工作而被赐爵关内侯，大匠毛安之因参与营建工作而被赐爵关中侯。

与此同时，晋孝武帝又在都城宣阳门南五里处的御道尽头建造了华丽壮观的朱雀门，“重楼皆绣栭藻井，门开三道，上重名朱雀观。观下门上有两铜雀，悬楣上刻木为龙虎左右对”（《建康实录》卷九）。朱雀门的造型与宣阳门相似，两者南北相对，蔚为壮观。孝武帝太元十六年（391）改建太庙，十七年（392）重建东宫，二十一年（396）造清暑殿、永安宫。经过晋孝武帝时期的建设，建康的城市面貌大为改观。

晋孝武帝之所以能够大规模地修建建康城，与当时社会稳定、经济发展有很大的关系。史称：“自晋氏迁流，迄于太元之世，百许年中，无风尘之警，区域之内，晏如也。”（《宋书·孔季恭等传论》）“至于末年，天下无事，时和年丰，百姓乐业，谷帛殷阜，几乎家给人足矣。”（《晋书·食货志》）

晋安帝元兴元年（402），桓玄叛乱，入据建康。次年篡位称帝，建立楚国。桓玄之乱对建康城并未造成什么损害。安帝时期的最大举措是义熙十年（414）权臣刘裕修筑东府城，作为抗击孙恩、卢循农民起义军的水军基地，后来刘裕以此为根据地，建立刘宋王朝。

二、发展期

宋武帝刘裕建立刘宋王朝后，沿用东晋建康城，到宋文帝时期才有所建树。宋文帝元嘉年间（424—453），社会经济空前繁荣，史称“元嘉之治”。在这种大背景下，元嘉十五年（438），宋文帝新建东宫；二十一年（444），于台城东、西开万春、千秋二门；二十五年（448），新建阊阖、广莫二门，改原来的广莫门曰承明门，开阳门曰津阳门。宋文帝还扩建皇家园林华林园，兴建乐游苑，其中华林园集假山、水池、亭台楼阁和花草树木于一体，是六朝皇家园林的代表作。

宋孝武帝大明年间（457—464），社会经济持续稳定发展。史称：“自江以南，在所皆穰……年逾六纪，民户繁育，将曩时一矣。地广野丰，民勤本业，一岁或稔，则数郡忘饥。”（《宋书·周朗传》）在这种社会条件下，孝武帝一方面营造奢华的宫室，另一方面继承文帝的遗风，在玄武湖北兴建皇家园林上林苑。

前废帝刘子业即位后，耽于享乐，不满足只有台城一座宫殿，实行多宫制，以石头城为长乐宫，东府城为未央宫，北邸为建章宫，南第为长杨宫。不过，他在位不到一年即被废黜，这种含有复古性质的多宫制也随即被废除。

自孙吴定都以来，历东晋、刘宋，建康的都城城墙一直都是竹篱围成，仿佛是一座巨大的竹寨。南齐太祖萧道成在位时期，对建康的都城城墙进行了全面改建。从文献资料和考古发掘资料来看，建康的卫星城中，石头城在东晋时期“加砖累甓”、城墙采用城砖砌筑，据

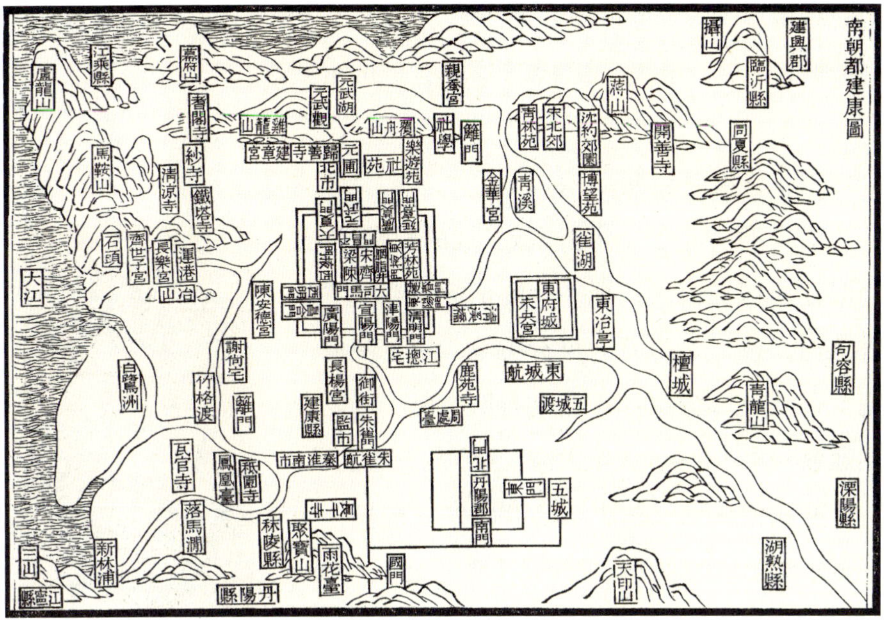

南朝都建康图（明代陈沂《金陵古今图考》）

此我们推测，这一次改建的建康城垣很可能大量采用城砖。

齐武帝永明年间（483—493），社会稳定，经济发展。史称：“永明之世，十许年中，百姓无鸡鸣犬吠之警，都邑之盛，士女富逸，歌声舞节，袨服华妆，桃花绿水之间，秋月春风之下，盖以百数。”（《南齐书·良政传》）在这种情况下，齐武帝在宫城中营造了凤华、寿昌、耀灵三殿。

齐东昏侯在位时，宫中先后发生两场大火，烧毁三千余间房屋，唯有齐明帝旧殿及太极殿以南幸存。这场大火给了荒淫无耻的东昏侯大兴土木的借口，他役使工匠，通宵达旦，建起了芳乐、芳德、仙华、大兴、含德、靖曜、安寿等殿；又专门为潘妃建神仙、永寿、玉寿三殿，雕梁画栋，麝香涂壁，锦幔珠帘，穷极绮丽。他还在阅武堂内建芳乐苑，种植杨柳，山石皆涂以五采，跨池水立紫阁等楼观，自己扮演屠夫卖肉，让潘妃扮演村妇卖酒。其间，平西将军崔慧景发动叛乱，进攻台城，对建康城造成一定的损坏。萧衍围攻建康时，东昏侯担心城外有伏兵，烧毁城边府署。很快，东昏侯被杀，建康的宫城得以完整地保存下来。

三、盛极而衰期

梁武帝萧衍

梁武帝时期是六朝建康城发展的鼎盛时期。当时建康城的范围，据《金陵记》记载：“梁都之时，户二十八万，西石头城，东至倪塘，南至石子冈，北过蒋山，南北各四十里。”（《资治通鉴·梁纪十八·武帝太清三年》胡三省注引）

梁武帝继承了建康城已有的发展规模，为了显示建康城的庄严，他先是于天监七年（508）正月在宫城大司马门外建造神龙、仁虎阙，以卫尉卿丘仲孚领大将，主持建造；二月，又在秦淮河南的越城南面建造国门，以壮观瞻。天监十年（511），梁武帝将宫城的两重城墙增加到三重城墙，每个门设两个门道。天监十二年（513），以度支尚书王暕兼起部尚书，夏侯夔为大匠卿，主持宫城中主殿太极殿的营建，历时 5 个月完工，将原来的面阔十二间改为十三间。这种讲求正殿间数的做法，对后代的宫殿制度具有深远影响。隋朝东都（今河南洛阳）的正殿乾阳殿也是十三间，西京（今陕西西安）的正殿大兴殿想必相同。中大通三年（531），梁武帝修缮东宫。此外，梁武帝还兴建或重建了一系列礼制建筑，如西静坛、太庙、明堂、南北郊坛等。

梁武帝普通二年（521），发生一场宫廷大火，烧毁房屋达三千间，但这场大火对于正处于盛世的梁朝来说，算不了什么，大火造成的创伤迅速得到恢复，所以史书上对于这场大火也只是轻描淡写地带了一笔：“五月癸卯，琬琰殿火，延烧后宫屋三千间。”（《梁书·武帝纪下》）

侯景之乱中断了建康城市发展的进程。太清二年（548），叛将侯景自寿阳（今安徽寿县）起兵，渡过长江，兵入建康，将宫城团团包围。次年攻陷建康宫城，纵兵大掠，繁华的建康城变成人间地狱。在梁朝大将王僧辩率军平叛过程中，建康宫城遭到又一次毁坏。侯景之乱平定后，梁元帝萧绎派太常卿王通兼起部尚书，专掌缮造事宜，然而已难复旧观。梁元帝以"建康彫残，方须修复"（《周书·王褒传》）为由，迁都江陵。庾信曾任梁朝的建康令，侯景之乱中，率领宫中四千余人，扎营于朱雀航。建康失陷后，逃到江陵，后出使北朝被羁。他目睹了建康城遭受的浩劫，到北方后，对于侯景之乱仍然刻骨铭心，写下了有"赋史"之誉的《哀江南赋》，生动形象地描述了梁朝覆亡的过程以及作者的身世经历，表现了强烈的亡国之痛和身世之悲。

经过侯景之乱的打击，梁朝一蹶不振，由盛转衰，建康城的发展步伐彻底停顿下来，陷入六朝史上的低谷期。

陈朝取代梁朝后，仍以建康为都，建康城迎来了新一轮发展机遇。陈朝统治者有计划地对被毁坏的建康城进行修复重建，使残破不堪的建康城重新崛起。

宫城是首先建设的对象。陈武帝夺取天下后，建康城内外是一片废墟。陈武帝永定二年（558），诏令中书令沈众兼起部尚书、少府卿蔡俦兼将作大将，建造太极殿。陈文帝天嘉年间（560—565），随着经济的复苏、政治的稳定，"盛修宫室，起显德等五殿，称为壮丽"（《隋书·五行志上》）。天嘉六年（565），重新修复沟通都城南北交通的枢纽——朱雀桥。

陈宣帝在位时期，励精图治，江南经济达到全盛。与建康相邻的姑熟（今安徽当涂）地区，"良畴美柘，畦畎相望，连宇高甍，阡陌如绣"（《陈书·宣帝纪》）。在侯景之乱中，太子的住处东宫也遭到毁坏。陈朝取代梁朝后，太子无宫可住，只好暂住在永福省。太建四年（572），陈宣帝下诏修建东宫；五年（573），建造礼制建筑明堂；七年（575），改筑宫城第二重城墙的云龙门和神虎门，并于乐游苑龙舟山（即覆舟山）立甘露亭；十年（578），在娄湖建立又一礼制建筑方明坛。

陈后主在位时期，于至德二年（584）在宫中兴建金碧辉煌的亭台楼阁，辅以假山水池和奇花异草。史称：“乃于光照殿前起临春、结绮、望仙三阁。阁高数丈，并数十间，其窗牖、壁带、悬楣、栏槛之类，并以沉檀香木为之，又饰以金玉，间以珠翠，外施珠帘，内有宝床、宝帐，其服玩之属，瑰奇珍丽，近古所未有。每微风暂至，香闻数里，朝日初照，光映后庭。其下积石为山，引水为池，植以奇树，杂以花药。后主自居临春阁，张贵妃居结绮阁，龚、孔二贵嫔居望仙阁，并复道交相往来。”（《陈书·张贵妃传》）陈后主末年，还建造齐云观等建筑。在大兴土木过程中，陈后主感到国库空虚，于是加重征收关市之税。

自陈武帝、文帝、宣帝重建建康城到陈后主大兴土木，只能算作东晋南朝建康城市发展史上的回光返照。以陈朝的国力而言，建康的城市建设再也无法达到梁朝以前的水平了。

陈后主祯明三年（589），隋朝大将韩擒虎、贺若弼攻破建康，俘获陈后主，陈朝灭亡。隋军占领建康城后，为了削弱建康的政治、军事地位，破除建康的“王气”，铲除建康在世人心目中的影响，杜绝覆灭王朝的复活，隋文帝“诏建康城邑宫室，并平荡耕垦”（《隋书·地理志下》），繁华的建康城被夷为平地。直到五代杨吴天祐十一年（914）徐知诰开始修筑昇州城，城市建设才步入一个新的发展阶段。

四、对同时代及后世的影响

东晋南朝建康城对于同时代及其后隋唐都城建设都产生了积极的影响。

据《南史·崔祖思传》记载，南齐永明九年（491），北魏孝文帝元宏派遣建筑家、画家和雕塑家蒋少游，以散骑侍郎身份，作为李道固副使出使南齐，秘密地考察建康宫殿。蒋少游的舅父崔祖思正仕于齐，猜到了蒋少游此行的目的，建议齐武帝扣留蒋少游，齐武帝未听劝告。蒋少游来到建康后，通过实地考察学习，最终将建康宫殿绘制成图，带回北方。北魏太和十六年（492）二月，孝文帝下令拆除平城（今山西太原）太极殿，模仿建康宫殿进行重建，同年十月，太极殿竣工。太和十七年（493），孝文帝开始营建洛阳城，为迁都做准备，蒋少游被任命为将作大匠。从文献记载和考古发现来看，洛阳的宫殿无疑是模仿建康宫城并结合北方城市宫城布局的特点而建。不仅如此，北魏洛阳城的御道两旁也是府寺罗列，有关专家认为："这不像汉魏的旧规，仿佛就是东晋南朝的新制。"（史念海《中国古都和文化》）

隋灭陈后，隋文帝杨坚想在大兴（今陕西西安）建造明堂，由于北方历经战乱，已经无例可循。负责营建工作的宇文恺曾经前来陈朝故都建康，实地考察明堂遗迹，并修改了原有的设计蓝图，得到隋文帝的赞许。后来，由于隋朝用兵辽东，明堂未能建立。

东晋南朝建康城既继承了汉代城市建筑的风格，保存了中原地区城市建筑的传统；又吸收了长江中下游城市建设的经验，体现出江南城市的水乡特色；不仅熔南北城市建筑风格于一炉，而且在继承中华文明中大胆创新，在中国城市发展史上起到了承前启后的作用。

第四节　赓续中华文明

魏晋南北朝360余年间，南北对峙，中原地区战乱频仍，江南地区相对安宁。从西晋末年开始，大批北方流民南下，中华文明中心第一次南移，东晋南朝都城建康成为中华传统文化的中心，被认为是华

夏正统所在。国学大师钱穆《国史大纲》指出："东晋南渡，长江流域遂正式代表著传统的中国。"东晋南朝时期，以建康为中心，无论是思想、宗教、文学、艺术，还是史学、教育、科学、技术等诸多领域，承前启后，继往开来，在赓续、发展中华文明中发挥了独特的作用。

一、多种思潮并存

东晋南朝时期，两汉以来儒学独尊的垄断地位被打破，形成了儒学、经学、玄学、道教、佛教多种思潮并存的局面。它们既相互排斥，又相互吸收；既互相抵制，又互相渗透。这些多元化的思潮，对当时的政治、经济、文化等方面产生了重大的影响。

在我国封建社会里，儒学一直处于主流文化地位。儒学思想主张以"仁"为核心，以德治天下，提倡封建纲常礼教。在和平时期，儒学思想用来治国理政成效显著；但是，在动乱不安的年代，却收效甚微。东晋南朝时期，儒学思想失去独尊地位，这一时期的帝王和官僚贵族，大多数既信佛教和（或）道教，又尊崇儒学、经学和玄学。由于儒学思想提倡的封建纲常礼教符合统治阶级的需要，使得它在封建王朝的政治生活中，仍然起着支配作用。

经学是以儒学思想理论为核心，以学术研究为手段，不断根据现实政治的需要，为统治阶级建构一种政治体系的活动。与经学的黄金时代两汉时期相比，东晋南朝时期堪称经学的"中衰时代"。东晋南朝经学从学术源流上来看，是东汉经学的余绪。由于统治者重视儒学，使得这一时期的经学研究也比较活跃。以建康为中心，涌现出雷次宗、刘瓛、王俭、明山宾、何佟之、严植之等一批经学大师。

玄学标榜门第，崇尚清谈，追求张扬个性，但不务实际，以吃药、喝酒、坐牛车作为风流旷达的标志。鲁迅先生在 1927 年所作的《魏晋风度及文章与药及酒之关系》中有精辟论述。据先后出仕南北朝的颜之推《颜氏家训·涉务篇》记载：东晋南朝士族“褒衣博带，大冠高履，出则车舆，入则扶持，郊郭之内，无乘马者”；“肤脆骨柔，不堪行步；体羸气弱，不耐寒暑”。“褒衣博带”“秀骨清像”这种病态的美，成为东晋南朝士族阶层所追求和向往的目标。这种士族阶层的新型人生观，是两汉儒家修身齐家治国平天下理想在现实中幻灭后，人们面对乱世所表现出来的一种与世无争的理想追求。

道教是我国土生土长的宗教，宣扬“长生不老”“羽化成仙”。两汉时期，道教仍处在原始宗教阶段。进入东晋南朝以后，道教以古代民间信仰为基础，以神仙学说为中心，吸收了道家、巫术、占卜、阴阳、五行、谶纬、中医、佛教等学说，呈现出一种驳杂而庞大的宗教思想体系。在弥漫道教氛围的东晋南朝时代，涌现出了以葛洪、陆修静、陶弘景等为代表的道教人物。东晋葛洪所著《抱朴子》，是集神仙道教之大成的道教理论著作。南朝陆修静编撰的《灵宝经目》和《三洞经书目录》，创立了道教经典的分类体系。南朝“山中宰相”陶弘

葛洪（句容《葛氏宗谱》）

陶弘景（明代王圻、王思义《三才图会》）

景集六朝道教之大成，著有《真诰》《登真隐诀》，创立道教上清派（又称茅山宗），使茅山成为江南道教的中心。

佛教作为外来宗教，宣扬的是生死轮回、因果报应。与其他几种思潮相比，佛教思想适合动乱年代人们的心理需求。东晋南朝统治者崇佛佞佛，佛教的影响盛况空前。刘宋元嘉年间（424—453），师子国（今斯里兰卡）两批比丘尼先后由水路和陆路抵达建康，她们在秦淮河南的南林寺设戒坛，邀请印度高僧僧伽跋摩为传戒师，共同为中国慧果、净音等300余尼众重授具足戒，开创了中国尼众如律受比丘尼戒之先河。梁武帝四次舍身同泰寺，亲自撰写《断酒肉文》等，在他的倡导下，汉传佛教僧尼形成素食的传统。建康作为统治中心，城郊内外僧尼云集，梵刹林立。唐朝诗人杜牧《江南春》绝句“南朝四百八十寺，多少楼台烟雨中”，生动形象地描述了南朝寺庙之多。实际上，南朝建康的寺庙数量远远不止480座，鼎盛时期建康的寺庙有700余所。

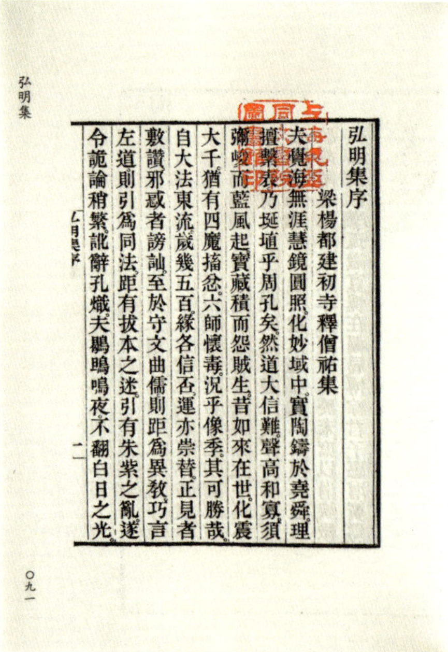
弘明集

弘明集序
梁楊都建初寺釋僧祐集
夫覺海無涯慧鏡圓照化妙域中實陶鑄於堯舜理
擅繫表乃埏埴乎周孔矣然道大信難聲高和寡須
彌峻而藍風起寶藏積而怨賊生昔如來在世化震
大千猶有四魔搐忿六師懷毒況乎像季其可勝哉
自大法東流歲幾五百緣各信否運亦崇替正見者
敷讚邪惑者謗訕至於守文曲儒則距爲異教巧言
左道則引爲同法距有拔本之迷引有朱紫之亂遂
令詭論稍繁訛辭孔熾夫鵬鳴夜不翻白日之光

弘明集序 二

○九一

《弘明集》书影（《金陵全书》）

佛教理论著作以高僧慧皎《高僧传》、僧祐《出三藏记集》《弘明集》负有盛名。六朝时期的佛教虽然具有很高的政治地位，但也不乏反对者。其中最著名的是南朝齐梁时期的无神论者范缜。他撰写的《神灭论》系统地阐述了无神论思想，提出“形存神存，形谢神灭”的无神论观点。范缜在与有神论者萧子良、萧衍等人的辩论中，以生动事例令对方无言以对。

二、文化自觉

东晋南朝是文化自觉的时代。在挣脱汉代“罢黜百家，独尊儒术”的文化模式后，都城建康的文化呈现出丰富多彩的格局。唐朝杜佑《通典·古扬州·风俗》写道：“永嘉之后，帝室东迁，衣冠避难，多所萃止。艺文儒术，斯之为盛。”

在诗赋方面，由汉赋一统天下发展成为乐府民歌、游仙诗（玄言诗）、田园诗、山水诗、边塞诗、杂体诗、宫体诗、骈体文、散文等多种文体并存。东晋郭璞的游仙诗，谢灵运、谢朓的山水诗，鲍照的边塞诗和杂体诗等，无不是光芒万丈，千古传唱。建康成为游仙诗、山水诗、宫体诗、骈体文等诗赋创作的重要源头之一，对后世的诗歌创作产生了深远的影响。

在诗歌声律方面，南齐武帝永明年间（483—493），沈约、谢朓等诗人对于以“元嘉三大家”（即颜延之、谢灵运、鲍照）为代表的刘宋时期诗歌创作技巧的得失利病进行了深入的探讨，开创了“永明体”诗风。永明体诗人以“竟陵八友”——沈约、谢朓、王融、萧琛、范云、任昉、陆倕和萧衍为代表。其中沈约的重要贡献在声律理论，创作成就最高的是谢朓。“永明体”对后世诗歌格律的形成有很大的影响。

在文学批评方面，继三国曹丕的《典论·论文》、陆机的《文赋》之后，南朝刘勰在钟山定林寺创作的《文心雕龙》，是中国文学史上第一部系统的文学评论著作；钟嵘创作的《诗品》，是中国文学史上第一部诗歌评论著作。这两部作品在我国文学批评史上，树立了新的里程碑。

在文章总集方面，梁昭明太子萧统主持编纂的《文选》是现存最早的一部古代诗文总集，它选取了上起先秦、下迄梁武帝普通七年（526）的129位作家的作品，在我国文学史上占有重要的地位。从唐朝开始，

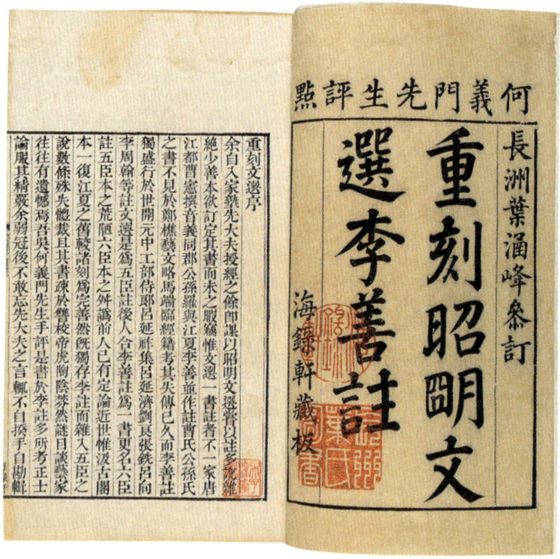

《文选》书影

参加科举考试的考生必须熟悉《文选》，才有考中秀才的可能，故有“《文选》烂，秀才半”之说（陆游《老学庵笔记》）。梁朝皇太子萧纲提倡宫体诗，他命徐陵搜集汉魏以来涉及妇女的诗篇，编成我国第一部以女性为题材的诗文总集——《玉台新咏》。我国古代的许多优秀诗篇，如《孔雀东南飞》，就是通过该书而得以保存下来。

在志人小说方面，以刘宋临川王刘义庆组织编撰的《世说新语》最负盛名。该书起自东汉末年，止于东晋。主要记录了东汉后期至魏晋间名士的言行与轶事，涉及人物五六百人，刻画细腻，文笔隽永。后世多有模仿之作，但无出其右者。该书对于文学、史学研究具有重要的参考价值。近年来，研究《世说新语》也成为一门学问，称为“世说学”。

在神话和志怪小说方面，有东晋葛洪《神仙传》、干宝《搜神记》、陶潜《搜神后记》、王嘉《拾遗记》，刘宋刘敬叔《异苑》，萧梁吴均《续齐谐记》等。其中以东晋佐著作郎干宝撰写的《搜神记》成就最大。该书记述了从上古到汉晋时期的大量神话故事和民间传说，开我国志怪小说创作的先河。

著名学者胡小石在《南京在中国文学史上的地位》一文中评价道：“合而观之，则南京在文学史上可谓诗国。尤以在六朝建都之数百年中，国势虽属偏安，而其人士之文学思想，多倾向自由方面，能打破传统之桎梏，而又富于创造能力，足称黄金时代，其影响后世至巨。”

东晋南朝也是艺术自觉的时代。由于战乱和分裂，统治者无法实现全国书体的统一；又因为日常生活实用的需要，东汉时期通行的雍容典雅、仪态规矩的隶书，已不适应时代的潮流，因此，篆、隶、楷、行、草等各种书体都获得了良好的发展契机。加上统治阶层崇尚清谈，以讲玄论佛、放任旷达为时尚，所以，书法又被视为抒发个人情感、表现个人精神境界的手段，由中下层典签、书佐从事的无名无位的行当一跃而成为一门高雅技艺，成为帝王将相和文人士大夫精神生活的一个组成部分，从而有力地推动了书法艺术的蓬勃发展。代表性人物有王羲之、王献之、羊欣、孔琳之、萧思话、范晔、王僧虔、萧子云、萧衍、陶弘景、贝义渊等人，产生了《兰亭序帖》《丧乱帖》《伯远帖》《快雪时晴帖》《中秋帖》等名作。其中王羲之的书法为历代书法家所推崇，影响极大，享有“书圣”之美誉。这一时期，流传下来的代表性碑刻有孙吴《天发神谶碑》和《梁始兴忠武王萧憺墓碑》，前者原碑无存，现有摹刻和摹本传世，风格雄伟奇特，对后世影响颇大；后者位于南京市栖霞区甘家巷，是铭文书体逐渐向成熟楷书发展，并与通行书体接轨的重要见证物。与此同时，地下出土的墓志书法别开生面，代表性的有《谢鲲墓志》（隶书）、《王兴之夫妇墓志》（楷隶）等。

东晋南朝时期，玄学的兴起，佛教的传入与盛行，使这一时期的绘画题材范围扩大，山水画成为一门独立的画科，佛教绘画艺术迅速发展，花鸟画也处于萌芽状态，人物画、肖像画获得前所未有的发展，涌现出一大批杰出的画家和名作。东晋顾恺之与南朝陆探微、张僧繇被誉为“六朝三杰”。顾恺之是东晋最出色的画家，作品流传下来的后人摹本有《洛神赋图》《女史箴图》《斫琴图》和《列女仁智图》。南朝陆探微善画肖像画，所画人物造型“秀骨清像”，体现了六朝士人的风范。张僧繇是东晋南朝时期具有总结性地位的画家，他的画改变了细密的描写，代之以豪迈疏朗的风格。他创造的“疏体”的画法，继承了汉代的传统，开隋唐绘画风格的先河。他在金陵安乐寺画龙点睛的故事更是成为千古美谈。唐朝张怀瓘《画断》在评价顾恺之、陆探微和张僧繇的创作时说道：“象人之美，张得其肉，陆得其骨，顾得其神。”东晋南朝在我国绘画发展史上承前启后，继往开来，名家辈出，现存作品多为后人摹制。1949 年新中国成立后，地下墓葬中出土的壁画生动再现了东晋南朝绘画艺术的成就。南京迈皋桥东晋永和四年（348）墓中出土的《虎啸山丘》壁画开辟了砖拼壁画的新艺术形式。南京西善桥宫山南朝大墓出土的以“竹林七贤和荣启期”为代表的大幅砖拼壁画，堪称六朝艺术的精华。

东晋南朝的绘画理论已经成熟。顾恺之是东晋画家论画的卓越代表。他提出的最重要绘画理论是“以形写神”“迁想妙得”“置阵布势”等，为南朝谢赫《古画品录》的“六法”论奠定了基础。谢赫提出的“六法”，是对魏晋南北朝以来画家实践经验的总结、继承与发展，对后代影响很大。继谢赫《古画品录》之后，陈朝姚最撰写的《续画品录》，首次提出“心师造化”的理论，成为此后历代画家一项极为重要的创作原则。

在雕塑方面，东晋南朝时期，佛像雕塑艺术理论、规模和技艺均超过前代。其中以东晋戴逵、戴颙和南朝僧祐最为杰出。东晋义熙年间（405—418），戴逵为建康瓦官寺制作的佛像五躯，与顾恺之的维摩诘画像、师子国（今斯里兰卡）贡献的玉佛像并称“三绝”。其子戴颙为瓦官寺制作丈六金像，铸像初成，面部显得很瘦，工匠们无可奈何。戴颙看后，说道：“非面瘦，乃臂胛肥耳。”（《宋书·隐逸传·戴颙》）众人给铜像臂胛减肥后，一尊比例匀称、面相优美的铜像呈现在众人面前。戴颙的这句话，是六朝时期留下的唯一的雕塑理论，至今对于创作大型圆雕仍具有指导意义。东晋南朝佛像雕塑实物以栖霞山千佛岩石窟中的无量寿佛最具代表性。该佛像由齐梁时期的佛教史学家、雕塑家僧祐设计。从雕刻技法上来讲，一方面继承了汉代用阴线条表现石刻细部的传统，另一方面吸收了印度犍陀罗艺术风格，采用凸起的圆线条或扁平的线条来表现作品的细部；从造型设计上来看，“长颜广颐”“褒衣博带”与当时的绘画艺术风格密切相关，体现出佛教逐步走向世俗化、民族化的进程，显示了南方佛教文化的地域特点和时代特征。随着南北双方的文化交流，南朝造像风格也影响到北方，成为隋唐佛教艺术的一个重要源泉。

栖霞山千佛岩石窟中的无量寿佛

陵墓神道石刻雕塑与佛像雕塑并列为中国雕塑艺术的两大基本组成部分，以南朝陵墓神道石刻成就最大。南朝帝王陵墓神道石刻分布在南京、句容和丹阳，共有 33 处，其中南京地区 21 处、句容 1 处、丹阳 11 处。由神道石兽、石柱和石碑共 3 种 6 件构成，其中石兽（麒麟或辟邪）形体硕大，气势恢宏，雕琢精致洗练，造型夸张，变形适度，富有丰富的想象力，摆脱了婉约、细腻、秀美风格的约束，以力量、运动、速度体现出一种宏伟庞大的气势之美，在造型设计、雕刻技法等方面，达到了新境界，实现了继汉开唐的历史性转变，并对唐宋时代的石刻艺术产生了深远的影响。

著名美学家宗白华在《论〈世说新语〉和晋人之美》一文中称：“汉末魏晋六朝是中国政治上最混乱、社会上最苦痛的时代，然而却是精神史上极自由、极解放，最富于智慧、最浓于热情的一个时代。因此也就是最富有艺术精神的一个时代。”

东晋南朝时期不仅是我国文学艺术自觉的时代，还是史学自觉的时代。这一时期，都城建康汇聚了一大批来自各地的精英，他们热衷于私家修史，促使史学长足发展。宋文帝时设立的四学馆中包含史学馆，标志着史学成为一门独立的学科。宋明帝时，设总明观（相当于国子监）。总明观分儒学、道学、史学、文学、阴阳学五部，沿袭了宋文帝时的分科教育传统。东晋南朝的史学繁荣，突出表现为史家辈出，史书众多，体裁广泛，门类齐备，不仅同一领域的史学著作层出不穷，而且新部门、新体制的史学著作也纷纷涌现。《隋书·经籍志二》“史部”记载的史书门类有正史、古史、杂史、霸史、起居注、旧事篇、职官篇、仪注篇、刑法篇、杂传、地理志、谱系篇、簿录篇 13 种、874 部、16558 卷。我国二十四史中，东晋南朝建康就贡献了范晔《后汉书》、沈约《宋书》、萧子显《南齐书》以及裴松之《三国志注》。历史地理类著作中，以南朝刘宋山谦之《丹阳记》、梁朝任昉《地记》、陈朝顾野王《舆地志》比较有名。其中山谦之《丹阳记》部分保留下来，是今天能够见到的南京最早的方志。

这一时期，门阀士族盛极而衰，在官方教育中居于主导地位的教育机构——太学和国学屡兴屡废，私家教育——面向社会聚徒讲学和家族中的家学传承得到了较大的发展空间，与官方教育共同担负起中华文化的传薪播火重任。从教育制度上来讲，突破了长期以来的单科教育模式，出现了分科教育的新体制。宋文帝元嘉年间（424—453），针对当时官学荒废的情形，征集各地名师到建康，设玄学、史学、文学和儒学四学馆，分别由何尚之、何承天、谢元、雷次宗领衔负责，各聚生徒，进行教学。其中仅雷次宗的儒学馆中就有学生数百人。四学馆的设立，改变了我国自古以来以经学为唯一课程的学校教育制度，标志着我国分科教育制度的开始，堪称我国最早的分科大学。从教育内容上来讲，冲破了儒学教育一统天下的樊篱，将佛教、道教、玄学、文学、史学、书学、律学和科技等都吸纳进来。从教育对象上来讲，官方教育以皇家子弟和王公贵族为主要对象，私家教育则以寒门庶族为主要对象。

三、科技进步

东晋南朝建康的科学进步集中体现在历法、数学和医药学方面，技术成就集中体现在纺织业、造船业、造纸业和冶炼业上。

历法方面。首推南朝刘宋元嘉二十年（443）何承天制成的《元嘉历》（又称《建元历》），这是南朝的第一部历法，前后沿用了65年，甚至还流传到朝鲜半岛，被百济所采用。梁朝天监八年（509），《元嘉历》被祖冲之创制的《大明历》所取代。《大明历》一直沿用到隋朝开皇九年（589）才被新的历法所取代。

数学方面。刘宋时期何承天计算出新的圆周率值为3.1428，与齐梁时期祖冲之计算出的圆周率“约率”π=22/7颇为接近。继何承天之后，祖冲之在三国时期数学家刘徽创造的利用割圆术求圆周率的基础上，运用开密法，反复推算，将圆周率精确到小数点之后的第七位有效数字，即3.1415926—3.1415927之间。这一精确结论，直到一千年后才被15世纪的阿拉伯数学家阿尔·卡西（al-Kashi）和16世纪的法国数学家维叶特（Vieta）所超越。同时，祖冲之还求出用两个分数来表示圆周率的近似值，一个是π=355/113，称为密率；另一个是π=22/7，称为约率。其中密率是分子、分母都在一千之内的圆周率最佳渐近分数，是祖冲之的又一数学成就。直到16世纪，荷兰工程师安托尼兹

（Adriaen Anthoniszoon）和德国数学家鄂图（Valentinus Otto）才得出相同的数值。

医药学方面。传统的中医教育方式是师徒传授，南朝时期，学校式的医学教育开始出现。刘宋元嘉二十年（443），太医令秦承祖在宋文帝设置四学馆后，上奏宋文帝，请求设置医学馆，以扩大受教育的范围。他的提议得到宋文帝的批准，这是官方创办医学教育的开始，也是医学成为一门独立学科的标志。东晋南朝时期，以都城建康为中心，涌现出了一批医术高明的医药学家和各具特色的医药学名著，如东晋葛洪《肘后备急方》堪称中国第一部临床急救手册；刘宋雷敩《雷公炮炙论》是我国第一部制药专著；南齐龚庆宣《刘涓子鬼遗方》是我国现存最早的外科专著；梁代陶弘景《本草经集注》首创按药物自然属性分类的方法，对后世影响深远。东晋南朝医药学家创造的成就为隋唐中医学的发展奠定了坚实的基础。

纺织业方面。我国古代纺织业的原料主要有葛、麻、蚕丝和棉。

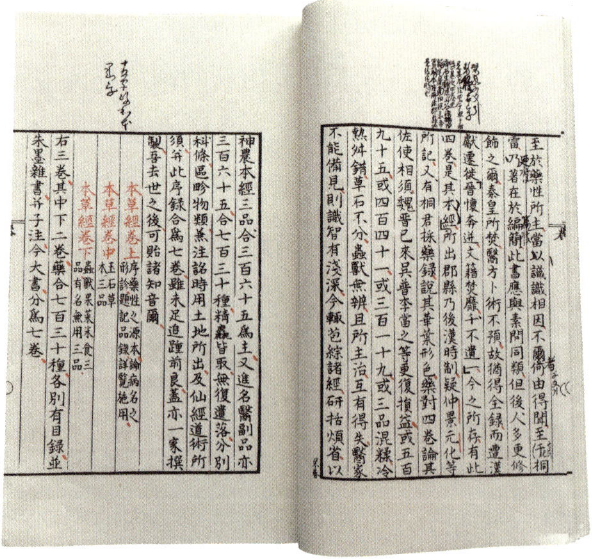
至於藥性所主當以識識相因不爾何由得聞至於桐
雷乃著在於編簡此書應與素問同類但後人多更修
飾之爾秦皇所焚醫方卜術不預故猶得全錄而遭漢
獻遷徙晉懷奔迸文籍焚靡千不遺一今之所存有此
四卷是其本經所出郡縣乃後漢時制疑仲景元化等
所記又有桐君採藥錄說其華葉形色藥對四卷論其
佐使相須魏晉已來吳普李當之等更復損益或五百
九十五或四百四十一或三百一十九或三品混糅冷
熱舛錯草石不分蟲獸無辨且所主治互有得失醫家
不能備見則識智有淺深今輒苞綜諸經研括煩省以

神農本經三品合三百六十五為主又進名醫副品亦
三百六十五合七百三十種精麤皆取無復遺落分別
科條區畛物類兼注詺時用土地所出及仙經道術所
須并此序錄合為七卷雖未足追踵前良蓋亦一家撰
製吾去世之後可貽諸知音爾
本草經卷上 序藥性之源本論病名之形診題記品錄詳覽施用之
本草經卷中 玉石草木三品
本草經卷下 蟲獸果菜米食三品有名無用三品
右三卷其中下二卷藥合七百三十種各別有目錄並
朱墨雜書并子注今大書分為七卷

《本草经集注》书影

东晋南朝时期都城建康的纺织业有葛、麻纺织业和丝织业。孙吴时期的葛、麻纺织业生产，在当时的三国中独步一时。东晋南朝时期，江南地区的葛、麻纺织业更为兴盛，除了质量不断提高之外，还表现在产量方面突飞猛进。东晋安帝义熙十三年（417），权臣刘裕北伐中原，灭掉后秦，迁关中“百工”之人于建康，并在建康城南秦淮河畔斗场里（今1865文化创意产业园一带）设置“斗场锦署”，专门管理和从事锦缎的生产，供皇室和官僚贵族服用。斗场锦署是南京历史上的第一个官办织锦机构，从此南京织锦业登上了历史舞台，南京云锦的源头就始于此。东晋南朝时期，从建康出口的货物主要是丝织品。建康的名贵纺织品——织锦，传入高句丽，为贵族阶层所使用，成为财富和权力的象征。在1966年发掘的吉林集安地区山城下332号墓、1971年发掘的长川1号墓，以及1972年发掘的长川2号墓中，墓壁均绘有模拟织锦图案。其中长川2号墓出土了一块织锦残片，组织致密，由经线显花，在橘黄色地子上织出绛红和深蓝色纹样。据专家考证，这种织锦是六朝江南地区的产品。

造船业方面。船是水上交通工具。东晋南朝时期，随着南方政治中心的确立和经济的逐步振兴，加上频繁的战争以及交通运输等方面的需要，造船业在原有基础上取得了前所未有的发展。在这一时期的造船业中，战船的制造显得格外突出，不仅数量众多，规模庞大，而且种类齐全。在长江沿岸及东南沿海地区逐步形成了众多的造船基地，都城建康就是其中之一。《南齐书·祖冲之传》载，祖冲之“又造千里船，于新亭江试之，日行百余里”。据科技史专家考证，这种“千里船”已不再是间歇划动的长片桨，而是连续运动的轮形桨了。轮桨的发明，是造船技术的又一巨大进步。

造纸业方面。造纸术是我国四大发明之一。东晋南朝时期，江南地区以都城建康为中心，造纸业得到较快的发展。纸张的大量生产和

使用，使竹简、木牍、缣帛等书写材料逐渐丧失其原有地位。东晋末年，桓玄自立为皇帝，下令：“古无纸，故用简，非主于敬也。今诸用简者，皆以黄纸代之。”（《太平御览》卷六〇五《文部二十一·纸》引《桓玄伪事》）自此以后，纸张首先在建康地区取代简牍，并逐步推广开来，成为社会上的主要书写材料，图书的形式也由简牍变为卷轴。刘宋武帝永初年间（420—422），中央政权在建康设立纸官署，生产官府用纸，这是南方第一个专司造纸的机构。

冶炼业方面。东晋南朝境内矿产资源丰富，自东晋时起，都城建康便设有左、右二冶和东、西二冶，宋齐时又置南冶，废西冶，专门从事各类金属（主要是铜、铁和钢）的冶炼铸造。在这些官方设置的冶炼机构中，均设有“冶令”“冶丞”“锻署丞”之类的官吏进行管辖。东晋南朝的“合炼法”（即灌钢法）属于一种新型的炼钢工艺，这种生产工艺是把生铁、熟铁放在一起进行冶炼，从而获得更多的钢。“合炼法”制钢工艺是六朝冶金技术的一项辉煌成就，也是我国古代冶金技术史上最具创造性的重要发明之一。

范文澜先生对以建康为中心的南朝文化予以高度评价：“黄河流域的文化，移植到长江流域，不仅是保存旧遗产，而且有极大的发展。中国古文化极盛时期，首推汉唐两朝，南朝却是继汉开唐的转化时期。唐朝文化上的成就，大体是南朝文化的更高发展。”他还说：“军事上是北朝战胜南朝，文化上却是南朝战胜北朝。”［范文澜《中国通史简编》（修订本第二编）］

第五节　对外交流的中心

六朝时期，随着航海技术的进步特别是印度洋上贸易的兴起，海上交通成为定都建康（孙吴时叫建业）的六朝政权对外交往的主要途径。

东晋南朝时期，与异域文明的交流相比秦汉、孙吴均有较大的发展。东亚的高句丽、百济和新罗（今朝鲜和韩国）以及倭国（今日本），东南亚的扶南（今柬埔寨）、林邑（今越南中部），南亚的五天竺（包括笈多王朝，今印度）、师子国（今斯里兰卡），西亚的波斯（萨珊王朝，今伊朗），以及横跨欧亚大陆的大秦（拜占庭帝国）等，分别通过海路或陆路与东晋南朝发生交流，建康成为当时中国对外的交流中心。交流的内容涉及政治、经济、文化等各个方面。就国外到访的人员来看，有王侯、官员、商贾、僧侣、留学生等；就建康派遣出去的人员来看，有官员、学者、商贾、僧侣、工匠、画师等。

一、与东亚诸国的交往

先说与朝鲜半岛的交往。东晋南朝时期，朝鲜半岛正处于高句丽、百济和新罗三国并峙的状态，三国分别与东晋南朝建立了联系，以高句丽最为密切。《梁书·诸夷传》记载：“魏时，朝鲜以东马韩、辰韩之属，世通中国。自晋过江，泛海东使，有高句丽、百济，而宋、齐间常通职贡，梁兴又有加焉。”

东晋建立后，高句丽立即派遣使节前来建康。成帝咸康二年（336）、康帝建元元年（343），高句丽王高钊两次遣使贡献方物。自东晋义熙九年（413）开始，高句丽国王一冉遣使至建康，次数不下30次（王仲荦《魏晋南北朝史》下册）。每次遣使都会奉表，并贡献赭白马等方物。东晋政权也遣使回访，并一再封高句丽国王高琏等人为使持节、都督营州诸军事、征东将军、高丽王、乐浪公等官爵。1949年春，在朝鲜半岛黄海南道安岳郡柳雪里发现并发掘了冬寿墓。冬寿为前燕宗室将领慕容仁部下，336年因慕容皝追杀，逃亡到高句丽。同年，东晋政府为了牵制前燕，拜冬寿为侯，及乐浪、昌黎、玄菟、带方四郡太守。冬寿墓是用石板砌成的多室墓，墓顶用石条叠涩而成，绘有日月和莲花纹、夔云纹等；墓壁绘有彩色壁画，除墓主人的肖像和出行图外，还有文人、武士、侍女、乐舞、马厩、牛舍等各种表现墓主人生活的场面。冬寿墓前室西侧室墓壁上有墨书题记“永和十三年十月戊子朔廿六日”等文字，“永和十三年”也就是东晋昇平元年(357)，题记中所用的“永和”纪年是东晋穆帝的年号，反映了东晋政府对高句丽的影响力。东晋时期，江南僧人与高句丽僧人之间也有了交流。东晋宁康二年（374），高僧竺法深圆寂之前，江南僧人支遁曾与高句丽僧人书，盛赞竺法深是“弘道之匠”。江南僧人释昙始于孝武帝太元之末（396年左右），携带经律数十部，前往高句丽弘扬佛教。萧齐建国后，封高句丽国王高琏为大将军。自建元三年（481）起，高句丽“遣使贡献，乘泊泛海，使驿常通”（《南齐书·东南夷传》）。梁朝时期，高句丽内部纷争激烈，王位变化频繁。尽管如此，高句丽与梁朝的往来不绝，高句丽国王仍然接受梁朝的封爵，向梁朝遣使贡献方物。梁朝政府与高句丽的交流，使中国的文化典籍在高句丽广为流传。据《旧唐书·东夷传》记载，“其书有五经及《史记》、《汉书》、范晔《后汉书》、《三国志》、孙盛《晋阳秋》、《玉篇》、《字统》、《字林》，又有《文选》，尤爱重之”。陈朝建立后，高句丽遣使贡献方物，双方继续保持着友好往来。

百济长期只与东晋、刘宋通贡，而不与入主中原的少数民族政权来往。后来，迫于高句丽的威胁，至5世纪后期，百济才与大陆强国北魏通交。日本学者的研究成果表明，4世纪时，百济铸造的“七支刀”在铭文中使用了东晋海西公“泰和四年”的年号，说明在这之前，百济已与东晋建立了相当密切的联系。东晋太元中（376—396）和义熙中（405—418），百济王余须、余映分别遣使贡献方物（包括奴隶），东晋政权授予其使持节、都督百济诸军事、镇东将军、百济王等封号。太元九年（384），胡僧摩罗难陀从东晋泛海到百济。次年，百济王为其创寺度僧，这是百济有佛教的开始。刘宋时期，百济国王余映遣长史张威来建康贡献方物。元嘉二年（425），宋文帝派遣谒者闾丘恩子、副谒者丁敬子等前往百济宣旨慰劳。此后，百济年年贡献方物包括奴隶。元嘉二十七年（450），百济王余毗上表刘宋政府，请求赐给《易林》《式占》和腰弩，宋文帝满足了他的要求。余毗死后，其子孙即位都要到江南向南朝政府请命。南齐建立后的第二年，即建元二年（480），百济王余牟大遣使朝贡。梁武帝中大通六年（534）、大同七年（541），百济国多次遣使献方物，上书请回《涅槃》等经义，并请求梁朝政府派遣《毛诗》博士、讲礼博士、工匠、画师等，梁武帝答应了百济国的请求。吴郡人陆诩被派往百济讲学。百济对中国的书法艺术甚为推崇。梁侍中、国子祭酒萧子云善草隶，其书法作品“远流海外”。百济国专门派人至建康，向萧子云求墨宝，适逢萧子云正要出任东阳太守，“子云乃为停船三日，书三十纸与之，获金货数百万”（《南史·齐高帝诸子传上》）。太清三年（549），百济不知梁朝遭遇侯景之乱，仍遣使贡献。使臣抵达建康后，看见建康城阙荒毁，满目疮痍，痛哭流涕。侯景怒而囚禁了百济使臣，直到552年侯景之乱平定后，百济使臣才得返国（《梁书·诸夷传》）。南朝文化对百济文化影响既深且巨，史载：“其书籍有五经、子、史，又表疏并依中华之法。”（《旧唐书·东夷传》）刘宋时期何承天创制的《元嘉历》也被百济采用。南朝文化对百济的影响，还可从武宁王墓得到有力的证明。1971年，在韩国忠清南道公州郡宋山里发掘出百济王余隆（即武宁王，501—523在位）和王妃合葬墓。该墓是一座带有甬道的大型单室砖墓，用素面或模印有钱纹、莲花纹和菱纹的砖砌成。在墓室的左右两壁和后壁，都砌有砖雕的直棂窗，窗的上部都设有灯龛，龛内置灯盏。在墓的前方，设有砖砌的下水道。武宁王墓的形制、构造，完全是按照中国南朝的墓葬制度营建的。墓内出土文物90余种、2561件，其中青瓷四耳壶、

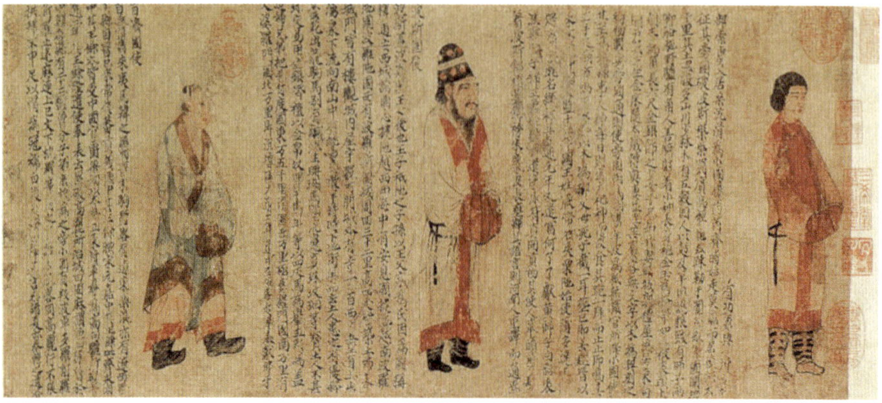

萧绎《职贡图》（局部）中的百济国使臣（左）

六耳壶和青铜的壶、熨斗、匙、箸、七子镜，以及铁五铢等，均是南朝的制品；石雕神兽也是仿照南朝的镇墓兽形象制作；两方石质墓志，其一为武宁王墓志，其二为“百济国王大妃”墓志，均用汉字书写，为六朝书体。墓志中“宁东大将军”一职，系梁朝所赐官职，这与《梁书·诸夷传》的记载相符。2021 年，在韩国忠清南道公州郡百济王室陵园武宁王陵附近一座高等级墓（29 号墓）中出土一块切成两半的莲花纹墓砖，侧面刻有铭文“造此是建业人也”，此前曾在附近的 6 号墓出土“梁官瓦为师矣”铭文砖，由此可以确认这些砖是由来自中国南朝的工匠烧制。

新罗是通过百济与南朝建立联系的。梁天监年间（502—519），新罗僧人觉德入梁求佛法，在梁朝逗留达 30 年之久，直到太清三年（549），他才与梁朝政府派遣的使臣一道携带佛舍利回归故里（汤用彤《隋唐佛教史稿》）。陈朝建立后，新罗真兴王、真智王先后多次遣使至陈朝，贡献方物。继觉德入梁求法之后，又有新罗僧人智明入陈求法。此后，还有僧人明观入陈求法。陈朝政府派遣使臣刘思与明观一起回到新罗，还赠送佛教经论 1700 余卷。在前来求法的新罗僧人中，最著名的是圆光。他于陈朝初年乘船来到建康学习佛法，在庄严寺听旻公弟子讲经，广研三藏数论，习《成实》《涅槃》等经典，后居住在苏州虎丘山，陈亡后入长安，研《摄论》。开皇二十年（600），经新罗国王的再三请求，隋朝政府同意他回国弘法。新罗僧人在充当佛教传播者的同时，客观上也会将东晋南朝比较完善的政治制度和先进的科技文化带到比较落后的新罗，从而刺激新罗统治者与中国大陆进一步交流的愿望，推动新罗文明的进程。史称“新罗号为君子之国，颇知书记，有类中华”（《旧唐书·东夷传》），就是新罗与南朝交流的最好诠释。

再说与日本的交往。晋安帝时，倭国（今日本）国王讚遣使朝贡，开启了倭国与东晋南朝交往的序幕。倭国国王讚、珍、济、兴、武前后十余次遣使取道百济，乘船来到建康进行朝贡。刘宋顺帝昇明二年（478），倭王武致中国皇帝表文中，讲到遣使时有“道径百济，装治船舫”（《宋书·倭国传》）之语。刘宋政权授予倭国国王安东将军、倭国王等封号。倭国从刘宋请回具有熟练技术的纺织、缝纫等技工，促进了日本纺织、缝纫技术的发展。从中日两方面的文献记载来看，中国的典籍、文物，有许多是通过百济传到日本的（郭沫若主编《中国史稿》第三册）。萧齐建国后，封倭王武为镇东大将军。梁朝代齐后，封镇东大将军倭王武为征东大将军。梁武帝普通三年（522），司马达在日本建立佛寺，这是日本佛经传入的最早记载。

二、与东南亚诸国的交往

继孙吴与东南亚增进交流之后，东晋南朝与东南亚诸国的交流更加密切。《梁书·诸夷传》记载：“晋代通中国者盖尠，故不载史官。及宋、齐，至者有十余国，始为之传。自梁革运，其奉正朔，修贡职，航海岁至，逾于前代矣。”

与柬埔寨的交往。晋穆帝昇平元年（357），扶南（今柬埔寨）国王竺旃檀奉表献驯象。宋文帝元嘉年间（424—453），扶南国先后三次遣使贡献。齐武帝永明二年（484），扶南国王上表并进献金镂龙王坐像、白檀像、牙塔二躯等方物。梁朝天监二年（503）至大同五年（539），扶南国先后九次遣使来朝，贡献的方物有珊瑚佛像、天竺旃檀瑞像、婆罗树叶、火齐珠、郁金香、苏合香、生犀等。梁武帝崇佛佞佛，听说扶南国有佛发，立即派沙门释宝云随扶南使臣前往迎取；还在都城建康建立扶南馆，作为译经道场，聘请扶南国高僧伽婆罗、曼陀罗等讲经弘法。伽婆罗除了自己传译佛经外，还与曼陀罗共译《宝云》《法界体性》《文殊般若经》三部，合十一卷。陈武帝永定三年（559）、陈宣帝太建四年（572）、陈后主祯明二年（588），扶南国三次遣使来献方物。

与越南的交往。刘宋孝武帝孝建（454—456）、大明（457—464）中，林邑（今越南中南部）国王范神成多次派遣长史奉表贡献。宋明帝在位时期（465—472），林邑国又遣使贡献方物。齐永明年间（483—493），林邑国王范文赞多次遣使贡献方物。梁天监九年（510）至中大通六年（534），林邑国王七次遣使贡献方物，梁朝政权先后封其为督缘海诸军事、威南将军或绥南将军、林邑王。陈废帝光大二年（568）、陈宣帝太建四年（572），林邑国两次遣使贡献方物。

除扶南、林邑外，东晋南朝与东南亚其他国家都保持着友好往来，如盘盘国、丹丹国、干陁利国、狼牙修国、婆利国、呵罗单国、槃皇国、槃达国、阇婆婆达国等。

三、与南亚诸国的交往

东晋时期，与南亚的五天竺（今印度、尼泊尔）、师子国（今斯里兰卡）开始有了交流。

与印度的交往。后秦隆安三年（399），高僧法显从长安出发，到天竺巡礼佛教胜迹，广罗佛典，经过 30 多个国家，后来泛海至师子国，停留两年后，随商船回国，义熙八年（412）到达青州长广郡牢山（今青岛崂山）。次年抵达东晋都城建康，住进秦淮河畔的道场寺（今 1865 科技创意产业园内），与印度高僧佛驮跋陀罗在道场寺共同译出《摩诃僧祇律》《方等泥洹经》《杂阿毗昙心》等。法显与佛驮跋陀罗翻译的《方等泥洹经》中“一切众生皆有佛性”的观点，在当时的佛学界引起极大的反响，开创了中国佛教史上的一个新思潮。法显在道场寺撰写的传世之作《佛国记》，不仅是了解中亚、南亚当时沿途佛教的重要史料，也是研究当时历史地理和文化状况的珍贵文献。与法显同时及之后，从陆路和海路去天竺取经的僧人有智严、宝云、昙无竭等，他们先后来到建康（今南京），从事译经事业。南朝时期，天竺高僧求那跋陀罗、僧伽跋摩、求那跋摩和真谛先后来到建康进行弘法译经活动，推进了佛教在江南的传播。宋文帝元嘉五年（428），中天竺国王月爱遣使奉表至建康，表达了希望加强双方交流的愿望，并献上金刚指环、摩勒金环等宝物。1970 年，考古工作者在南京象山 7 号墓发掘出土一件嵌金刚石的金指环，当是来自印度的舶来品。宋文帝元嘉十八年（441）、宋孝武帝孝建二年（455）、宋明帝泰始二年（466）、宋后废帝元徽元年（473），天竺国多次遣使奉献。

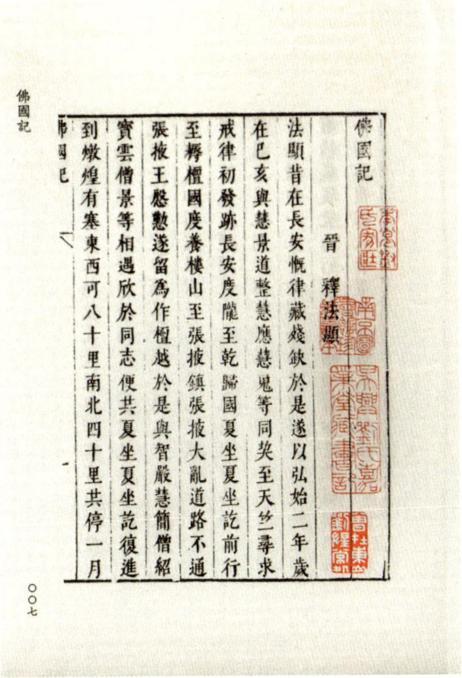
佛國記
晉　釋法顯
法顯昔在長安慨律藏殘缺於是遂以弘始二年歲
在己亥與慧景道整慧應慧嵬等同契至天竺尋求
戒律初發跡長安度隴至乾歸國夏坐夏坐訖前行
至耨檀國度養樓山至張掖鎮張掖大亂道路不通
張掖王慇懃遂留爲作檀越於是與智嚴慧簡僧紹
寶雲僧景等相遇欣於同志便共夏坐夏坐訖復進
到燉煌有塞東西可八十里南北四十里共停一月
佛國記　一
佛國記
○○七

《佛国记》书影（《金陵全书》）

梁朝初年，中天竺国王屈多遣使奉表，并贡献琉璃唾壶、杂香河古贝等物。

与斯里兰卡的交往。东晋义熙年间（405—418），师子国遣使贡献玉佛像，被供奉在建康著名的瓦官寺内。刘宋元嘉五年（428）和十二年（435），师子国国王刹利摩诃先后两次遣使奉表贡献。元嘉七年（430），师子国比丘尼一行 8 人随船主难提浮海来建康，欲为中国尼众受戒。然而由于人数不足 10 人，不符合受戒的要求，且初来乍到，语言不通，无法进行受戒。元嘉十一年（434），师子国比丘尼铁萨罗（一作铁索罗）等 11 人跋山涉水，风餐露宿，由陆路抵达建康。两批人合在一起人数充足，且第一批先来的比丘尼已学会汉语。铁萨罗遂于秦淮河南的中兴里南林寺设戒坛，邀请印度高僧僧伽跋摩为传戒师，共同为中国慧果、净音等 300 余尼众重授具足戒，成为中国尼众如律受比丘尼戒之始。梁朝大通元年（527），师子国又遣使奉表贡献。

四、与西亚、欧洲诸国的交往

东晋穆帝至哀帝兴宁元年（345—363），遥远的拜占庭帝国（即东罗马帝国，包括欧洲东南部的巴尔干半岛、亚洲西部和非洲北部地区）遣使到建康进行朝贡。

梁中大通二年（530），波斯帝国（今伊朗）“始通江左，遣使献佛牙”，与梁朝建立起外交关系。中大通五年（533）、大同元年（535），波斯帝国又陆续遣使来献方物。

20 世纪 70 年代，南京中央门外象山王氏家族（即东晋王导家族）墓地中曾经出土过厚壁直腹圜底玻璃杯；1972 年，南京大学北园大墓（东晋皇帝陵墓）中曾经出土过玻璃杯残片；1982—1985 年，南京幕府山东晋司马氏皇室家族墓中曾经出土过同样的玻璃片；1997 年，南

玻璃杯（南京象山7号墓出土，东晋），东罗马帝国时期的产品

玻璃碗（南京仙鹤观东晋高悝墓出土），来自东罗马或波斯萨珊王朝

京富贵山东晋司马氏皇室墓中出土一件玻璃罐；1998年，南京仙鹤观东晋高悝墓中又出土一件玻璃碗。据有关专家考证和鉴定，这些墓葬中出土的玻璃器均是舶来品。它们或为东罗马帝国的产品，或为伊朗萨珊王朝的产品。此外，20世纪末在南京东八府塘等地出土的萨珊王朝的银币，1997年在太平门外富贵山2号墓出土的胡人俑，以及2015年在雨花台区铁心桥尹西村东晋家族墓出土的胡人画像砖等文物，进一步证实了东晋南朝与西亚乃至欧洲交往的事实。

根据《晋书》《宋书》《南齐书》《梁书》《陈书》《南史》等正史资料记载，东晋南朝270余年里，海外使节来到建康城的就有20多个国家和地区的近百批次。梁朝湘东王萧绎（后为梁元帝）绘制的《职贡图》，真实记录了波斯、倭国、百济、狼牙修国等众多海内外使臣来朝的情景。而《宋书·五行志》有关晋安帝时期秦淮河中“贡使商旅，方舟万计”的记载，再现了建康作为对外交流中心的盛况。各地的奇珍异宝，如玻璃（又称琉璃）、象牙、犀角、珍珠、珊瑚、玳瑁、吉贝（木棉）、香料、檀香木、佛像、佛牙，以及狮子、白马、大象、犀牛、鸵鸟、鹦鹉、孔雀，乃至佛教和奴隶，源源不断地输送到建康，既满足了统治者物质生活和精神生活的需要，也促进了建康商品经济的繁荣。

第三章

隋唐五代宋元兴替

第一节　隋唐沉寂

一、从蒋州到昇州

隋开皇九年（589），隋灭陈，统一全国，结束了六朝建都建康的历史。隋代是六朝以后古代南京政治地位发生变化的转折点。隋唐时期，南京名称多变，如蒋州、昇州、江宁、归化、金陵、白下、上元等。本章以金陵统称这一时代的南京。

隋初，废南朝丹阳郡和建兴郡，在石头城置蒋州。又先后废建康、秣陵、同夏、临沂、丹阳、湖熟六县入江宁县，蒋州仅辖江宁、当涂、溧阳三县。大业三年（607），隋又改蒋州为丹阳郡。隋代的扬州刺史部初设在金陵，后迁往江都，改称扬州总管府。

唐朝政府沿用隋朝压制金陵的政策。金陵的行政级别下降，辖区缩小。武德二年(619)，唐在金陵设东南道行台尚书省，武德三年(620)，复置扬州，下辖归化、溧阳、丹阳、安业县。由于当时金陵尚在地方武装力量控制中，唐朝未直接管辖当地，这些设置都是虚设。从武德

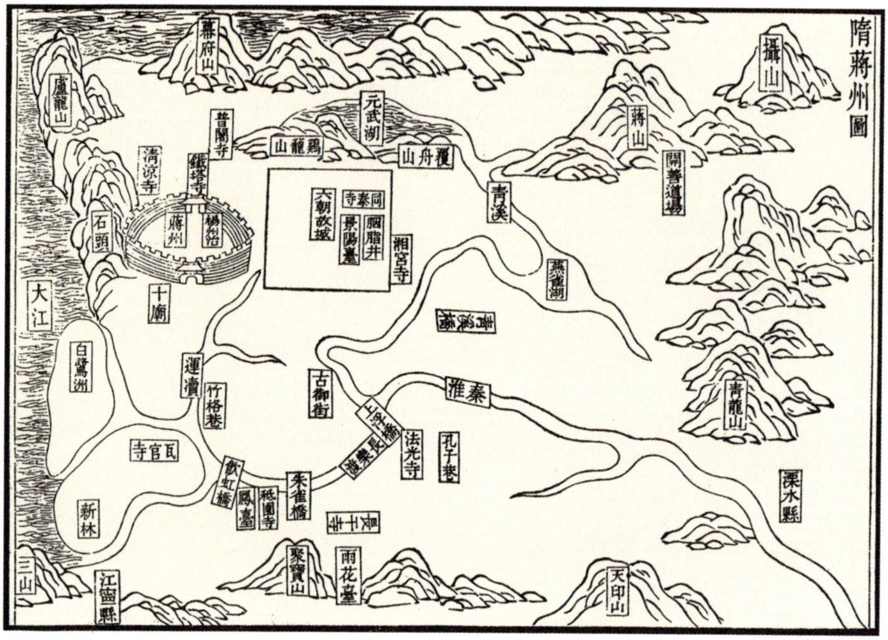

隋蒋州图（明代陈沂《金陵古今图考》）

七年（624）开始，唐朝统治范围扩展到江南地区。这一年，唐废东南道行台，恢复蒋州。全国局势逐渐稳定之后，唐朝在全国范围内大规模地撤并州县，对于金陵来说，这一过程是与其地位的继续下降同步的。

武德七年（624），唐朝撤销金陵州郡一级的行政建置，设扬州大都督府。武德九年（626），唐将扬州大都督府迁往江都。此前，武德六年（623），安业县被并入归化，归化县更名为金陵县。武德九年（626），唐将金陵县更名为白下县，划属润州管辖，丹阳、溧水划属宣州。贞观七年（633），金陵复为治所，随即又撤销。唐玄宗时，全国改州为郡，唐肃宗至德二年（757），设江宁郡治所于金陵。其后，肃宗改郡为州，乾元元年（758）在江宁县置昇州。宝应元年（762），昇州被废。唐僖宗光启三年（887），唐复置昇州，辖上元、句容、溧水、溧阳四县，这一设置维持至唐朝灭亡。除了在中期及晚期短暂地由县升为州，唐代金陵长期处于润州的辖县地位。

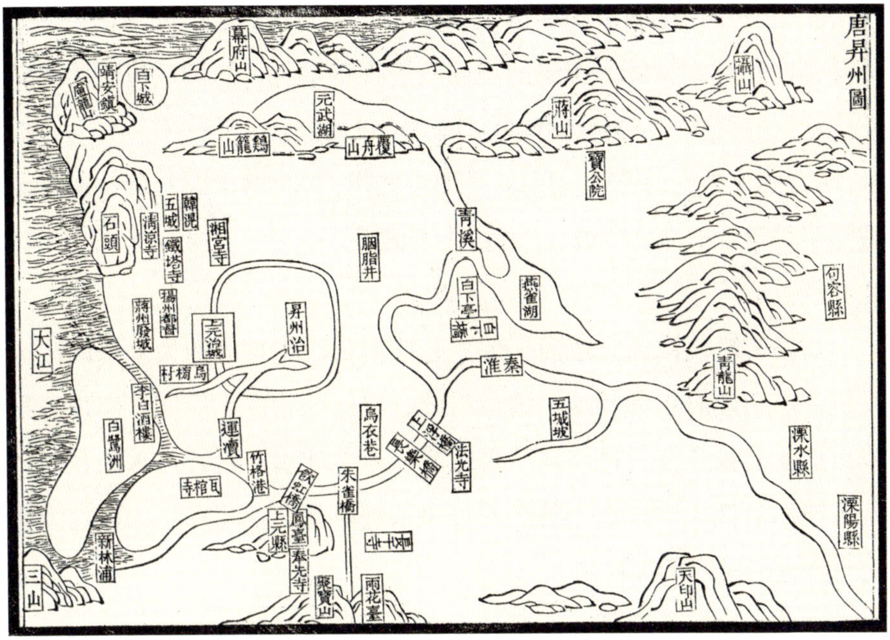

唐昇州图（明代陈沂《金陵古今图考》）

隋唐两代是金陵历史上的低潮时期。然而三个多世纪的抑制政策，并未使金陵没落，当政治形势出现转折时，其地位迅速上升，这表明，在唐中期以后中国经济重心南移的大背景下，金陵成为东南重镇乃势所必然。

魏晋南北朝时期，都城建康（孙吴时的建业，西晋时改名为建邺）是南方政权的象征。近四个世纪的南北对峙局势，加剧了南北方心理上的隔阂，隋朝统治者以征服者的身份来到江南之初，遭到地方势力的强烈抵制。开皇十年（590），传闻隋朝政府欲将南方人士迁徙入关中，江南各地纷纷起兵反抗。为了巩固在南方的统治，隋朝政府遂决心根除六朝以来南方政权的残余影响，抑制六朝故都金陵成为实施这一政策的手段之一。

隋唐时期，全国经济局势发生转变，对金陵的地位也有影响。六朝时期，具有优越自然条件的长江以南广阔地区特别是东南沿海地区经济长足发展，逐渐成为中国又一个经济中心。而唐代中期以后，中原藩镇往往拥兵自固，拒绝向唐朝政府提供赋税，唐朝政府更为倚重东南地区的财赋，以至于出现了“每岁赋税倚办，止于浙江东西、宣歙、淮南、江西、鄂岳、福建、湖南八道四十九州，一百四十四万户”的局面，诚如明代学者王夫之所说：“而唐终不倾者，东南为之根本也。”（《读通鉴论》）

隋炀帝时代沟通大运河，建立起连接长江、黄河两大水系的漕运系统。唐朝政府更仰赖这一漕运系统，以保证物资供应。东南地区物资由运河运抵长江，过江之后再由运河运至汴水，再经汴水入黄河，溯黄河而运抵关中。这一漕运系统关系到唐朝的生死存亡，故唐朝政府对于运河沿线严加控制。

正是在这样的背景下，长江下游地区的一些城市开始兴起。唐代金陵以东的长江两岸崛起两座大城——扬州及润州。

扬州是唐朝首屈一指的商业中心，当时有“扬一益二”之说，也是军事重镇和唐代在东南地区最重要的节度使所在地。润州即今镇江，位于长江南岸、大运河入江处，是古代长江沿岸军事重镇之一。隋朝始改京口为润州。中唐以后，唐朝政府为加强对东南漕运的控制，于建中二年（781）合浙江东、西二道观察使置镇海军节度使，治所就设在润州。润州成为东南地区的政治、军事中心。扬州和润州的兴起，更加遏制了金陵的发展。

尽管唐朝统治者对金陵采取抑制政策，金陵在军事上的重要性仍然显著，金陵作为六朝故都的政治影响尚在。安史之乱中，李白曾撰文力陈金陵的重要性，并建议唐肃宗迁都金陵。

终唐之世，不乏有人企图割据东南，独霸当地财赋，如武则天时期的徐敬业之乱，安史之乱时的永王李璘之乱，以及唐代后期的李锜之乱等。金陵的得失正是能否据守江南的关键。因此金陵在唐朝处于相当微妙的地位：一方面，唐朝政府使它长期处于偏郡小县地位；另一方面，又高度重视这座城市。

二、城市变迁

在政治因素作用之下，唐朝金陵城市布局发生变化。

唐代金陵包括有南朝陈时的建康、秣陵、同夏、临沂、丹阳、湖熟六县之地。其北面、西面以长江为天然边界，东面与同属润州管辖的句容交界，东北达到摄山（今栖霞山）以东，此地在秦汉及六朝时期是江乘县辖地，东晋析江乘西境为临沂县，隋代初年，临沂县被废，其地并入江宁县。金陵东南部以原湖熟县东境为边界，南部原是丹阳县，丹阳县城旧址在今苏皖交界的小丹阳镇。这一范围正处于长江以及宁镇山脉、茅山山脉之间，即后代上元、江宁两县的范围。

隋初攻占金陵之后，隋文帝下令将六朝“城邑宫室，并平荡耕垦”，原六朝都城变为一片废墟。

唐朝金陵城区北界移至原六朝宫城区以南，即今珠江路以南一线。东界在今大中桥一线，当时其东门在今大中桥附近，因金陵当时又有“白下”之名，故东门又称为白下门，东门外的驿亭因此称作“白下亭”。白下亭在宋代仍是金陵重要驿亭之一，故王安石有“东门白下亭”之句。从南唐时期始，白下亭侧有白下桥，到明代这座桥改称大中桥。唐代金陵城南变动不大，仍以石子岗也就是今雨花台为界。金陵城区西部以长江为界，南起凤台山，北至石头城。

在唐朝统治下，金陵行政地位不高，经济因素成为城市发展的关键因素。唐代金陵的城市中心南移到原南朝建康都城外郭区内的秦淮河下游两岸地区，其城市的西部较东部更为繁荣。

金陵城区的北部，也就是今秦淮河中支以北地区，人口较少，直到南唐及宋代，仍以宫殿军营和官署居多，而普通市民则多居住在今内秦淮河两岸地区。

金陵城市布局的变化与长江航道密切相关。隋朝至唐初，随着分裂局面的结束，富商大贾周流天下。金陵物资进出都经由秦淮河入江处，此地因而成为城市最为繁荣的区域。因此唐朝以后，金陵城西部需开水陆共四个城门才能满足行人、货物的出入需要。

金陵的东部是其通往太湖流域的交通要道。然而，金陵与太湖流域的物资交流受政治形势变化影响较大，唐朝金陵丧失政治中心的地位，无需从外地大量输入物资，因此金陵城的东部相对而言不如其西部繁荣。

秦淮河下游两岸早在六朝时期就是居民聚居区，隋唐两代仍是金陵居民最为集中的地区，其中长干、横塘两地尤为著名。六朝时期以长干、横塘为代表的秦淮河下游地区甚为繁荣，长干、横塘在唐代持续繁荣，是当时重要的居民区，且当地人的生活和长江航运有密切关系。

唐朝金陵居民以坊为居住单位，宋代地方志记载的金陵六朝至唐代的古坊里有翔鸾、滨江、舜泽、嘉瑞。据南宋地方志载，这些坊里分布在金陵南部的南唐御道两侧，即今南京中华路两侧。清代地方志尚记载翔鸾坊位于今城南大油坊巷附近。

金陵城东南是另一个人口较为集中的地区。唐代景云年间（710—711），江宁县令陆彦恭在青溪之畔设金华坊，南宋地方志载其地在南宋上元县治东北，大约是今内桥以东。

唐代金陵城区街巷布局形成于六朝时期。六朝时期纵贯都城南北的御道在唐代仍有痕迹。六朝时期建康城内多寺院，这些寺院前多有道路，以便往来。

从当时江宁县署向东有大路通向句容，这条大路由县署直达东门，横贯东西，体现了金陵城布局变化的新趋势。六朝建康都城南北走向的中轴线连接起都城的政治中心和居民、工商区。唐代的金陵，随着经济形势的发展，显然东西交通更为重要，故出现了东西走向的大道。唐代以后，这种趋势更为明显，城内街巷以及河道都是沿东西向发展。

唐代金陵的城市布局是经济因素作用下自然形成的结果。南唐金陵城即以唐代城区布局为基础而形成，这种布局直到清朝晚期才有所改变。

三、金陵怀古——唐诗中的南京

隋唐时期，金陵由六朝时代的都城骤然降至偏郡小县。行政中心迁出，以及自然地理变迁，使唐朝金陵面貌较之六朝建康城变化巨大。

往昔辉煌和而今落寞之间的落差往往是艺术灵感的来源。唐代文人不管是否来过金陵，多感慨古今盛衰对比，留下诸多以怀古为主题的诗篇。中唐诗人刘禹锡的《金陵五题》是唐人咏金陵的代表诗作，其中三首如下：

石头城

山围故国周遭在，潮打空城寂寞回。
淮水东边旧时月，夜深还过女墙来。

乌衣巷

朱雀桥边野草花，乌衣巷口夕阳斜。
旧时王谢堂前燕，飞入寻常百姓家。

台城

台城六代竞豪华，结绮临春事最奢。
万户千门成野草，只缘一曲后庭花。

刘禹锡

刘禹锡在其诗序中特意写道，他并未到过金陵，以此为憾。在金陵附近的历阳（今安徽和县）任职时，常常眺望金陵。受时人启发，写了这组诗。其中《石头城》中“潮打空城寂寞回”句受到白居易盛赞。由此可见，“金陵怀古”是当时盛行的文学主题。

自唐朝始，历代诗人凭借“金陵怀古”的主题，或抚今追昔，或寄托情怀，抒发人生感悟，为中国文学史留下宝贵财富。由于唐代金陵地位低下，现存关于唐代金陵的文献资料不多，今人可以从以下一些作品中找到唐代金陵面貌的痕迹。

唐代诗人韦庄在其名作《台城》中写道：

江雨霏霏江草齐，六朝如梦鸟空啼。
无情最是台城柳，依旧烟笼十里堤。

李白的《登金陵凤凰台》写道：

凤凰台上凤凰游，凤去台空江自流。
吴宫花草埋幽径，晋代衣冠成古丘。
三山半落青天外，二水中分白鹭洲。
总为浮云能蔽日，长安不见使人愁。

读此二诗，可体会到六朝以后金陵面貌的变迁。原先城区以北的宫廷园囿已被废弃，六朝宫城故地已呈荒凉的景象，白鹭洲原为长江中的沙洲，盛唐的李白尚能清晰看到此洲，唐代以后，流经金陵的长江干流西迁，沙洲和城区连为一片，白鹭洲景观不复再现。

李白

唐代金陵商业的发展得益于其便利的水路交通，这决定了金陵的商业中心集中在沿河近桥之地。唐代金陵城西沿江地带是往来于长江之上的客商频繁驻足之处，故此地饮食业乃至娱乐业都较为繁盛，李白著名的《玩月金陵城西孙楚酒楼，达曙歌吹，日晚乘醉，著紫绮裘、乌纱巾，与酒客数人棹歌秦淮，往石头访崔四侍御》一诗描绘了唐代金陵城西的热闹景象：

昨玩西城月，青天垂玉钩。朝沽金陵酒，歌吹孙楚楼。
忽忆绣衣人，乘船往石头。草裹乌纱巾，倒被紫绮裘。
两岸拍手笑，疑是王子猷。酒客十数公，崩腾醉中流。
谑浪棹海客，喧呼傲阳侯。半道逢吴姬，卷帘出揶揄。
我忆君到此，不知狂与羞。一月一见君，三杯便回桡。
舍舟共连袂，行上南渡桥。兴发歌绿水，秦客为之摇。
鸡鸣复相招，清宴逸云霄。赠我数百字，字字凌风飙。
系之衣裘上，相忆每长谣。

李白诗中所记为由今内秦淮河出水西门，沿长江而至石头城的河道沿线。此地是秦淮河与长江交汇的交通要道，是唐代金陵颇为热闹之处。杜牧《泊秦淮》所描述的也是秦淮入江处，即今水西门一带的景象：

烟笼寒水月笼沙，夜泊秦淮近酒家。

商女不知亡国恨，隔江犹唱后庭花。

李白多次往来金陵，留下多首诗篇。他的诗中有历史、山水，又有情感，如《金陵酒肆留别》：

风吹柳花满店香，吴姬压酒唤客尝。
金陵子弟来相送，欲行不行各尽觞。
请君试问东流水，别意与之谁短长。

这些唐诗反映的金陵有两种相反的景象。当诗人驻足六朝宫城所在的城北地区时，看到的是衰败和荒凉；而当他们来到秦淮河畔时，看到的则是一派歌舞升平。唐代金陵在其城北地区遭到严重破坏之后，其城南及城西由于占据有利的地理位置，是长江沿线商路上的重要一站，随着当时全国经济特别是南方经济发展大势而继续繁荣。

第二节　南唐崛起

一、从杨吴到南唐

五代十国时期，杨吴及南唐政权相继统治金陵。经过这两个政权的经营，金陵重新成为东南地区的政治、经济、文化中心，并在全国政局中产生了重要影响。

杨吴与南唐是两个一脉相承的政权，其前身是唐末淮南节度使杨行密控制的区域。

10 世纪初，晚唐长期混战之后，东南战势大局初定，崛起于唐末江淮之间的杨行密成为东南地区最强大的势力。杨行密起兵于淮南，随着割据大势的形成，拥有悠久历史并占据重要战略地位的六朝故都金陵再次成为南方的政治中心已是大势所趋。

唐天祐二年（905），杨行密去世，其子嗣继续统治江淮地区。杨吴武义元年（919），杨行密之子杨隆演正式登上吴国王位，史称杨吴。然而，杨行密之后的杨吴政权实际上被权臣徐温父子控制。南唐昇元元年（937）徐温养子徐知诰接受吴“禅”。他以唐朝后裔自居，更名为李昪，又改国号为“唐”，其政权史称“南唐”。

杨吴定都于唐代淮南节度使治所所在地扬州，起初仍以金陵为昇州，后又升为大都督府，改称金陵府，定为西都。事实上，金陵已经取代扬州而成为实际上的统治中心。

南唐定都金陵，改称江宁府。晚唐至五代十国时期，东南中心城市由扬州转移到金陵，这是由当时的战守形势决定的。

杨吴和南唐一直面临着来自中原政权的军事威胁。扬州北面是一马平川的江淮平原，形势不利于防守。曾在唐朝繁盛一时的扬州在唐末混战中屡遭劫难。扬州在唐末至五代十国时期遭受的最大打击是漕运系统的荒废，其生命活力的源泉——大运河失去了往昔的重要性。晚唐战争中，南北交通隔绝，江淮漕运停止，商路断绝，扬州的繁荣很难再现。

自杨行密统治后期开始，杨吴政权致力于在长江以南开拓疆土，其战守格局逐渐以地域广阔、地形复杂的江南地区为纵深腹地，江淮平原成为江南与中原之间的缓冲地带。这一格局以金陵为政治中心。金陵北临长江，便利东西交通，其东、西、南各面也有水道可通达全境，东南地区的其他城市则无此便利。因此，金陵在杨吴及南唐时期是最为理想的定都地点。

就杨吴政权内部形势而言，杨行密去世不久，徐温即成为吴国实际上的统治者。杨吴国都设在扬州，城内有不少杨行密旧臣，他们不满徐氏家族统治，构成对徐温的潜在威胁。徐温决心彻底摆脱杨氏影响，选择金陵建立自己的政治中心。徐温去世后，养子徐知诰，即日后的南唐先主李昪袭徐温之位，继续以金陵为政治中心。

南唐建国后，改金陵府为江宁府，定为国都，仍然称金陵为西都，扬州为东都。设立东都只是政权交替之际的一个权宜之计，扬州的地位已大为下降。润州也只是作为金陵东面门户的一座军事重镇。

后周显德六年（959），南唐在与后周的交战中惨败，尽失江淮之间疆土，东都扬州被后周占领，金陵与后周之间仅存一江之隔。北宋建隆二年（961），中主李璟迁都洪州（今江西南昌），升洪州为南昌府，定为南都。但是金陵作为国都，在南唐人心目中的地位已不可替代，而且洪州宫廷设施简陋，难以与繁华的金陵城相比。李璟迁都遭到朝野一致反对。同年，李璟去世，后主李煜继位后，又将国都迁回金陵。

经过杨吴和南唐两代的经营，金陵地位再次上升。杨吴和南唐在同时期的南方诸国中综合实力最强，金陵是当时南方最重要的政治中心。

二、都城营建

杨吴天祐九年（912），徐温遣徐知诰出任昇州刺史，治理昇州。徐知诰在其任内修筑城墙，开挖城濠，整治金陵城内街道府舍。其后，金陵又经历几次扩建。徐知诰独揽吴国大权后，欲将都城迁往金陵，开始在金陵营建宫城。南唐建立后，南唐先主李昪为稳定国内局势，下诏罢营造力役，故南唐都城金陵实际上建成于杨吴时期。

南唐都城是将唐代金陵城工商业及人口最为集中的地区围建城墙而成。南唐金陵城区的四至，结合宋、元、明诸代文献和实地考察，可明确城墙北达今南京珠江路、广州路一线，东北至今竺桥，南转至城东门（今大中桥内侧），东南至今雨花桥，南至今中华门，西南至今凤台山西南麓，西至今水西门、汉中门一线，西北至石头山，即今清凉山南麓。南唐在城墙东南角上建有伏龟楼。

南唐伏龟楼遗址

南唐后期，受到来自中原的强大军事威胁，中主李璟再次加固城墙。南宋时陆游途经建康城，他写到的沿途所见城墙高大坚固，这段城墙应是金陵城墙的西段及南段。明代有人认为，明代应天府城由通济门往西南至清凉门的城墙实际上即南唐所筑城墙。就明初记载及遗留的应天府城砖来看，这段城墙确为明初所筑，明代人在筑城过程中应该是利用了南唐金陵城基。

杨吴南唐金陵有水陆共八个城门。唐宋时期，金陵城东门在现在南京大中桥内侧，北门在今珠江路南侧估衣廊北口，南门在今中华门，西门在今汉中门。龙光门即明代三山门（今水西门）。另外，在秦淮河入城处有上水门，明代又称通济水关，即今东水关；龙光门稍南秦淮河出城处有下水门，明代又称三山水关，即西水关。明清时期，这两个水门已改成水关，不复为城门。

南唐时期，金陵城中的水路交通相当重要，故这些城门中有四个是沿水设门。其时，金陵城中心在今南京市城区南北分界的汉中路—中山东路以南地区，故这八个城门中，有七个是在这一地区。其中尤以城西南部为重，此地的西门、龙光门及南门一直沿用到民国时期。

南唐宫城位于都城中北部。宫城主体位于现在南京的洪武路，南起今内桥，北至今洪武路和户部街交界处，东界今昇平桥，西达今羊市桥。南唐宫城建筑起初相当简陋，中主与后主时期，对其宫内略有

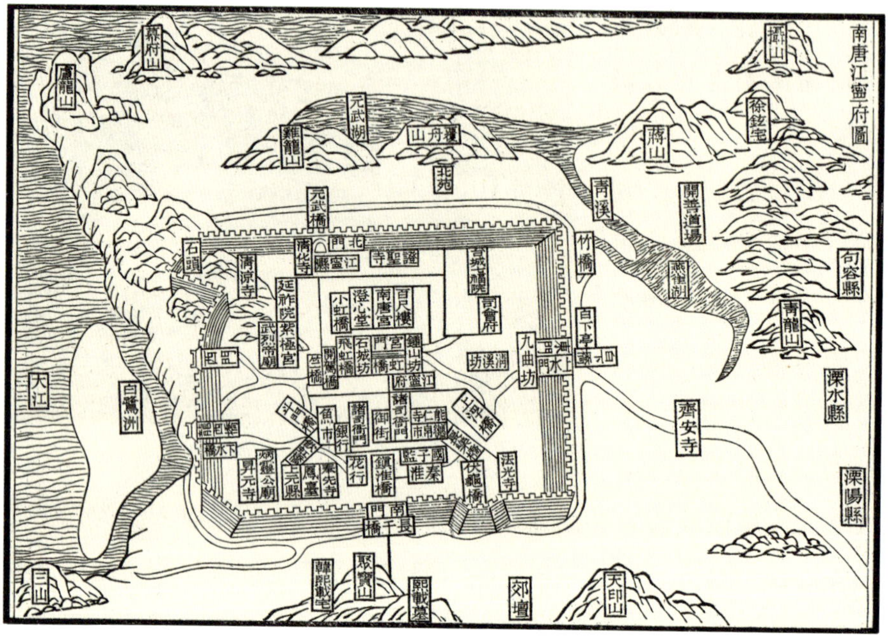

南唐江宁府图（明代陈沂《金陵古今图考》）

建设，澄心堂是其中的著名建筑。

北宋中期，江宁府署发生大火，原南唐宫城建筑因此而焚毁殆尽。故今南京城内南唐遗迹并不多见。元朝占领金陵后，南宋行宫即南唐宫城建筑被拆毁。从元代开始，已有金陵居民将被废弃的南唐宫城中的平整土地辟为菜圃。

杨吴及南唐时期的金陵城防以城墙与城濠相结合。为此，当时对金陵水道进行了大规模系统改造，主要是利用自然水道，并辅之以人工河道，连接起完整的护城河系统。

杨吴时期青溪流至今竺桥被分流，一支西流，经今珠江路、广州路一线，构成杨吴城濠的北段。明代应天府城向北拓展，杨吴城濠北段失去作用，渐被废弃。但直到清末，自竺桥过浮桥、进香河、北门桥的河道还有遗迹可循。今进香河、浮桥、竺桥之地名仍旧。北门桥以西的城濠早已断流。青溪另有一支，自竺桥南流，经复成桥、大中桥、东水关与秦淮河汇合，成为当时金陵城东的护城河。今东水关以南、绕城外长干桥，西北至水西门的水道，俗称外秦淮，也是杨吴城濠的一部分。杨吴城濠西段的濠水和秦淮河水汇合。杨吴时期，又利用原长江夹江构成金陵护城水道的西段。杨吴南唐时期金陵护城水道的西北端在今南京乌龙潭。乌龙潭位于石头城南麓，杨吴时期正是利用这一片形状狭长的水面，连接起其护城水道系统的北段与西段。

杨吴南唐时期的金陵城门之外多有桥梁跨于河上。

北门桥，位于北门之外，宋代又曾称清化桥、草堂桥、武胜桥，明清时期通称北门桥。

白下桥，在金陵城东门外，宋代又曾更名为上春桥，即现在南京的大中桥。

长干桥，在南门外，即现在中华门外之长干桥。

杨吴至南唐时期，金陵城四周已形成城、濠相辅，门、桥结合的格局。明代营建应天府城时，也采用这样的格局。

杨吴及南唐时期在城内建设环卫宫城的河道，称为护龙河。南唐护龙河利用青溪故道的一段为其东段，利用运渎一段为其西段，又连接青溪、运渎为护龙河南段。

杨吴及南唐时期基本奠定了今南京城区的水道布局，秦淮河主干道被包入城内，金陵城南部形成三条大致平行的河道并存的格局，即现在所称的秦淮河中支、内秦淮河与外秦淮河。

秦淮河中支东段原为青溪，西段原为运渎，中段为南唐时开凿的护龙河南段。秦淮河中支在今淮清桥与秦淮河主干汇合，其西端由今望仙桥，即宋代武卫桥出城。

内秦淮是秦淮河的主干，杨吴时期筑城墙后，设上、下水门，即今东、西水关，故后代皆言南唐包秦淮河入城。

外秦淮河如上文所述，是杨吴城濠的一部分。

南唐金陵城大体采用唐代都城布局，宫城坐北朝南，自宫城正门而出，是一条南北走向的御街，直抵都城南门，大体即今内桥至中华门之间的中华路。御街所经之处地势低洼，杨吴扩建金陵城时，在御街旁开沟，以免御街积水。

从南唐时期开始，内秦淮河畔成为金陵的文教中心之一，南唐临近秦淮河开设国子监，其后的宋元明清时期，此地都是金陵文教中心之一。

南唐金陵城的普通居民住宅区多分布于宫城以南，即今内桥以南地区。南唐御街是其都城中轴线。南唐御街北段有一些官署，其中段和南段大多为居民住宅。

南唐时期的金陵城北地区，还有一部分山水被利用为南唐宫廷园林，沿用六朝旧名，称北苑，因在南唐宫后，又称后苑。

杨吴南唐时期是南京城市发展史上的一个小高潮，南京重新成为长江下游的政治和经济中心，其城市格局为宋元所继承，并为明代的南京奠定了基础。

三、南唐文化

南唐在文学、绘画、书法等领域都取得了卓越成就。

词是南唐最具代表性的文学体裁，这一新兴的、带有民间歌词色彩的文学形式在五代十国时期发展成熟。

其时，出现了一些以词为主要创作手段的文人，形成了自己的流派，且留下一批传世之作。当时词的创作以西蜀与南唐为盛。

西蜀词人承袭晚唐温庭筠词风，因词集《花间集》而有花间派之名。其词风旖旎艳丽，内容大多没有超出晚唐词之外。

南唐词人则实现了词在内容和意境上的突破，并促使词和诗并列而为我国古典文学的重要形式。南唐词人中，以中主李璟、后主李煜及曾任宰相的冯延巳最为著名。

李璟传世之作仅有四首，即《应天长》《望远行》，以及《浣溪沙》二首，艺术水准已相当高。其风格细腻悠远，其中“细雨梦回鸡塞远，小楼吹彻玉笙寒”更是千古传咏的名句。宋代有人将李璟与李煜词结集刊印，合称《南唐二主词》。

李煜

李煜的传世词有30余首，其词以亡国为界分为前期与后期，前后期词风变化巨大。李煜的前期词所反映的大多是宫廷生活，通过李煜的前期词，人们看到的是一位锦衣玉食又才华横溢的逍遥国主。亡国之后，生活在屈辱中的李煜多抒发亡国之痛。其词中有对故国的深深怀念，有对过去生活的追忆。总之，亡国之痛是其后期词的主题。王国维《人间词话》对李煜词的评价体现了南唐词在文学史上的地位：“词至李后主而眼界始大，感慨遂深，遂变伶工之词而为士大夫之词。”李煜所采用的白描、直抒胸臆等艺术手法，使词在创作技巧上大有突破。特别是李煜后期词，将人生感悟融入艺术创作之中，使其词意境大为提高。

南唐另一位重要词人冯延巳，字正中，曾位居南唐宰辅，有词集《阳春集》传世，是五代十国时期词人中传世作品最多的一位。冯延巳身为太平宰相，生活在由杨吴到南唐最为安宁和富庶的时代，故不可能像经历了人生跌宕起伏的李煜那样，在作品中融入深刻的身世之感。冯词风格淡雅，后世有人认为，就艺术成就而言，冯延巳实不在李煜之下。

以李璟、李煜、冯延巳为首的南唐词人及其作品，以高度的艺术成就确立了南唐这个偏安小朝廷在文学史上的地位。

南唐词风与西蜀艳丽的风格不同，王国维以“画屏金鹧鸪”“弦上黄莺语”“和泪试严妆”分别形容晚唐温庭筠、韦庄及南唐冯延巳三家词。南唐词风中的清、空、淡、雅的审美风格在南唐其他艺术形式中也有体现，南唐宫中流行一种称为“天水碧”的颜色，色泽极淡，是当时盛行的以清雅为美的审美意识在服饰中的体现。南唐画家徐熙与西蜀画家黄筌同是影响深远的花鸟画名家，二人画风明显有异，徐熙多以“江湖所有，汀花野竹，水鸟渊鱼”等为绘画主题，宋人总结徐、黄画风之异道：“黄家富贵，徐熙野逸。”

南唐画家董源的画风被其弟子巨然带到北宋开封，是宋代山水画江南画派的开创者。顾闳中《韩熙载夜宴图》、王齐翰《勘书图》人物画是我国艺术史的瑰宝。

南唐在秦淮河畔和庐山各设一所国学，这对宋代及以后的书院制度有深远影响。

唐宋之际，是我国古代经济、社会、文化的重要转型时期，南唐则是这一转型的重要环节。以南唐二主、冯延巳为代表的南唐词人引领风气之先，体现了转型时期的文化特色，在文学、美术、书法等领域都有卓越成就，并为后世留下了宝贵的文化财富。

顾闳中《韩熙载夜宴图》（局部）

四、宗教

隋唐时期的金陵虽政治地位低下，但作为南方佛教中心乃至全国佛教中心之一的地位没有受到影响。隋文帝杨坚在全国范围内大兴佛教，分送舍利子至诸州，其中包括当时称为蒋州的金陵。唐代许嵩的《建康实录》成书于唐朝中期，书中常提及唐朝地名。在这些地名中，就有相当数量的寺名。唐朝后期的德宗时代，关中兵乱，镇守东南的淮南节度使韩滉积极备战，史书上说，他拆毁金陵的佛寺建筑城堡，以为战守之备。在这些零散的资料中，后人可窥见当时金陵佛寺林立的状况。

从东汉到唐朝，是佛教进入中国后立足、发展且调整适应中国社会及本土化的时期，也是佛教势力和世俗政权的磨合期。其间，狂热崇佛和大规模抑佛作为世俗政权对佛教政策的两个极端，交替出现。9世纪前期，唐武宗灭佛。此时离唐朝灭亡已为时不远。

五代十国时期，中原政权对于佛教势力保持警惕，甚至屡加限制。而在文恬武嬉的南方，佛教重新兴盛，其中以吴越、闽和南唐为典型。唐武宗灭佛时，有中原僧人为避难而逃亡南方。早在唐朝中期以后，禅宗六祖慧能的弟子已在南方传播禅宗南支，使禅宗在南方立足并发展。五代时期，形成五家禅即沩仰宗、临济宗、曹洞宗、云门宗和法眼宗。这五家中，除临济宗外，都创立于南方，其早期中心地区在现在的江西和湖南，即后来的南唐辖境之内。

在后主之前，南唐佛教势力是有限的。南唐境内有龙虎山、茅山等道教圣地。南唐先主李昪以唐皇帝后裔自居，倾向于道教，在先主一朝，南唐道士较为活跃。

当时最著名的道士是王栖霞，他曾师从唐末有名的道士聂师道，后来隐居金陵东南的茅山之中。李昪将他请到金陵，赐号元博大师。李昪晚年信丹药，服药后性情暴躁，但仍深信药效，将献丹的术士奉为仙人。对长生的渴望使李昇失去了原本的冷静审慎，直至中毒发作，他后悔莫及，临终告诫即将继位的太子景通（即后来的中主李璟）要引以为戒。

李昇也重视佛教。他修建寺院，鼓励翻译佛经。昇元年间修建的寺院有牛首山幽栖寺，庐山东林院、开先寺等。李昇还推动《华严经》的翻译。

中主李璟和僧人也颇有来往，然而这种来往起初限于一般的探讨佛理，并没有执着的宗教热情。直到后主时期，佛教的影响才席卷南唐。

李煜在位时，下令在境内广修佛教寺院，又在宫中造精舍以供僧尼居住。李煜与小周后头上戴着僧帽，身上披着袈裟，整日念诵佛经，磕头跪拜，以至额头上都受伤长瘤。宋军大军压境时，李煜已束手无策，佛教成了他逃避现实的精神寄托。

南唐众臣中有人明知国势日危，还要投国主所好，许多大臣改食素食斋饭，以示虔诚事佛。南唐晚期重臣张洎特别善于揣摩李煜心理，一有机会便与李煜谈论佛理，由此而得赏识，其地位迅速超越其余众臣。崇佛成为南唐举国的风尚，佛寺及僧尼泛滥。仅在宫中就有十余所佛寺，且朝廷出钱招募平民和道士做僧人。金陵城内僧人数量达万人。

南唐末年，举国狂热礼佛，世所罕见。后世有人将它作为南唐亡国的重要原因之一。据说，宋利用南唐的崇佛，为灭南唐作前期准备。北方僧侣小长老乘机潜入南唐，他贿赂权贵，得以接近李煜。李煜对小长老佩服不已，耗巨资广造佛塔佛像，另在牛头山（今牛首山）造寺千余间，容纳僧众千余人。牛头山佛寺后来成了宋军进攻南唐时的兵营。另有传说道，宋军进攻南唐前，有北方僧人南来，在采石矶立石塔，名为修行，实则潜伏于当地，测量长江宽度，为来日宋军渡江时造浮桥作准备。

今天在南京还能看到一些南唐的佛教遗迹。杨吴时代，徐温在金陵石头城故地建兴教寺，南唐将它改称石头清凉大道场，既是佛教场所，又是皇家避暑之地。至今清凉山还有清凉寺、还阳泉等。除牛首山佛窟寺外，南唐改隋唐时代的栖霞寺为“妙因寺”，在高越、林仁肇的主持下，将该寺中原有木质舍利塔改为五层八面石塔，塔上有八面佛本生故事的浮雕。其雕刻精美，比隋唐雕刻又有进步。该石塔保留至今，是我国佛教美术史上的精品。

栖霞寺舍利塔

第三节　宋元沧桑

宋元时期，传统中国的政治中心经历了从黄河流域由西到东，转向沿运河及其周边南北往复的变化。而这一时期的南京，大体介于由割据政权都城变为江南重镇，到成为留都和地方中心城市，进而发展成为大一统政权都城、实现南京文化发展的第二个高峰的过渡阶段。

一、天下巨镇

1. 政权更迭

宋太祖开宝八年十一月二十七日（976 年 1 月 1 日），南唐后主李煜在北宋名将曹彬强大的军事压力下奉表投降，南京地区自此归于宋廷统治，江宁府被改为昇州。宋真宗天禧二年（1018），复昇州为江宁府，以其作为江南东路的治所。宋真宗封其子赵祯为江宁府尹、昇王，

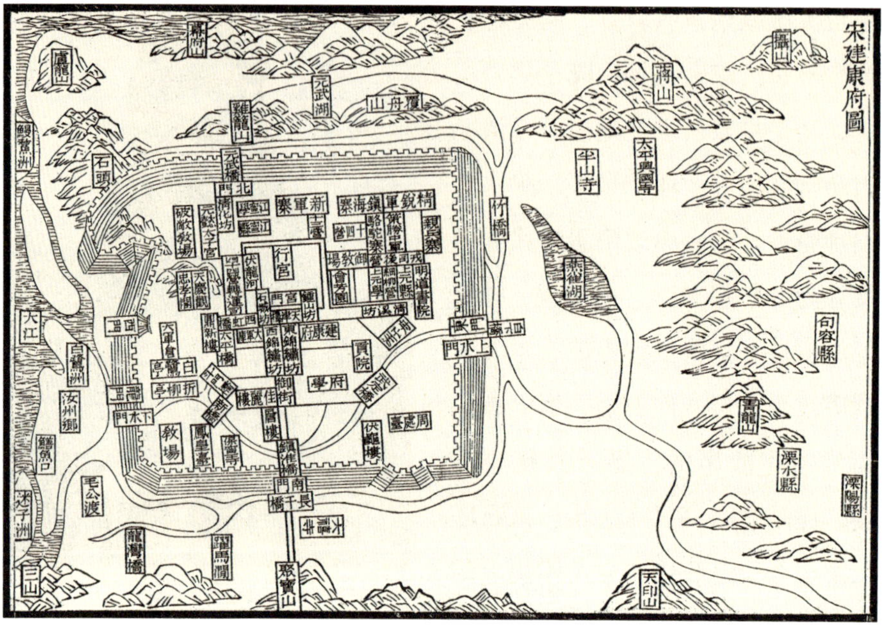

宋建康府图（明代陈沂《金陵古今图考》）

江宁府由此又称为昇国，南京地区再度繁华起来，成为当时东南地区的政治、经济、文化中心，与杭州并称为“四方之所聚、百货之所交”之地。靖康之变，北宋灭亡，康王赵构在应天府（今河南商丘）重建政权，虽一度在建康府（南宋初由江宁府政）驻跸，却觉得太靠近北方而最终选择了杭州（后改称临安）作为国都。建康则因地处南北交界，且为南宋抵御北方强敌的前线，地位相比北宋有所上升。这里因“领江左八州之地，于东南为大都会”而成为“天下巨镇所在”，成为南宋行都（又称留都或陪都）后，更有了“江南第一州”的美誉。

自金陵被北宋曹彬率军攻克，到元至元十二年（1275）元军统帅伯颜攻陷建康府为止，今南京城隶属于两宋统治近三百年。自元至元十二年（1275）元军占领建康府到至正十六年（1356）朱元璋攻占集庆路，改集庆路为应天府，此地隶属元朝统治八十余年。元军在进攻南宋政权的过程中，元世祖采取了一系列怀柔政策，如命元军戒滥杀，对归

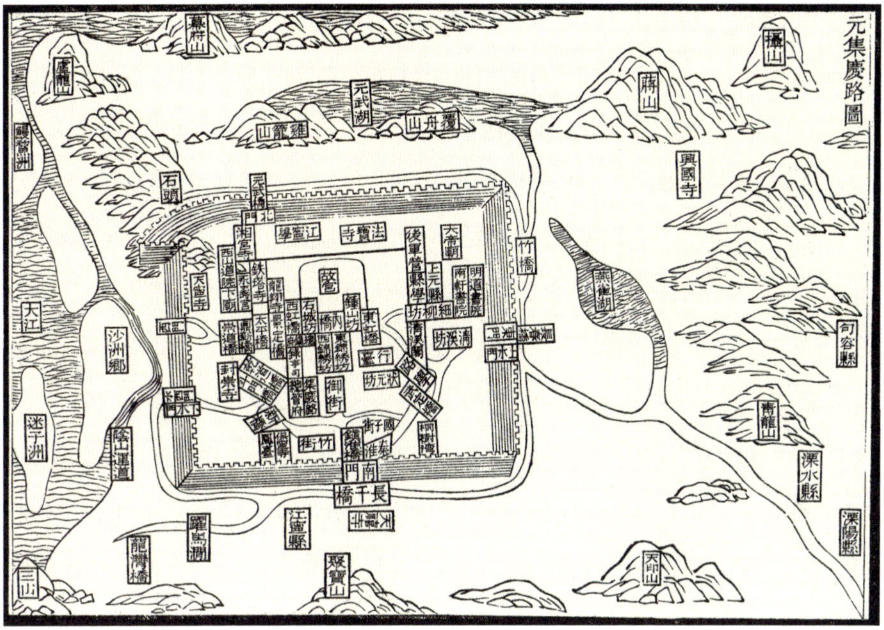

元集庆路图（明代陈沂《金陵古今图考》）

降之人保留其财产和官职等。正因如此，元军统帅伯颜于 1275 年取得丁家洲之战的决定性胜利后，建康府等州县接连不战而降。南京延续了南宋以来的发展趋势，经济、文化和社会秩序迅速恢复。作为建康路治和江南诸道行御史台的治所所在，南京不仅成为民族融合的舞台，而且是文人商贾云集之地。至元十二年（1275），元朝在建康设建康府宣抚司。两年后，罢宣抚司，改建康府为建康路，下辖上元、江宁、句容、溧水、溧阳五县，设总管府，隶属于江淮行省江东道；同时又设置江南诸道行御史台，掌管江浙、江西、湖广三行省十道的监察事务，并统领东南各道提刑按察司，其治所设在原南宋建康府府衙内。天历二年（1329），元文宗图帖睦尔因曾在泰定二年（1325）出居建康，先是在这里被封为怀王，后由怀王成为皇帝，故改“潜邸”建康路为集庆路。元顺帝至正十六年（1356），朱元璋攻克集庆路，改称应天府，并以此作为消灭群雄、统一全国的首府所在，最终于元至正二十八年

（1368）建立大明王朝。

北宋政权虽然一开始也实行了沿自隋唐的抑制建康的政策，但随着社会稳定和经济发展，南京地区又一次进入社会发展的快速时期。

就城市人口而言，在宋代的城市中，江宁（建康）府是除两宋都城东京、临安外，人口数量位居第一梯队的城市，号为“天下巨镇”。南宋初年，陆游曾说：“今天下巨镇，惟金陵与会稽耳，荆、扬、梁、益、潭、广皆莫敢望也。”同时期叶梦得也曾追述说：“建康承平时，民之籍于坊郭、以口计者十七万有奇，流寓、商贾、游手往来不与。”从《宋史》记载来看，北宋徽宗崇宁年间建康有120713户、200276人。至南宋建炎三年（1129）建康被金人攻占，被杀害的民众就有七八万人。而在此之前，建康府在籍的编户齐民一共有17万之多，还有许多往来做生意的流民。南宋时，建康居民达25万人。到南宋后期，建康人口超过了北宋时的规模。宋理宗景定二年（1261），建康全府的在籍户

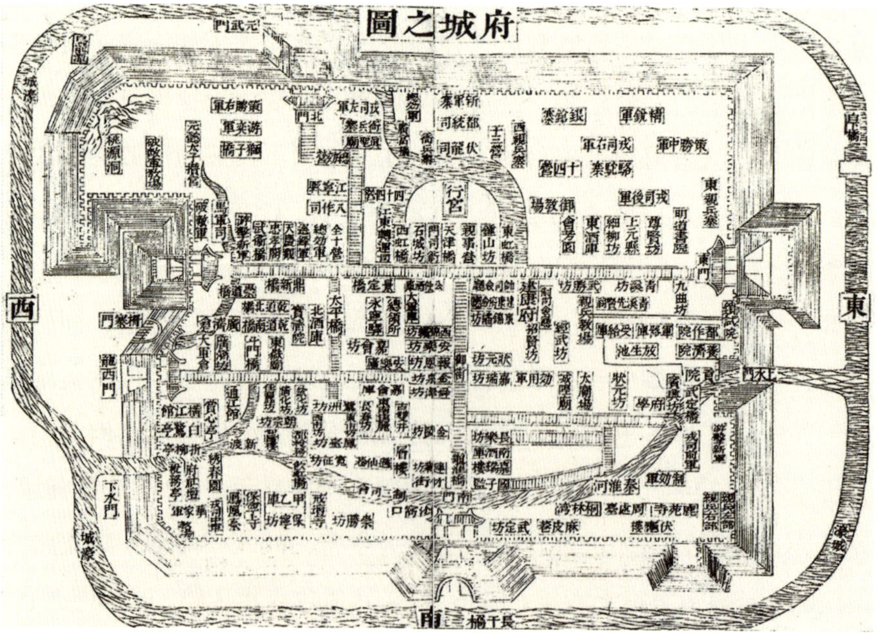

府城之图（宋代周应合《景定建康志》）

数共有 201271 户，其中上元、江宁两附郭县有 136533 户。《元史 · 地理志》记载元世祖至元二十七年（1290）集庆路户口数为 214548 户、人口 1072690。《至正金陵新志》记载同年集庆路各县州、录事司户数为 226379，相比较于《元史 · 地理志》的户数增加了 5.5%，“天下巨镇”可谓实至名归。

2. 交通枢纽

南京有着沟通长江中下游和江淮、江南交通往来的地理优势，水陆交通非常便利，这在南宋初年大臣建言以建康为都城的表章中被广泛论及。建康优越的地理位置和交通条件，不仅便于调兵遣将，也有利于集散人力物资，进而形成独特的政治军事优势。

北宋统一江南后，漕粮数量大量增加，“岁运米四百万石”。太平兴国六年（981），宋廷制定了年运粮的标准，经由汴河运输到汴京（今河南开封）的江淮米就有 300 万石。宋太宗后期及宋真宗时期，北宋确立的全国漕粮运额 800 万石当中，江淮米就占到 600 万石，南京地区的漕粮也在其中占有相当比重。到了南宋时期，随着东南地区地位的日益重要，南京地区的水路交通更是得到了充分发挥。南京本就靠着长江，是钱粮的主要集散地。建康府既是交通中转的冲要之地，也是军事防御的扼要所在，长江中载重达千石以上甚至 12000 石的“大舟”“巨舰”往来于建康城长江边的港口码头。在陆路交通方面，东、西、南、北四条驿路主干道中，东路通往镇江府，设 13 铺；南路通往广德军（今安徽广德），设 25 铺；西路通往太平州（今安徽当涂），设 9 铺；北路通往滁州，设 4 铺。驿站有永宁驿、江宁驿、金陵驿等十余个。城内外桥梁众多，据不完全统计，建康府城内有 173 座桥梁。到了元代，格局依旧，南京的交通优势持续体现。

3. 经济发展

宋代的南京本身就是较为富庶的地区，而南京地区及其周边水利工具的使用与水利事业的发展，使南京地区的垦田面积也得到了较大发展。建康府处于江淮地区，水道密布，因地制宜开发圩田成为主要选择。据《景定建康志》记载，南宋乾道年间（1165—1173），建康府田（水田）、地（旱地）等“通管田”有7772863亩，至景定年间（1260—1264），除去隶属变更、坍毁等影响，建康府“通管田”总数仍有4341643亩。元代《至正金陵新志》对建康地区的官田和民田做了翔实的记载。从中可以看到，建康地区圩田遍布，具有完备的水利配套设施，实行的是稻麦两熟连作制。圩田既可以看作是一种水利设施，也是农业田地，是南京地区多丘陵的自然条件下的产物，这样做既缓解了缺乏农业用地的窘境，又起到了一定的防洪作用。

宋代建康手工业发达，尤其是进入南宋之后。建康地区的手工业规模大、分工细，文献中记载的门类有28种之多。官营手工业成为南京地区的主要经营主体。中央政府在此设有都作院，军器局是中央负责组织军工生产的主要单位，建康成为军火工业极其发达的地区。同时还有不少专门制造金银饰品的作坊，名目繁多。建康也是南宋时著名的铜器产地，居民销熔铜钱浇铸铜器之风盛行，所制铜器大量投放市场，供应全国。建康设有官营造船场，南宋初年建康府水军建造了一种单轮十二桨的四百料大型轮船，成为宋朝战船建造业兴旺发达的一个重要标志。至理宗淳祐九年（1249）以后，仅文献可考的造船、修船就有3550只，其中造新船857只，修旧船2693只，可见其造船规模之大。建康还有发达的酿酒业，当时官府经营酿酒业，设置有酿卖酒曲、征收酒课的机构“都酒务”，其中酒库是官酒酿造和批发的机构，仅文献可征的各个官衙机构酒库就有27个之多。纺织业继续发展，织造的云锦闻名全国。

元代南京沿续着宋代手工业的发展态势。首先，南京手工业门类众多，其中纺织业是发展突出的行业。元代的手工业分为官办和民营两种体系。官府营造的手工业继续成为南京地区手工业的主要经营类型。元朝政府对南京地区丝织品的质量非常重视，今天驰名海内外的云锦也自元代开始成为皇家服饰专用品。为此，元朝政府在南京地区设立织染局，后因其规模较大而分为东、西织染局。其次，矿冶业和军器制造等行业也继续发展。元代在南京设立杂造局、军器局，进行武器制造。当时集庆路的军器局“专一置造军器”。

二、宋金之战

南京地区是古代中国出现游牧民族与农耕民族异质文化碰撞时，北方民族向南迁徙的重要落脚地之一。最突出的例证就是魏晋南北朝时期，东晋及南朝政权在北方少数民族占领中原地区后相继在南京建都，南京的政治、军事地位大为提高。两宋之际，这一特点再次得到体现。

北宋末年，来自白山黑水的女真族迅速崛起，以摧枯拉朽之势向辽展开了进攻，并建立金政权。面对这一局势，始终念念不忘从辽朝手中夺回燕云十六州之地的北宋统治者，决定联合新兴的金政权，与其订立“海上之盟”，相约联手灭辽。谁知灭辽不但未能洗刷北宋多年没有收复燕云十六州的耻辱，反而将北宋外强中干的实力暴露于新兴的金政权之前。金在灭掉辽前后，就已经将宋作为自己的下一个目标。

1. 韩世忠黄天荡之战

宣和七年（1125），金军灭辽。同年冬起兵攻宋，两次南下中原，最终于1127年灭宋，俘虏宋徽宗、宋钦宗父子而去，史称“靖康之变”。同年五月，徽宗第九子康王赵构在南京应天府（今河南商丘）称帝，建立南宋政权，是为宋高宗。高宗无心也无力抵抗强大的金军，就顺着运河南下而到了南方。

宋高宗建炎三年（1129），金兀术率军渡江追击宋高宗，接连占

领建康、临安、越州、明州等地。金军号称“搜山检海已毕”，打算于建炎四年（1130）二月从杭州北撤，没想到在建康附近的黄天荡，遭到了韩世忠部的沉重打击。韩世忠，字良臣，出身北宋西北军。当时，韩世忠军驻守在长江口一带，他把自己的军队分为三部，做好截击金军的准备。三月，金兀术引军抵达镇江。韩世忠军已先期控制金山、焦山等有利地形，严密封锁沿江渡口，并用破船堵塞运河入江口，切断金军退路。金军分两路逃跑：一路为骑兵，沿着陆路进入建康，一路则运输掠来的物资，沿长江进入瓜洲。由于韩世忠军队尾随追击，金军未能从瓜洲进入江北运河，慌不择路地闯入了一处绝路——黄天荡。黄天荡位于今天南京的栖霞山与龙潭镇之间，是建康东北面的一段长江。此处江面横阔，港汊纵横，芦苇丛生，长达30余里。韩世忠利用自己船大的优势，将金兀术的军队截为前后两段，封锁住了长江南岸。金兀术被困于此，仅有的一条水道通到长江，又被韩世忠派重兵卡死，10万金兵顿时成为瓮中之鳖。当时有个当地人贪图财利，向金兀术献了一条逃脱之计，即凿一条大渠直接江口。于是金兀术便暗暗令军士连夜开挖运河。河成以后，金兀术趁机率领军队逃脱到长江北岸。这就是历史上著名的“黄天荡之战”，宋军以8000人围困金军10万人达48天之久，金军自此不敢轻易渡江，极大地鼓舞了南宋军民的抗金斗志。

2. 岳飞收复建康之战

金军占领建康以后，岳飞于建炎四年（1130）率领部队退到了钟山附近，随后到达广德军（今安徽广德）境内。金军主力在黄天荡遭遇韩世忠的阻击后，岳家军也在建康城南三十里的清水亭（今南京江宁区秣陵街道）对金军的一支取得首战大捷。之后，岳飞亲率主力到达牛头山（今牛首山），宋金两军在此对峙。金军面对宋军始终无法取胜，就打算从龙湾向北岸的宣化镇渡江。当得知金军从静安镇突围时，岳飞率军冲击金兵防线，徒步追杀，截获大量物资车马，进而抢占渡头。岳家军自东向西，占据了牛头山，又自南而北，从雨花台、新城杀至静安镇。其中最为重要的成果是驱逐金军的主力部队过江，将防线北移。战斗中，岳家军夺回大量被金军抢劫的百姓和财富，迫使金军不得不北撤而去，进而一举收复建康。建康之战成为岳飞独立成军后的第一次重要战斗，也成为其一生征战的转折点，使得他从一个默默无闻的后起之秀，开始成为能够独当一面的优秀将帅。

3. 虞允文采石之战

宋高宗绍兴三十一年（1161）十月，金主完颜亮经过周密筹划，兵分四路，对南宋发动全面进攻，企图一举攻灭南宋。完颜亮亲率主力，自金国南京开封府（今河南开封）出发，首先进攻南宋的淮西地区。当时，建康府都统制王权畏敌如虎，连弃合肥、和州二城。金军长驱直入，抗金老将、江淮浙西制置使刘锜被迫撤出淮阴、扬州，退至长江南岸的镇江。此时，王权罢官，所部 1.8 万人刚退至采石，接替王权的将领李显忠尚未到任，军无主帅，士气涣散，人心惶惶。万分危急时刻，中书舍人虞允文代表宋廷到采石慰劳军队。他在采石见形势危急，毅然召集张振、时俊等将领，宣布宋廷抗金命令，犒赏军队，动员将士决一死战。虞允文采用水陆配合、以水战为主的战法，将散处沿江各处无所统辖的军队迅速统合起来，沿江布阵。宋金交战时，宋军掩匿山后，金军开始以为采石矶没有军队，等乘船快到长江南岸时，看见宋军列阵相待，措手不及。宋水军多踏车海鳅船（人力外轮船），大而灵活，而金水军船只底平面积小，极不稳便，宋船乘势冲击，金兵大败。次日，虞允文又派水军主动进攻长江北岸的金军渡口。金军船只出港，宋军用强弩劲射，又使用船载霹雳炮（一种用火药弹丸的投石机）轰击，再次大败金军。宋军在采石取得大捷，金军企图汇集水军再战，但金国内乱，完颜亮最终被杀，南宋再度转危为安。

南京至今流传着虞允文“三宿岩”的故事。“三宿岩”又名三宿崖，是今南京条约史料陈列馆内的一处岩洞。虞允文在采石大破金兵后，率水师沿江而下前往京口（今镇江）。路过建康，在这块礁石旁停船住了三天，“三宿岩”从此闻名天下。

4. 建康在南宋的军事地位

作为军事重镇，建康虽然没有成为都城，但一直是南宋对抗金军南下的重要前沿阵地。宋高宗南渡以后，由于战争形势的变化，江淮地区的地位更加重要，因而在此设立大都督府以加强对江淮的军事控制。都督实际上成了军队的总指挥，统领诸路军马事宜，在大小统兵将帅均受其节制的同时，诸处行政官司遇有军期差使以及发遣钱粮等公事也要听从其指挥。都督府开始设置在镇江，后移置建康，比较著名的都督有赵鼎和张浚。赵鼎提出任用张浚及“攻战备御、措置绥怀”等诸多建议，大多为高宗所采用，他实际上成了朝廷中主持抗金的中坚。身为宰相兼“都督诸路军马”，赵鼎能统揽全局，知人善任，料敌如神，为宋高宗所器重。张浚妥善处理高宗初年的苗刘兵变，打造了从上游至下游对金的整体防线，并在关陕发动一系列战役，大大缓解了江淮的压力。

此后，南宋在建康府内部设立了“经画边鄙之旅”的沿江制置使司及“总一路兵民之事”的江东安抚使司，统领建康府军队，并设立御前诸军都统制司以强化对边防的控制。此外，建康府内还设立了总领所，主要负责供应军需。同时，朝廷还安排重兵驻扎建康府。宋孝宗乾道七年（1171），侍卫马军司诸军移屯建康，共六个军三万人，全部驻扎在建康城内与郊外。其中四军屯城南，一军屯城东，一军屯府治西北。各军的具体部署是：选锋军，驻扎于建康城西门内之崇道桥，东邻行宫；前军，驻扎于南门外之虎头山；右军，驻扎于南门外之黄家塘北；中军，驻扎于南门外之黄家塘南；左军，驻扎于南门外之阴山东，阴山距离建康十二里，向西可控扼长江江防；后军，驻扎于东门外的蒋山（今紫金山）之南。将侍卫马军司诸军与原来驻扎建康的都统司诸军参错，意在使二者形成内外互相制衡之势，更加稳固了建康在面对北方军事重压下的防线。

三、文化教育

1. 学校教育发达

自南唐以来，南京文化发达，人才辈出，宋初陶穀在《清异录》中称“金陵，士大夫渊薮”。宋代在地方行政区划实行两级制，地方官学有府学和县学两级，南京地区也是如此。宋代统治者重视文化教育，加大对教育的投入，开展多次大规模的兴学运动。两宋时期江宁（建康）经济的发展为地方官学的兴盛提供了物质基础。北宋江宁府学兴建于宋仁宗天圣年间（1023—1032），至宋高宗绍兴九年（1139），时任江东安抚大使兼建康知府叶梦得重建建康府学，孝宗淳熙四年（1177）再次全面修复，此后几任建康知府都对府学有所增广修葺。

建康教育发达，体现在其完备的教育体系上。当时的南京设有府学、贡院、义学，以及以明道书院为首的众多大小书院等。书院逐渐成为相对独立于官学、私学之外的一种新型教育组织形式。明道书院是宋代著名的书院，由“二程”之一的程颢在担任江宁府属上元县主簿时兴建。建康府学早在天圣七年（1029）建立之时就设置了教授一员，绍兴九年（1139）知府叶梦得奏请增置教授一员，两名教授分任于东、西两厅。教授的职责主要包括教学传道、引导社会风气、促进地方文化发展和人才培养等。与此同时，江宁府学十分重视改变“六经不作”的社会风气，并注重反思当朝社会学术发展的弊端，强调教授的职责不仅在于传授知识，还担负着“变秦淮之地为邹鲁之乡”的“典教重任”。

作为地方官学，建康府学所使用的教材受到中央政府的宏观调控和指导。宋代官学教学大体以经学为主要课程，经学教材在地方官学教育中占有主导地位，但是在不同时期，随着科举考试科目和文教政策的变化，学校所使用的教材也会相应地有所调整。在天圣和绍兴年间，朝廷两次向江宁（建康）府府学颁赐监书和石经，教授则需要按经、子、史、集加以整理。

宋代地方教育的发达，还因为自宋代建立以来逐步形成一种以学田制为核心的多种形式和来源的较为稳定的教育经费筹措制度。南京的府学通过学田等获得经费，这些经费的支出主要包括府学日常运营所需的开支，如学官俸银、生徒膳食以及学校的修缮等费用。由于经费充裕，建康府学还创立了义庄，用于资助本地贫穷士子求学，在他们遇到困难的时候给予一定的钱粮帮助。

在大力发展教育的背景下，南京的科举之风极盛，每到科举考试年份，大批士人汇聚到建康府城。据统计，仅南宋中期建康府应考人数就有数千人。与此相应的是，贡院作为科举制度的产物，是宋代重要的“取士之所”，成为国家选拔人才考试的场所。今南京的江南贡院建于南宋，既是供府学和县学学生考试的场所，也作为省试的常设管理机构。

元代宋的过程中，常有兵祸荼毒。相比而言，江南地区所受影响却极小，学校虽有损毁但能迅速恢复旧观。为了统治的需要，元代统治者推行“汉化”政策，尊崇孔子，大力倡导儒学。其时，各地纷纷兴校办教，江南则走在了全国的前列，而集庆路更是

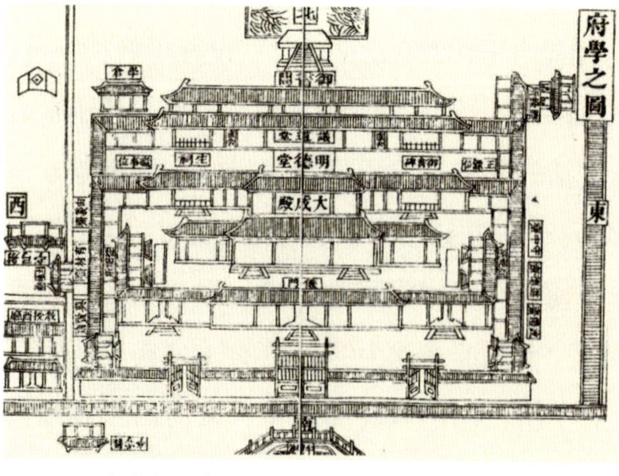

府学之图（宋代周应合《景定建康志》）

“他郡莫及”。路学是设于路一级的地方官学。元代统治者在完成统一后，比较注意学校的恢复与兴办，集庆路在归附之初路学便恢复起来。同时，明道书院、南轩书院、江东书院、昭文书院等几所书院大多沿袭宋代以来的办学模式，很快得到复兴和发展。相比较而言，元代书院教育体制较为混乱，与前朝不同，有着极大的官方色彩。元代实行诸色户计制度，依据居民的职业属性，将民众划分为不同的户籍，进而承担不同的权利和义务，其中儒户便是读书人的户籍。相比于宋代，元代儒户社会地位早已今非昔比，其出路明显艰难。

2. 文化发展

宋元时期的南京，在南唐时期文化繁荣的基础上继续发展。

北宋时期著名的政治家王安石，自青年时代便随父亲来到金陵清凉寺读书，此后更是三次出任江宁知府，前后在南京生活近20年，留下《泊船瓜洲》《桂枝香·金陵怀古》等百余篇诗词作品。在王安石退居江宁期间，北宋大文豪苏轼曾于元丰七年（1084）七月来到金陵与王安石会晤，并在此写下《次荆公韵四绝》等诗词。此外，“苏门四学士”的秦观、张耒也曾留下歌咏南京的诗词佳作，周邦彦曾在溧水担任县令，写下《西河·金陵怀古》名篇。至南宋，留下诗词名篇的作者名单继续延伸：建康知府叶梦得将其抒发爱国豪情的作品汇编为《建康集》，婉约词人李清照曾在丈夫赵明诚担任建康知府期间写下《临江仙·庭院深深深几许》等，绍兴二十四年（1154）高中状元的张孝祥也在担任建康知府期间留下了《浪淘沙·长淮望断》的千古名篇，陆游、范成大、杨万里、辛弃疾等都曾有不少歌咏建康府的诗词佳作。

王安石

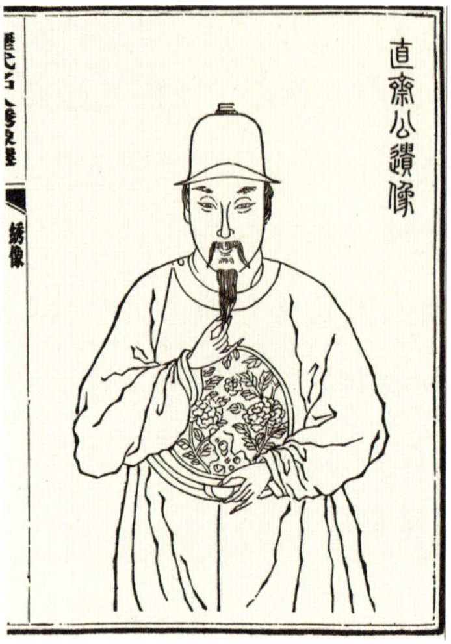

萨都剌（《历代名人绣像选》）

到了元代，元曲四大家之一的白朴，于至元十七年（1280）徙家建康，与友人放情山水间，以诗酒自娱，先后留下了《沁园春·我望山形》等词作，抒发对江山兴废的感慨；著名诗人萨都剌曾任江南诸道行御史台掾史、侍御史，并写下了《满江红·金陵怀古》等金陵怀古词，被誉为“有元一代词人之冠”。

宋元时期也是方志发展的重要时期。南宋马光祖修、周应合纂的《景定

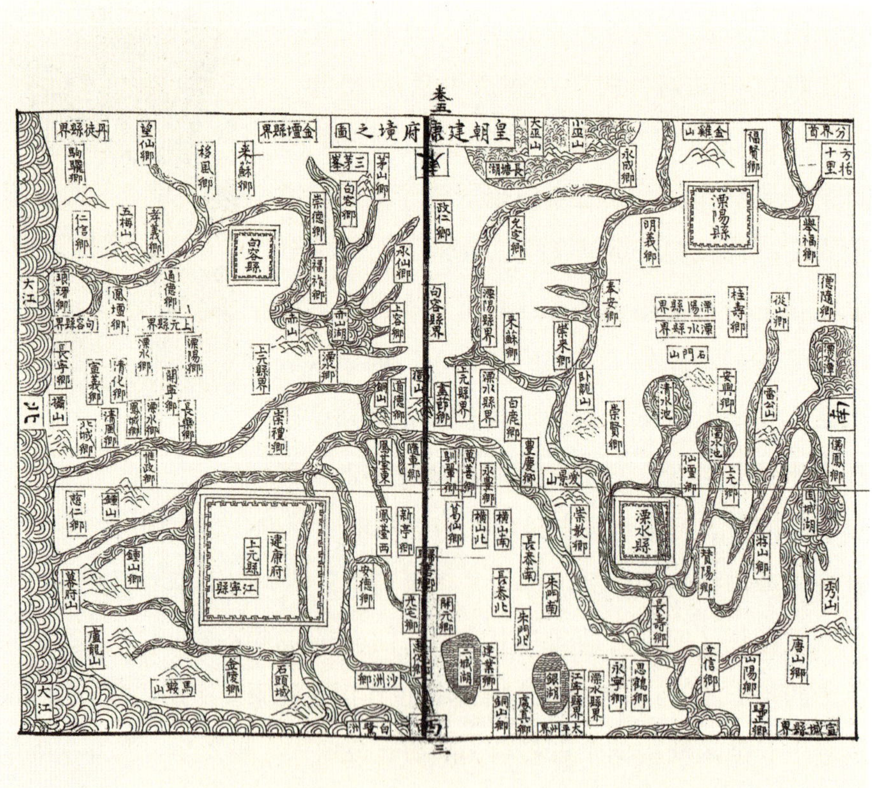

《景定建康志》书影（日本静嘉堂藏陆心源影宋抄本）

建康志》五十卷，是我国方志史上的一部名志，也是南京现存最早、最完整的一部地方志。该志体例完备，内容全面，引用史料丰富，为地方志定型之作，具有开拓性意义。主修者为三任建康知府的马光祖，他勤政爱民，深受士民爱戴。元代曾任奉元路学古书院山长的张铉编纂的《至正金陵新志》十五卷，是元代现存唯一的关于南京的方志，其体例和篇目基本沿袭了《景定建康志》。两部方志都是研究宋元时期南京地区的基本史料和重要文献。此外，宋元时期的南京地方文献还有张敦颐《六朝事迹编类》、李焘《六朝通鉴博议》等。前者上溯吴越，下及唐宋，具有较高的存史价值；后者记载了三国到六朝胜负攻守的史事评论，以此劝诫宋孝宗对金北伐不要急功近利。此外，马令和陆游各自撰写的《南唐书》，前者三十卷，后者十八卷，记载了南唐国自李昪代吴至李煜降宋间的兴衰荣辱。宋院本《金陵图》生动描绘了宋代南京的城市面貌和各阶层人民的社会生活。

宋代南京佛教盛行，寺院道观众多。据记载，建康府城内外的佛教寺院近 90 所，道教宫观近 30 座。北宋初年，佛祖顶骨舍利和玄奘大师顶骨舍利先后在建康府秘藏。同时，南京也是伊斯兰教最早传入中国的地区之一，早在南宋时期就建有一棵松礼拜寺。

南京大报恩寺遗址出土的宋天禧寺阿育王舍利塔

总体而言，相比于之前的南唐和之后的明代，宋元时期的南京虽然政治地位下降，但农业、手工业和文化教育事业在曲折中不断发展，尤其是作为南宋留都的时期，南京的军事地位空前重要，孕育着明清时期大发展的因子。由于其控扼东南的突出地位，明太祖朱元璋最终将大明都城设在了南京。

第四章

明代辉煌

南京是大明王朝开基定鼎之地和太祖陵寝所在，不仅具有重要的政治经济地位，也是大明国祚象征。开国皇帝朱元璋在南京制定了一代大明制度，作为祖宗之法对后世产生了重要影响。洪武时期的都城营建进一步奠定南京的大都会地位。永乐迁都后，北京为政治中心，南京是经济中心，两京互为倚重。随着政治环境变得宽松，南京社会文化绽放出巨大活力。一批批硕学鸿儒和特殊人才在文学、艺术、建筑、思想、科技领域持续耕耘，大放异彩。南京也是明朝对外交往的窗口，明初各国使节不绝于途，郑和七下西洋更谱写了外交史与航海史上的华丽篇章。明代南京创造了辉煌历史，也承载和寄托了厚重的历史期待。

第一节　明朝建立

明朝的建立，有着深刻的社会政治背景和胜利者的个人因素。朱元璋说过，他原本无意于夺取天下。元朝的没落，实缘于纲纪尽坏、法度紊乱。朱元璋审时度势，广招贤能，最终建立起新政权。此后，他准古酌今，更立制度，全面强化中央集权，重农固本，奠定了大明国基。

一、朱元璋称帝立都

明太祖朱元璋

朱元璋（1328—1398），原名重八，字国瑞，濠州钟离（今安徽凤阳）人。元至正四年（1344）大旱，蝗灾肆虐，饿殍遍地，瘟疫四起。16天中，朱元璋的父母和两位兄长先后病亡。走投无路之下，朱元璋入皇觉寺（即后来的凤阳龙兴寺）为沙弥。八年后，皇觉寺毁于兵火。当时郭子兴等在濠州起义，朱元璋遂投入其麾下。

朱元璋跟随郭子兴征战三年，一直得到重用，还娶了郭子兴义女马氏为妻。元至正十五年（1355）二月，颍州（今安徽阜阳）起义军首领刘福通迎立韩林儿为皇帝，号小明王，国号宋，建都亳州，建元龙凤。一个月后，郭子兴卒。小明王招揽郭子兴余部，命郭子兴子郭天叙为都元帅，张天祐、朱元璋为左右副元帅。此后，郭天叙、张天祐、朱元璋一同攻打集庆（今南京）。次年二月，朱元璋攻下集庆，改名应天府，并以此建立起自己的根据地。此时郭天叙、张天祐皆已战死，郭子兴部将尽归朱元璋。

当时黄河流域和长江流域之间的广大地区，多被起义军所控制。各路义军既共同对抗元朝军队，又相互拼杀吞并。朱元璋接受谋士朱升提出的九字三策——“高筑墙、广积粮、缓称王”，韬光养晦，蓄势而发。

朱元璋的根据地南京位于吴头楚尾之间，他最大的竞争对手便是张士诚和陈友谅。至正二十年（1360）闰五月，陈友谅率领舰队沿江东下，攻克太平（今安徽当涂），直至采石附近。他自称皇帝，国号汉，改元大义，并约张士诚共同进攻南京。但生性多虑的张士诚一直不予回复。陈友谅自恃舰多兵强，遂自采石引军东下，意图一举消灭朱元璋。朱元璋则与刘基精心谋划应对，最终以少胜多，取得龙湾大捷，由此更坚定了朱元璋谋取天下的信心。

至正二十一年（1361），小明王封朱元璋为吴国公。此时朱元璋表面上仍隶属小明王政权，接受宋龙凤年号，实际上已加快了称王的步伐。

至正二十三年（1363）夏，朱元璋与陈友谅决战鄱阳湖。这场战役历时 4 个月，水陆并举，十分激烈。最终陈友谅战死。取得鄱阳湖大捷后，朱元璋终于抛开“缓称王”的羁绊，于至正二十四年（1364）自立吴王。不久后陈友谅之子陈理投降。朱元璋的军队进入最后平定群雄、推翻元王朝的阶段。

至正二十六年（1366）八月，朱元璋以徐达为大将军，常遇春为副将军，统率20万大军，与张士诚的主力决战于湖州一带，并接连获胜。十二月，朱元璋遣人迎韩林儿于滁州，中途沉之于江，小明王政权亡。

韩林儿死后，朱元璋废除宋龙凤年号，以次年即元至正二十七年（1367）为吴元年。这一年，徐达等攻占苏州，生擒张士诚。随后浙东、福建、广东、广西等地也先后平定。与此同时，徐达、常遇春率主力开始北伐，对元政权展开最后征讨。至正二十七年底，朱元璋在文武群臣再三“劝进”之后，终于把要做皇帝的意思，祭告于上帝皇祇。

次年正月，朱元璋称帝，国号大明，建元洪武。元至正二十八年（1368）也就成了大明洪武元年。朱元璋登基后，封马氏为皇后，立长子朱标为皇太子，定李善长为左丞相、徐达为右丞相，其他文武诸功臣加官晋爵，授予庄田。一个新的统一王朝开始了。

朱元璋自25岁投戎义军反元，29岁率军攻入南京，以此为根据地苦心经营12年，于41岁在南京称帝，开创大明一统基业。南京造就了君临天下的朱元璋，定都于此似乎天经地义。但将统一王朝的都城建于江南，这在中国历史上前所未有。因此明初定都南京，不仅是南京历史上的一件大事，也是中国古代都城史上的一件大事。在当时，则是朱元璋及其大臣们经过反复论证与慎重抉择的结果。

开元洪武之前，无论是长安、洛阳、汴梁（今河南开封），还是元大都（今北京），尚未进入朱元璋的控制范围。当时朱元璋以“兴王之根本”为由，把新王朝的都城放在南京，也是现实条件制约下的决策。南京虽称六朝古都，但历史上建都于此的政权皆属偏安一隅的小朝廷，命祚不长；且定都南京，亦有违都城选址必在“国之中土”的传统。对于这些问题，朱元璋也是有考虑的。

朱元璋于洪武元年（1368）正月初在南京登基后，明军捷报频传，

明初疆域图（谭其骧主编《中国历史地图集》）

军事版图不断向北、向南扩张。当年三月徐达等不战而下汴梁，八月攻入元大都，改名北平府，元顺帝出逃。眼见平定天下大局已定，都城是继续建于南京，还是另择他处，成为新王朝内部一个争论的焦点。一生处事果断的朱元璋，在建都何地问题上表现出少有的犹豫。

事实上，徐达等攻下汴梁后，朱元璋便亲自前往视察，并改汴梁路为开封府。当年八月宣布，以金陵为“南京”，开封为“北京”，实行南北“两京制”。确立两京制后的第二天，徐达率领的北伐军就攻占了元大都。此时朱元璋对择都开封却犹豫起来。经过再次考察后，他指出开封虽地处中原，但民生凋敝，水陆运转不便，且无险可守，不宜为都。取代开封的另一个都城地，是其家乡临濠（今安徽凤阳）。

洪武二年（1369）九月，朱元璋正式下诏，以临濠为“中都”。同时命有司营造中都城池宫阙，一切仿照京师之制。中都营建前后持续了六年，洪武八年（1375）朱元璋又以中都建设开支庞大而下诏停止。

建都地的第三个选项，就是关中。早在洪武三年（1370），便有朝臣向朱元璋建言称，天下可都之地莫如关中。但当时中都营建已经开始，这个方案并无可行性。洪武二十四年（1391）八月，朱元璋派太子朱标巡行陕西，似乎又表现出迁都之意。然而朱标从陕西回到京师后不久便一病不起，次年去世，年仅38岁。朱标之死，彻底断绝了朱元璋最后迁都的念头。

朱元璋在都城选址上虽有过犹豫，但最终南京的“京师”地位并未受到冲击。在洪武时代轰轰烈烈的都城营建下，南京城市建设取得历史性的飞跃。永乐迁都后，南京作为留都，依然发挥着重要的政治与军事作用。与此同时，朱元璋从洪武初年开始便着力经营北方，以加强边防镇守。明代军事重心在北、经济重心在南的格局初步确立。

二、建章立制

明王朝建立之初，朱元璋便对群臣言，得江山难，守江山更难。要维持长久统治，必须建立一套有效的政治、经济、军事与文化制度。洪武时代最重要的制度性遗产，就是全面推行中央集权。

中央集权在“文治”上的表现，是废除丞相和行中书省，改行省为布政使司。明初沿用元制，施政的最高权力机构是中书省。最初中书省下设四部，分管钱谷、礼仪、刑名、营造事务，很快又扩张至六部。地方则设行中书省，是中书省的委派机构，行政架构与中书省相同。

随着时间迁移，朱元璋发现中书省丞相成为皇帝一人之下、万人之上的要职。相权过于集中，便对皇权构成威胁。另一个不容忽视的事实是，淮西集团占据了中央高层。除丞相李善长、徐达外，汤和、唐铎、周德兴等公侯、重臣，大都也是淮西人。觉察到朱元璋的不满后，李善长称病致仕，回到家乡。此后朱元璋明里暗里遏制淮西集团，但相权过重的威胁仍在。

洪武九年（1376），朱元璋正式废除行中书省。地方行政机构一分为三：即承宣布政使司（简称布政司）、提刑按察使司（简称按察司），都指挥使司（简称都司），合称“三司”。地方三司分管行政、刑名和军事，三权鼎立，相互制约，直属中央，加强了皇权的横向统摄作用。

行中书省被废后，中书省失去了对地方的控制权，机构也大为精简。洪武十年（1377）五月，朱元璋命韩国公李善长和曹国公李文忠共议军国政事，将原本总揽国家要务的丞相几乎架空了。当时任左右丞相的胡惟庸、汪广洋只能终日饮酒作乐而已。洪武十二年（1379）、十三年（1380），汪广洋、胡惟庸相继被处决。此后朱元璋正式下令废除丞相制度，取消中书省。这场皇权与相权之争，以前者的决定性胜利而告终。

中书省废除后，原隶属中书省的吏、户、礼、兵、刑、工六部独立出来，六部尚书直接对皇帝负责。可以说明朝六部制不仅是政治体制改革的结果，也是中央集权巩固的象征。

在“武治”方面，中央集权强化也沿着大致相同的路径得以实现。洪武元年（1368），朱元璋沿用原先的大都督府统领军队。政局稳定后，军权过分集中于大都督府也不利于皇权统治。洪武十三年（1380）正月，朱元璋宣布改大都督府为五军都督府。

改组后的中、左、右、前、后五军都督府之间互无统属关系，纵向对皇帝负责，横向与兵部联系。同时又规定，兵部有下军令、选武官之权，但不能指挥军队；各都督府有统率兵卒之权，却不能下令出兵。平时将属五府，兵归卫所；战时兵部下令，五府调将，卫所出兵，朝廷任命将官；战后将归五府，兵回卫所。所有行动都要听从皇帝诏令，任何部门不能单独行动。

在对中书省、大都督府进行改制的同时，朱元璋在其他方面也出台了一系列举措。其中之一是实行封藩制。洪武三年（1370）四月，朱元璋下诏封藩。当时朱元璋有10子，除太子朱标驻京城外，其他9子各有封地。后经累次封藩，藩王增至25位。洪武二十八年（1395）颁布的《皇明祖训》中，朱元璋再次强调藩王直接或间接掌握地方兵权。如此一来，在朝有皇帝总管，地方则有宗室成员协理。内外相应，朝廷对全国的统治得到进一步强化。

在朱元璋极端中央集权下，皇帝拥有最高司法权，司法机构仅是具体执行部门。明代司法机构在中央有刑部、大理寺、都察院，合称“三法司”，在地方有提刑按察使司。一般民事纠纷由州县官审理，重大人命、盗窃、谋反等案件要层层上报，由刑部受理。刑部按《大明律》的量刑标准予以判处，并整理相关案卷。大理寺负责复核，若发现刑部定罪量刑不妥，则驳回刑部重新审理。都察院属于监察部门，总领宪纲，对刑部审理和大理寺的复核予以监督。三法司之设，将司法权分而设置，而三法司会审后的定罪量刑意见，最终仍要由皇帝裁定。

朱元璋强调律法在国家治理中的重要性，也是在总结历代王朝教训后得出的认识。他认为元代就是纪纲不立、法度不行，最终人心涣散、天下骚动。明初在重订《大明律》之外，还颁布了《御制大诰》。《御制大诰》集中收录朱元璋理政的案例和训诫，要求家藏人诵。洪武二十四年（1391），19万士子赴京诵读《御制大诰》，成为南京历史上盛况空前的一幕。

洪武初年，受古代“刑不上大夫”的影响，公卿大臣有罪仅罚俸禄。但朱元璋却首创廷杖，即在朝堂上杖责官员。这一祖制被延续下来，成为有明一朝惩罚和羞辱官吏士大夫的“专用”刑法之一。洪武十五年（1382），朱元璋又设置锦衣卫（全称“锦衣卫亲军指挥使司”）。这一特务组织在洪武时期造成的社会恐怖气氛，直到晚明还令人言之心悸。明成祖即位后，重拾锦衣卫之制，并延及后世。

与政治、法律上的“严”相对，朱元璋在经济、民生方面则主张“宽”。元末长期战乱，对社会经济造成严重破坏。成千上万的流民背井离乡，田地荒芜，人口大降。洪武初年，故元残余势力仍在，南至云南，北及辽东，各处皆有。朱元璋从务实和爱护生灵的思想出发，反对穷追猛打，对俘获的元降兵施以宽待政策。这不仅缓解了民族矛盾，也有利于尽快恢复社会经济。

朱元璋善于总结历代王朝兴衰的经验教训，又亲身参加过元末农民大起义，了解百姓的要求，懂得治乱安危的关键是百姓境遇的好坏。他竭力主张通过发展生产，让百姓得到实惠，以达到长治久安的目的。这种“民本”思想又突出地表现在“农本”思想中。务本养民，成为明朝建立以后的一项基本国策。

“务本”的首要举措，就是鼓励垦荒。洪武五年（1372）朱元璋下诏，各地流民回归故里后，不许侵占他人田地。但如果家中人多地少，可向地方官府申请开垦荒地，数量不受限制。此后又给出政策，土地原主未归时，可由旁人耕种。垦熟后可归垦荒者所有。若原业主归乡后发现土地已被旁人耕占，则由地方官在附近荒田内照数拨补。

荒田垦熟是一个长期过程，头几年可能产量极低。为激发垦荒者的热情，朝廷还给予免除赋役的优惠政策。洪武十三年（1380），朝廷下诏陕西、河南、山东、北平等布政司及凤阳、淮安、扬州、庐州等府，让地方官允许民间尽力开垦荒地，永为己业，不派差徭，三年后起科。

除鼓励民人垦荒外，朱元璋还要求部队就地垦荒。各地卫所皆有屯田任务，边镇驻军三分守城、七分屯种；内地驻军二分守城、八分屯种。此外明初还制定了移民政策，把农民从人多田少的地方，迁移到地广人稀之处。

农业生产离不开水利建设。洪武年间，朝廷从“水利为农田根本”的指导思想出发，大力兴修农田水利。如洪武四年（1371）修整广西兴安县灵渠；八年（1375）开山东登州蓬莱阁河；九年（1376）修四川彭州都江堰；十二年（1379）修宁夏卫汉唐旧渠；十四年（1381）修筑海盐海塘，疏浚扬州府官河；十七年（1384）筑河南磁州漳河决堤；十八年（1385）修筑黄河、沁河、漳河、卫河、沙河等堤岸；二十三年（1390）修筑江南崇明、海门海堤；二十五年（1392）开凿溧水东坝河道。除这些重大水利工程外，全国各地都大兴农田水利。据统计，仅洪武二十七年（1394）、二十八年（1395），全国各地开浚塘堰达40987 处、河道 4162 处、陂渠堤岸 5048 处。

明初鼓励垦荒、兴修水利的措施取得了明显成效。自洪武元年（1368）至洪武十六年（1383），全国垦荒田亩达到 180 万顷。洪武十四年（1381）底，户部统计全国耕地面积约 367 万顷。可见十几年间新开垦的荒地，已接近明王朝刚建立时全国的耕地面积。

当然，恢复生产的目的是保证税收。为对土地与人口进行有效编管，朱元璋在继承宋元制度的基础上，创立了鱼鳞图册和黄册制度。这也成为重要的制度遗产。

元季战乱，造成地方土地与人口登记册籍大量流失。为切实掌握耕地数据，杜绝隐田逃税，明朝政府必须重新丈田造册。自明立国后，朱元璋就多次遣人分行全国，在各地核实田亩，攒造图册。因册内地块状若鱼鳞，故名鱼鳞图册。洪武二十年（1387），鱼鳞图册编造完成。图册内备载各块土地的形状、四周界至、土地肥瘠、户主姓名等信息。

与鱼鳞图册并行的是赋役黄册。鱼鳞册用于清理田亩，黄册用于核实赋役。黄册是在户帖基础上编制的。洪武十四年（1381），朱元璋命令全国各地编制赋役黄册，具体办法是：每户给予一张户帖，其中填写有各户的籍贯、人口、财产。考虑到人口与财产会随时间增减，故每十年要重新登记造册一次。重造时根据实情对每户人口、财产情况进行增减开除。因黄册上呈户部者册面为黄纸，故称黄册。鱼鳞图册和赋役黄册的编制，核实了实有土地与人口，令国家赋税派征有了基本依据。

纵观朱元璋执政期间的各项治国大政，在很多问题上，确实做到了稽古立制，务本求实，识时达变，继往开来。开国之初，朱元璋面对严峻的社会问题，采取“宽”“严”并举的两手治国政策。在经济领域，他从农本思想出发，实行“休养生息”的“宽民”政策，通过一系列措施，使社会经济得到较快恢复和发展。与此同时，朱元璋也不断强化中央集权，强调治乱世必用重刑。因其出身贫贱，生性多疑，前朝官员和江南士人的不合作态度也加深了他的疑忌。洪武年间大兴文字狱，甚至法外用刑。在著名的空印案、胡惟庸案、郭桓案和蓝玉案中，动辄一次杀掉数万人，惨烈程度令人闻之胆寒。归根结底，都是为了维护皇权至高无上的绝对统治地位。

第二节　营建都城和陵墓

公元 14 世纪后半叶，南京城首次以统一王朝都城的形象出现在世人眼中。整个洪武时期，各项营造工作持续不断，最终给南京城留下了两项重要历史遗产。一是世界最长、规模最大、保存原真性最好的城垣，二是中国现存建筑规模最大的帝王陵墓之一——明孝陵。时至今日，明城墙与明孝陵仍是南京最具影响力与知名度的历史文化名片。

一、都城营建

作为京师，明代南京有四重城垣结构，即宫城、皇城、京城和外郭。

宫城又称大内，俗称紫禁城，是皇帝起居、处理朝政、接受中外

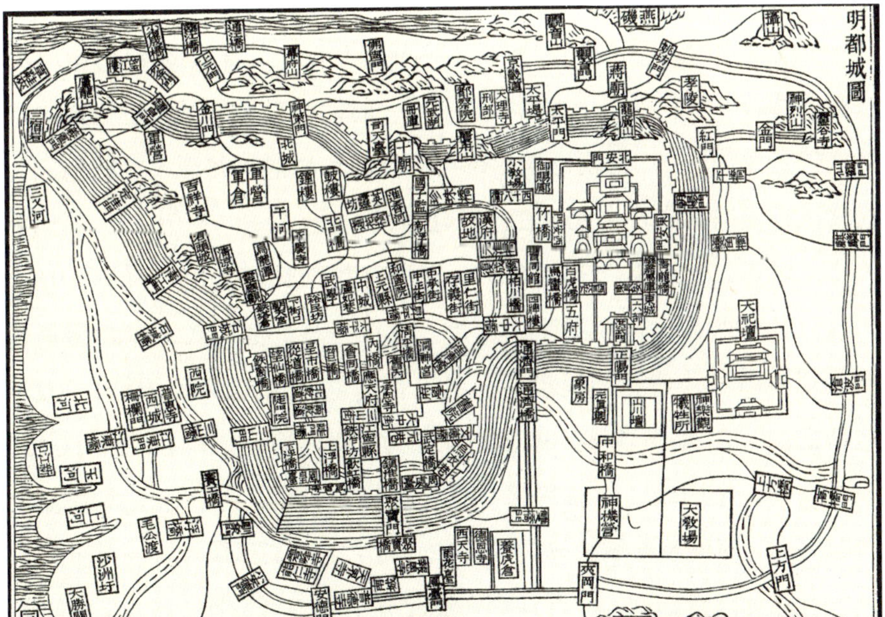

《明都城图》中的四重城垣（明代陈沂《金陵古今图考》）

使臣朝觐之地，其他皇室成员也居住其中。宫城坐北朝南，平面呈长方形，共建有 6 座城门，是四重城垣中的核心。

皇城是四重城垣由里向外的第二道，环绕宫城而建。这里是中央行政机构和宗庙、祭坛的所在地，也是封建统治中枢。皇城平面呈倒凸字形，共开筑城门 7 座，均建有城楼。

京城又称内城，即现今所称南京城墙，是四重城垣由里向外的第三道。京城的设计建造，是依据自然地理形势，并利用部分历史遗留城垣而完成的。京城开筑城门 13 座，每座城门的形制不尽相同。

外郭又称外城，为明代南京四重城垣的最外围。外郭的建造，是对三重城垣的补充和完善，反映出明初国力增强、经济复苏的社会局面，对后世都城营建也产生了一定影响。

明代南京城的营建，可划分为四个阶段：建都的前奏（1360—1366 年）、早期的营建（1366—1373 年）、都城的增建（1373—1393 年）和营建的尾声（1393—1398 年）。

元至正二十年（1360）至二十六年（1366），朱元璋曾对南京城进行过修葺，并勘查周边地形地貌。这一时期曾对虎口城堡进行加固，并修建了龙湾城堡，也就是朱元璋与陈友谅作战取得龙湾大捷的地方。这些工程可以看成是朱元璋在南京建都的前奏。

元至正二十六年（1366）四月，朱元璋肃清张士诚在江北的势力后，于八月分兵两路，进取湖州、杭州。就在当月，他正式下令在南京开展大规模新城营建。工程包括三项内容：（1）拓应天府旧城；（2）造新宫；（3）增筑新城。这显然是在为建都、登基做准备工作了。三项工作中，拓旧城、作新宫都仅花了一年多时间，赶在朱元璋登基大典前完成。而增筑新城（包括修浚护城河）则因工程量大、建材匮乏、人力有限等因素影响，一直延续到洪武五年（1373）十二月方告完工。

这一阶段的建城工作中，建造新宫是重中之重。令后人感到困惑

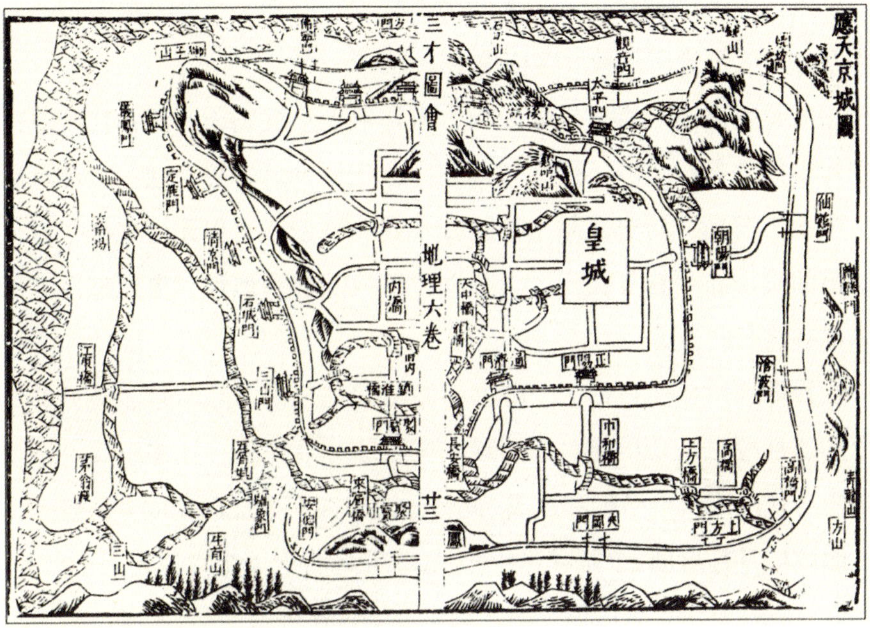

应天京城图（明代王圻、王思义《三才图会》）

的是，新宫地点竟是低洼的燕雀湖，且偏于整个城垣东部。当年负责卜地的刘基等人必然以非常充足的理由，说服朱元璋认可了这个填湖建宫的方案。新宫沿袭了自东汉洛阳开创的坐北朝南格局。朱元璋在审定设计样稿时，特意删掉了一些华丽装饰，因此在很长一段时间内，新宫并非金碧辉煌，而是制皆朴素，不为雕饰。

增筑新城，在人力与经费上的投入最大。开始时主要征用驻扎在应天府的数万军士。洪武三年（1370），朱元璋才同意征调直隶及江西府州民夫。自此以后，规模浩大的民夫队伍开始加入南京城墙的营建。史料中还记载，由于建城经费紧缺，江南首富沈万三（原名沈秀）被要求出资助修三分之一城墙。城墙建好后，沈万三不知何故得罪了朱元璋。他自作聪明地提出以家财犒劳筑城将士。朱元璋问：“朕有百万军，汝能遍济之乎？”沈万三回答：“每一军犒金一两。”朱元璋听后却怒道：“此虽汝至意，不须汝也。”甚至动了杀意。马皇后劝解道："彼固富敌国，然未尝为不法事，奈何杀之？"朱元璋遂将沈万三发配至云南，最后客死他乡。

朱元璋建造的京城规模庞大，但外形极不规则，一反古代城墙以方为主的常态。皇城不居北却偏东，也十分少见。关于这些设计背后的理念与逻辑，历史文献中始终找不到明确记载。但无论怎样，古代城墙的设计布局皆要突出"天命""皇权"的神圣性，朱元璋及其谋士也必然有此考虑。

到洪武六年（1373），南京都城已初见规模。除新宫、新城外，太庙、社稷坛、功臣庙、山川坛、城隍庙、奉先殿、社稷坛等一系列祭祀与礼仪建筑也已配套建成。此时朱元璋在军事上已完成全国统一，大明政局日趋巩固。于是在当年六月，朱元璋再次下令大规模兴造宫室、补修皇城、新筑外郭城垣。明代南京都城营建进入了第三个阶段。

与前一阶段紧锣密鼓的新城建设相比，这一阶段不再求快，而是在城垣加高增厚方面下功夫，以达到对京城最有效的军事防御目的。改建工程包括以下几个方面：（1）补建皇城城垣；（2）使用各地烧造的城砖和巨型条石，对原有新城墙体实施加高、增厚；（3）扩大新城城墙东北城池的范围，使南京后湖（即玄武湖）成为东北面城墙的护城河，并增加南京北城军队驻防和屯兵区域；（4）建造部分城门附属建筑——瓮城；（5）建造南京城墙外郭和护城河，完成南京城墙四重城垣的整体布局。

明代鼓楼

在对南京城墙增

建改造的同时，南京城内外还新建了一批建筑。如风云雷雨诸神坛、神乐观、钟鼓楼、衙署、钦天监、历代功臣庙等。改建、重建的项目也不在少数，如改建太庙、大内宫殿；重建奉先殿；改建圜丘，并建大祀殿，举合祀天地之典；改建国子学于鸡鸣山下，称国子监；改建蒋山太平兴国禅寺为灵谷寺；改建京师城隍庙；建六部围墙以及廊房街道；改建历代帝王庙于鸡鸣山之阳等。孝陵营建也在这一时期。

总体而言，这一阶段的营建工程规模相当浩大，时间跨度 20 年，整个城市几乎变为一座大建筑工地。高大厚实的南京城墙，基本是在这个阶段完成的。为了不耽误工期，朱元璋 51 岁生日时也不让负责筑城工程的官员前来朝贺，可见他对筑城的重视。

在南京宫城、皇城和京城基本完工后，朱元璋于洪武二十三年（1390）四月下令，在京城之外建造一座更大的城垣——外郭。外郭利用自然丘陵岗阜加人工夯土墙围成，仅在城门附近及重要地段使用城砖和条石包筑。最初开城门 16 座，名大驯象、小驯象、大安德、小安德、凤台、夹冈、上方、高桥、沧波、麒麟、仙鹤、姚坊、观音、佛宁、上元、江东门，后又增筑石城关、双桥门，合计 18 座城门，实际长度约 60 公里。因主要为夯土墙，故有“土城头”之俗称。随着外郭完成，南京城墙建造也接近尾声。

明代南京城墙的建造，无论在建材还是技术上，都较过去有了较大提高。南京城墙墙体以数量惊人的城砖和条石砌筑而成，使用石灰混合浆黏合，高大坚实，有别于其他都城。城墙高度一般在 14—26 米之间，最宽处 27 米，单块城砖重量 15—20 公斤。历经六百多年而巍然屹立。

内瓮城是南京明城墙建造中的一大创举。13 座城门中，通济门、聚宝门、三山门、石城门、正阳门、清凉门以及神策门都有瓮城。7 座瓮城中，除神策门是外瓮城外，其他 6 座均为内瓮城，又以通济、聚宝、三山门内瓮城最大。内瓮城设置在城门内，就有条件设置藏兵洞，更好地发挥城门守御功能，这是外瓮城无法比拟的。

聚宝门（中华门）城堡

城砖铭文也是明代南京城墙的一大特点，为世界城垣建造史上所独有。明代南京城砖铭文除了提供城砖烧造产地信息外，还蕴涵着丰富的历史文化信息。它是我国现存的一组规模最大的砖文群，在中国古代砖文史上占有重要的一席之地。

为解决南京城内水系与城垣之间的矛盾，保障城内居民用水和控制城内河道水位，一些城门还设有水关和涵洞，内设涵闸。涵闸，明代称之“铜宝”，因所用材质为铜铸，故名。南京四重城垣均有涵闸设置，其中以东水关（通济门南侧）、西水关（水西门南侧）、武庙闸（市政府内北侧）最具规模。这些水关、涵闸设计精巧合理，反映了明初精湛的筑城工艺和周密的城市水利系统管理思维。

当然，明初南京城的建造，也是朱元璋动用国家机器奴役民众的见证。为了建设京师，数百万人付出了艰辛的劳作甚至是生命的代价。参与建造南京城墙的劳动者不仅数量多，而且身份复杂，包括了官吏、军士、人夫、工匠乃至囚犯。

南京城墙的建材使用量，也是任何一座单体建筑所无法比拟的。除了宫城、皇城、京城及外郭的墙体（包括基础等）、防排水设施外，还有城门、闸门以及数十座高大壮丽的城楼。建造城墙用材包括城砖、条石、片石、木材、石灰（包含其他黏合材料）、颜料等。这些用量巨大的建材来自全国各地。为南京烧制城砖的区域，则以南直隶、江西、湖广等地为主。当时流传的一首民谣，真实地反映了百姓心中的怨恨：“毁我十家庐，构尔一邮亭。夺我十家产，筑尔一佳城。官长尚为役，我曲何时直。本是太平民，今愿逐逋客。”（陆铨《民谣》，《明诗综》卷三十九）

对于大规模筑城造成的社会矛盾，朱元璋也开始有所忧虑。洪武二十六年(1393)以后，南京城建设真正进入尾声。除了部分运砖之役外，在京军民不再直接参与城墙的筑造，仅役使囚犯做工。

洪武后期，南京城的建设仍在陆续进行中。新建项目包括建造京师江东桥；建造府军、虎贲、羽林各卫廊房；建端门、承天门楼以及东长安门、西长安门；建銮驾库于东长安门外；建关羽庙于鸡鸣山之阳；建酒楼五座；建通政使司及锦衣、旗手二卫于中军都督府之后，以及建仪礼司、行人司；建皇城长安、东安、西安、北安四门粮仓；造三山门外石桥等。而改建、重建的项目较之前要少一些，如重建天界寺；改造宗人府、五府、五部（太平门外的刑部除外）等官署；改建钦天监于五府之后；改建大内金水桥；改建翰林院于宗人府之后，詹事府居其次，太医院又次之；重建朝天宫；重建国子监孔庙等。

在中国城垣建造史上，南京明城墙具有鲜明的时代特性和无法替代的价值。在继承传统的同时，又融合了广大劳动人民集体的智慧和才能，有了新的创造和成就。所谓“汉墓唐塔朱（猪）打圈”的俚语，说的就是汉代的墓葬、唐代的宝塔和明代的城墙，在中国古代建筑史上的突出地位和影响。

明代南京城的特点和价值是多方面、多角度的。从整体上看，四重城垣的结构突破了传统两重、三重城垣形式，使南京城不仅在总面积上一跃成为世界最大的都城，塑造出了明都南京的新形象，而且也为南京城的后继发展提供了足够的空间。在构造技术上，南京城墙高大坚实的墙体、内瓮城、城门拱券砌筑技术、水关涵闸等，都具有划时代的创新意义。从文化上看，南京城砖的铭文，在当时是为了确保各地烧造城砖的质量，在后世则为历史研究者留下了极其珍贵的信息，增添了南京城墙的历史文化含量和魅力。明初南京城的其他建筑，也无不体现出一座帝都功能上的需要，使整座城市呈现出恢宏气势。

二、陵墓建设

明洪武十四年（1381）九月，朱元璋在钟山之阳开始兴建陵墓，这一年他 54 岁。一年后马皇后病逝，先葬入墓穴。因马皇后死后封谥号“孝慈”，朱元璋便将这座仍在营建中的陵墓命名为“孝陵”。17 年后朱元璋病逝，入葬其中。建文、永乐时期，孝陵局部工程仍在继续。一般把永乐十一年（1413）作为孝陵全面完工的最终时间点。如此算来，整个建设工程持续了三十余年。

明孝陵的营建是在朱元璋直接参与下进行的。陵区占地广大，是中国现存建筑规模最大的古代帝王陵墓之一。陵墓建筑气势雄伟、工艺精湛，与周边自然环境融为一体，创造出天人合一的最高境界。然而关于孝陵设计、营建的史料记载特别缺乏，很多细节至今无人知晓。

据传洪武初年，朱元璋就与刘基、徐达、汤和等人亲临钟山选择陵址，大家不约而同地认为独龙阜是风水宝地。但这里已有南朝高僧宝志之墓，还有梁武帝之女永定公主捐钱建造的宝公塔。塔前是梁武帝为宝志所建的开善寺，元末明初时称蒋山寺。洪武九年（1376），朱元璋派亲军把蒋山寺从独龙阜迁到紫霞洞南，此后又移至东岗，即现在的灵谷公园所在地。寺成后，朱元璋赐名“灵谷禅寺”，并题写了“第一禅林”匾。宝志墓与蒋山寺迁出后，明朝开国皇帝的陵墓正式在独龙阜开建。

陵墓开工前两年，进展极快。洪武十五年（1382），地下玄宫工程告一段落，当年马皇后入葬。次年孝陵享殿落成。这座殿宇有三层

明孝陵方城与明楼旧影

石造须弥座台基，面阔九间，进深五间。整体为木质结构，使用了金丝楠木这样的名贵木材，装饰富丽。享殿落成之日，由太子朱标致祭。

此后孝陵营建速度开始放慢。一个个单体建筑，如下马坊、大金门、外城郭、方城、明楼、宝城、神道石像生等逐渐完成。与修建城墙一样，营造孝陵时也指定周边府州县烧砖，同时在南京附近的青龙山、大连山、阳山采石，工作异常繁重。

与前代帝王陵寝相比，明孝陵的规划设计多有创新，并影响了明清两朝帝陵的总体风格，在中国陵墓建筑史上具有里程碑意义。主要特色包括以下几点。

首先是建立了“前朝后寝”布局。包括陵宫门、享殿前门与具服殿、享殿与东西配殿的“前朝”，是祭祀活动中心。内红门、升仙桥、方城、明楼、宝城、宝顶等建筑构成“后寝”，是墓主人棺椁、灵魂安寝之地。这一布局完全复刻了帝王生前的宫殿体制。

其次是开创了帝王陵寝与子孙共享神道的制度。朱元璋长子朱标

明孝陵神道

英年早逝，其陵墓位于明孝陵东侧，即“东陵”，与孝陵共享一条神道。这一模式也被后来的明十三陵继承。

此外，明孝陵有完善的排水系统，神道石像生的雕刻题材有所创新。大型建筑上普遍使用石质须弥座，建筑物门道上广泛使用砖石起券，顶部覆盖琉璃构件，是传统建筑艺术的典范。

明孝陵主要建筑的轴线，纵深达 2600 多米。自下马坊至棂星门是作为导引的神道。当初有人提议把位于陵寝正南方的吴王孙权坟（今梅花山）铲平，以铺设一条笔直的神道。朱元璋却说孙权是条好汉，可留着给自己守门。因此吴王坟被保留下来，而神道则绕了一个弯子。自御河桥至宝城，是陵墓的主体陵寝建筑。环绕陵区原本还建有一道红墙外郭。红墙自大金门向两侧延伸，西接前湖段京师城垣，东绕至紫金山北，大约顺今环陵路而行，周长 22.5 公里，几乎囊括今钟山风景区的大部。这是普通百姓永远无法踏入的禁地。

陵区内部以钟山为南北分界线，钟山之南埋葬着朱元璋和马皇后。孝陵陵宫东侧约 60 米处，是太子朱标的东陵。西侧则是殉葬嫔妃墓。

中山王徐达墓

钟山之北是孝陵的陪葬区，这里有中山王徐达、开平王常遇春、岐阳王李文忠等十几位明代开国功臣的陵墓。陵区内除建筑外，还种植了10万棵松树，养鹿千头，鹿颈间挂有“盗窃宰杀者抵死”的银牌。为确保陵寝不受侵犯，朝廷专门设置了孝陵卫，5000多官兵日夜守护。

明孝陵的最后一个营建工程，是永乐年间竖立的神功圣德碑。永乐二年（1404）十月，明成祖朱棣为了笼络人心，决定在孝陵为朱元璋增建碑亭。次年选定在南京汤山的阳山开采碑材。工匠们自八月进山采石，直至第二年五月停工。在整整9个月时间中，工匠们开采出碑座、碑身、碑额三块巨型石材。但除碑额石材四面皆与山体脱离外，其余两块石材均有一端仍与山体相连。这三块巨型石材总重量超过3.1万吨，若垂直垒放起来，高度将达73米，可谓世界奇观。

为了完成这紧迫而繁重的采石工作，工匠们因受罚、劳累、伤残而死者不计其数，至今南京汤山阳山南坡下的村庄仍名“坟头村”。然而最终因石材过大无法运输，三块巨石被弃于原地。朱棣又决定在靠近长江、便于船运的龙潭取石。永乐十一年（1413），“大明孝陵神功圣德碑”终于竖立起来。虽然这块石碑只是阳山碑材的十分之一，但依然是南京地区规模最大的碑刻。神功圣德碑的竖立，给明孝陵营建工程画上了真正的句号。

第三节　靖难之役与迁都北京

洪武二十五年（1392）太子朱标的去世，使朱元璋的皇位继承制度受到极大冲击。建文帝即位后大力削藩，导致了燕王朱棣与建文帝之间的叔侄大战。经过四年的“靖难之役”，朱棣夺取皇位。永乐十九年（1421），成祖迁都北京，南京成为留都。两京制将作为政治、军事中心的北京，和作为经济、文化中心的南京有机结合起来。

一、建文帝即位

洪武元年（1368）朱元璋登基之日，即宣布立嫡长子朱标为皇太子。朱元璋对朱标一直精心培养。洪武十年（1377）朱标23岁，太祖开始命他见习政事，寄予厚望。但事与愿违，朱标在38岁即病逝，谥号“懿文”，祔葬于孝陵之东。朱标死后，大明“储位”一下子空虚了，立储问题又不得不重新提出来。

在诸皇子中，朱元璋较为心仪燕王朱棣。但最终他还是接受了翰林学士刘三吾的建议，坚持嫡长子继承制，立朱标之子朱允炆为皇太孙，居东宫。如此一来，就减少了诸皇子间的纷争。

朱允炆其实是朱标第二子，因朱标长子幼殇，故以允炆居长。据说朱允炆生来相貌有缺陷，头盖骨偏歪。太祖曾摸着这个皇太孙的头叹气称“半边儿月”，心里不大高兴。但朱允炆十分聪明，书读得好，太祖渐渐对其另眼相看。朱允炆恪守儒家“仁”“孝”理念，不仅对君对父尽忠尽孝，还能够做到兄友弟恭。朱元璋为了锻炼皇太孙，常让他学习律法，熟悉政务。朱允炆参与过一些司法案件审理，纠正了不少冤假错案，表现出过人智慧。

洪武三十一年（1398）闰五月十日，朱元璋驾崩。朱允炆即位，改元建文。朱元璋遗诏中规定，诸藩王不得至京师奔丧，藩王手下官吏需听中央节制。可见他已经考虑到新帝即位的非常时期，若藩王至京后不服幼主起而谋逆，骨肉相残，为祸不可胜言。

封藩是朱元璋建立的“祖制”之一。洪武三年（1370）、十一年（1378）、二十四年（1391），朱元璋三次封藩，共有24个儿子和1个从孙成为藩王，分镇各地。明初封藩的目的，一是利用藩王对抗残元势力，二是藩王出镇各地，亦可弹压地方叛乱。各地藩王都有自己的军队，兵将少则数千，多则数万。而靠近北方边防的几名“塞王”，手握兵权尤重。朱元璋原本是想靠藩王守护朱家江山，没有想到宗藩拥兵自重、尾大不掉的后果。

朱允炆被立为皇太孙时，作为叔辈的藩王就视其为黄口小儿，内心多有不服。建文帝即位后，手中掌握兵权的藩王经常为非作歹，有些人甚至摩拳擦掌，意图谋反。因此建文帝新政的一项重要措施就是削藩。

对于削藩，朝臣意见并不相同。礼部左侍郎董伦、御史郁新、行人司右司副杨砥等官员主张睦亲，反对削藩。以前军都督府左断事高巍和户部侍郎卓敬为代表的一些大臣，主张以温和方式逐渐削弱藩王势力。而共参国政的兵部尚书齐泰、翰林学士黄子澄则坚决主张削藩。在具体策略上，黄子澄认为燕王实力强大，不能硬碰，可以先削周、齐、代诸王，去除燕王羽翼，待时机成熟再削除燕王。齐泰则认为擒贼先擒王，只要铲除燕王，其他诸王自然无力反抗。

最终建文帝听取了黄子澄的意见，把周王定为削藩的第一个目标。他密令李景隆以北上备边的名义兵临开封，趁周王毫无准备之际以“异谋”之名突然将其抓捕，送至京师。周王是燕王的同母弟，关系最为密切。先废周王，有去燕王手足的用意。随后，建文帝又先后废除湘王、齐王、代王、岷王，目标直指燕王朱棣。而燕王朱棣自然也明白建文帝的意图，开始准备迎战。当朱允炆决定向朱棣开刀时，为时已晚。

朱棣是朱元璋第四子，元至正二十年（1360）四月十七日出生于

明成祖朱棣

应天。洪武三年（1370），年仅10岁的朱棣被封为燕王，封地在北平。洪武十年（1377），朱棣娶明朝开国第一功臣中山王徐达长女为妃。洪武十三年（1380），年仅21岁的朱棣就藩北平。朱元璋屡次命令燕王率师出征，又令他节制沿边军马。在徐达等老将们的辅弼下，朱棣的军事才能在对蒙古作战中日益显露，威名大振。洪武二十八年（1395）秦王死，三十一年（1398）晋王死，燕王朱棣成为诸藩王中年龄最长者。这时朱棣羽翼丰满，身边有骁勇善战的护卫军，对封地的管理权限也打破了“列爵不临民”的规定。

为了防范燕王起事，建文帝采取了各种措施。朝廷以防边为由，调兵3万驻守开平，在抵御蒙古势力的同时牵制燕王。又将燕王精锐全部调离北平，派北平布政使张昺和北平都指挥使谢贵驻于北平城内，对燕王进行监视。在建文帝看来，北平已处于包围之中，即使燕王举兵，也可一举将其擒获。但朱棣没有坐以待毙。他藏起表面锋芒，每日与僧人道衍秘密策划，还招纳了一批异人术士，又利用燕王府祟深之便，赶制军器，操兵练将，谋图大事。

建文元年（1399）六月，燕王府官校于谅、周锋以图谋不轨罪被逮至京师处死。朝廷同时下诏切责燕王。朱棣认为这可能是削藩的前兆，遂佯狂称疾。这一举动起初骗过了谢贵和张昺，但很快被燕府长史葛诚侦知。他向谢贵和张昺告发燕王无病，可能要谋反。此时恰巧燕王派他的护卫百户邓庸赴京奏事，被齐泰逮捕入狱。在狱中，邓庸供出了燕王意图起兵的各项准备。建文帝于是发出密诏，派人前往北平逮治燕王府官属，并密令张昺和谢贵抓捕燕王。

朱棣此时也听闻风声。情急之下，他立即命指挥张玉、朱能率将士 800 人入北平城护卫。当时谢贵已率军包围了北平，并用木栅截断了端礼等门通道。朝廷削夺朱棣王号和逮捕燕府官属的诏书也在这时到达北平。朱棣临事不乱，与部属设计擒杀谢贵和张昺，并乘夜夺取九门，控制住了北平城。

二、燕王起兵靖难

建文元年（1399）七月，朱棣以“诛齐黄、清君侧”为名挥师南下，同时革除建文年号，仍称洪武三十二年。一场历时 4 年之久的内战拉开序幕，史称“靖难之役”。

七月初五日，燕军誓师南进，很快解除了北平周围的军事威胁。怀来之战是朱棣起兵后第一次大规模的战斗。这次战斗中，燕军斩首数千人，缴获战马数千匹和大量的军械，大大提高了军威。怀来大捷后，开平、龙门、上谷、云中等地的守将陆续投降，燕军兵力增至数万。

燕王起兵之事传到京城后，满朝震动。建文帝连忙召集御前会议，商议对策。后决定发布讨燕诏书，号召有识之士共起勤王。同时拜老将耿炳文为征燕大将军，率数路大军北伐。朝廷又传檄山东、河南、山西三省，务必保证北伐军饷供应。出师前，建文帝告诫将士道：“毋使朕有杀叔父名。”此后两军对战时，燕王往往带头冲杀，而朝廷军则多有顾忌。

在真定（今河北正定），耿炳文大军与燕军展开正面交锋。朱棣亲自率军袭击侧翼，耿炳文大败，狼狈逃回城中。此后耿炳文率残部坚守真定不出，燕军攻城不下，也只得返回北平。真定一战，朝廷军损失数万人马，但主力尚存。然而建文帝决定易将，任命李景隆为征北大将军，领兵 50 万，代替耿炳文。

李景隆袭封父亲李文忠爵位，为曹国公，地位尊崇，深受建文帝宠信。但他从未带兵征战，只是个纨绔子弟。李景隆放弃了耿炳文的稳健策略，率军直赴北平，分兵三处，一军攻打北平，一军攻打通州，自己驻军郑村坝。

当时朱棣正赴大宁寻求救兵，北平守备空虚，城内兵士算上老疾羸弱也不过一万。战斗激烈时，甚至燕王妃徐氏也穿上护甲登城参战。而朝廷军则在名将瞿能的指挥下，愈战愈勇。但就在城池即将攻下之时，李景隆却让瞿能父子停止进攻，等待大军同进。当时正是寒冬，北平守军连夜提水浇在城墙上面，水结成冰，致使朝廷军难以登城，李景隆军大败。

十一月，朱棣收编宁王的部队归来，包括能征惯战的朵颜三卫骑兵，势力大增。十一月四日，朱棣亲自带领人马作为奇兵，直接进攻李景隆扎营的郑村坝。李景隆没有经历过这样残酷的战斗，很快被朱棣击败，遁走德州。

建文二年（1400）四月初一日，李景隆于德州誓师，率领60万兵力，大举北伐。双方在白沟河摆开阵势。白沟河之战是一场决定性的战役，朝廷军与燕军都倾注了全部主力。最终朝廷军大溃，被斩首及溺死者十余万。而燕军则由此转守为攻，取得了战场上的主动权。

随着朝廷军接连大败，北伐基地德州亦失守。五月至八月，山东参政铁铉和都指挥使盛庸全力防守济南城，与燕军相持三月。八月十六日，朱棣大军退回北平，铁铉和盛庸乘机克复德州。建文帝大为欣悦。不久铁铉升兵部尚书，盛庸拜平燕将军，封历城侯，总掌诸军北伐事宜，换下了李景隆。

到了建文三年（1401），朝廷军与燕军已对战两年多，双方互有胜负。燕王在战场上略占主动，但多次南下，都未能突破山东、河北防线，势力仍不出北平一带。因建文帝平时对宦官控制严格，此时京城中不少宦官偷偷逃至北平，归附朱棣。他们怂恿朱棣乘朝廷重兵在外，京城空虚，当乘机直取。于是燕王决定长驱南京。

建文三年（1401）十二月，燕王留世子守北平，自己亲率大军南下，直达徐州沛县，纵火烧毁漕河中粮船上万艘。这一下京师震动，亏得河北、山西纷纷出兵，燕王顾虑北平根本之地不保，引师北还。

建文四年（1402）三月，朱棣再次麾师南下，由馆陶渡河，循徐州，与朝廷军大战于齐眉山下（在今凤阳灵璧西南）。灵璧一战，朝廷军在形势大好的情况下再被逆转，精锐部队丧失殆尽。燕军乘胜前进，连克泗州、盱眙、扬州。六月，朝廷一方有水师叛降，燕军顺利渡过长江，兵临京师城下。谷王朱橞和败军之将李景隆等人开金川门，燕军兵不血刃，进入京师。

入城后，朱棣命人四处张贴安民告示，表明自己起兵并非为争夺皇位，而是要“清君侧”、除奸臣。这篇告文虽然以“大明燕王”名义发布，却频繁使用“谕”“旨”等特殊用词，表明朱棣已自视为皇帝。朱棣进入皇宫时，宫中火起，建文帝不知所终。有人从火中扒出一具尸体，已无法辨认是否为建文帝。

朱棣进城当天，兵部尚书茹瑺率领群臣投降，并请燕王立即登基称帝。朱棣假意拒绝。文武官员与诸王每日上表劝进，朱棣都一概拒绝。直到第五天，朱棣觉得火候差不多了，再推辞下去反而不好收场。于是在编修杨荣的提醒下，朱棣先前往孝陵拜谒父皇陵墓，表明自己是太祖的皇位继承人，与朱允炆无关。然后登辇入城，行登基礼，以明年为永乐元年。

永乐皇帝登基后，首先要做的就是否定建文帝的合法性。他革除了建文年号。对建文帝所作的改革一律更改，恢复洪武旧制。对建文帝时代所修之《明太祖实录》，朱棣也命儒臣进行了两次修改，删去所有对自己不利的内容。对于不肯归顺的建文忠臣，朱棣则以极其残暴的手段大肆屠戮。

朱棣入京后，就立即捉拿黄子澄、齐泰、方孝孺、铁铉等“奸党”58人。不仅尽杀其族人，侮辱其妻女，还对宁死不屈者处以剥皮、割鼻舌、断手足等极刑，残酷程度远远超出了《大明律》规定。其中最为后人熟知的，就是方孝孺被诛杀十族的惨祸。自古以来，最严厉的惩罚莫过于诛九族，从来没有诛十族的先例。而朱棣将方孝孺故友门生牵连在内，凑成十族共873人，当着方孝孺的面依次碎剐杀戮。方孝孺忍泪不顾，最后也被凌迟处死，时年46岁。方氏族人被谪戍者不可胜计，直到万历年间，还有1300多人被赦还。

方孝孺墓（平涛 摄）

朱棣对建文朝遗臣的清算前后延续十余年，罹难者难以尽数。这场“壬午殉难”也是永乐大帝一生中最阴暗的一页。朱棣死后，其子朱高炽即位，才下令赦免“靖难之役”死难诸臣家属，发还罚没财产。

三、明成祖迁都北京

明成祖即位后，迁都问题也再次被提上议事日程。

洪武时期，朱元璋对建都南京就有过犹豫。北方边镇是明朝军事重心所在，定都南京显然不便于军事行动部署。而皇城所在地原为燕雀湖，地基不稳。宫殿前高后低，于风水不利。但因种种原因，朱元璋想要迁都的念头皆未实现。

朱元璋称帝前的根据地是南京，而明成祖得以崛起的大本营是北平。功成之后有恋乡心态也是人之常情，何况朱棣有“控四夷以制天下”的英雄梦想。他生于元末明初，对元帝国的盛世耳闻熟知，而北平正是元大都。以北平为国都，也与永乐皇帝想同忽必烈一样建立庞大帝国的“英雄之略”更为契合。与此同时，朱棣以武力夺取皇位，建文旧臣大多不肯归顺。朱棣对建文忠臣的残酷清剿愈发激起江南士人的反感，引发人们对建文帝的同情。当然建文帝下落不明也是一大隐患，反对势力有可能借机再起。这些因素都是明成祖决定迁都的重要原因。

迁都是一个大工程，不可能一蹴而就。永乐元年（1403），明成祖下令以北平为北京。此后开始大规模地向北京移民，鼓励屯田，安抚流民。为提高北京的政治地位，成祖本人多次巡幸并留驻北京，每次都将半数以上中央高级官员带在身边，并规定四夷来朝等重大礼仪活动，皆在北京举行。当时南京仍是京师，北京称“行在”。为便于处理政务，成祖命礼部铸造了加有“行在”二字的五府、六部、都察院、大理寺、锦衣卫等印 14 颗。中枢机构也开始北移了。

永乐五年（1407）徐皇后崩逝，一直未葬。七年（1409）三月，成祖巡幸北京。五月初，命礼部尚书赵羾择地为徐皇后建陵，得吉地于昌平县黄土山。成祖亲自勘定，封为天寿山，当日即遣武安侯祭告兴工。这就是今天北京十三陵中的长陵。成祖在北京新选陵址，更清楚地表明了其迁都的打算。

迁都后如何南粮北调，解决北方粮食供应问题，是至关重要的大事。成祖登基后就不失时机地着手漕运建设。永乐九年（1411），成祖命工部尚书宋礼疏浚会通河道，运河的漕运能力大为提高。永乐十三年（1415），平江伯陈瑄主持开凿淮安城西至淮河的清江浦河道，解决了黄河夺淮入海、决口泛滥的问题。从此大运河畅通，海运、陆运皆罢。漕运恢复后，南方的粮食源源不断地运往北京和边塞军事要地，基本上满足了明王朝的宫廷消费、官俸及军饷需要。这为迁都北京和北征蒙古奠定了经济基础。

迁都之前，成祖也对北边防御进行了一番周密部署。为防止蒙古贵族侵扰北京，他调集各地精兵至北京，加强守卫力量。同时在宣府以西至山西一线屯戍练兵，修整城墙。永乐八年（1410），成祖两次率军亲征，予鞑靼、瓦剌部以沉重打击，从此蒙古势力数十年间不敢大举来犯。这为迁都北京奠定了军事基础。

自永乐四年（1406）起，营建北京的各项准备工作已经开始。永乐十五年（1417）开始大规模兴工。到永乐十八年（1420），已经把北京南城墙南移到现在前三门一线，奠定了紫禁城、皇城及整个北京城的范围和布局。

为完成北京城的营建工作，明廷从全国各地征调数十万能工巧匠、上百万民工，以及难以计数的军队。建城所需材料来自全国各地。珍贵木材多从湖广、四川、贵州等地采伐，城砖与墙砖则在山东临清日夜烧制，宫内铺地的“金砖”由苏州提供。与洪武年间南京城营建一样，北京城营建也令全国百姓付出沉重代价，甚至引发人民反抗。

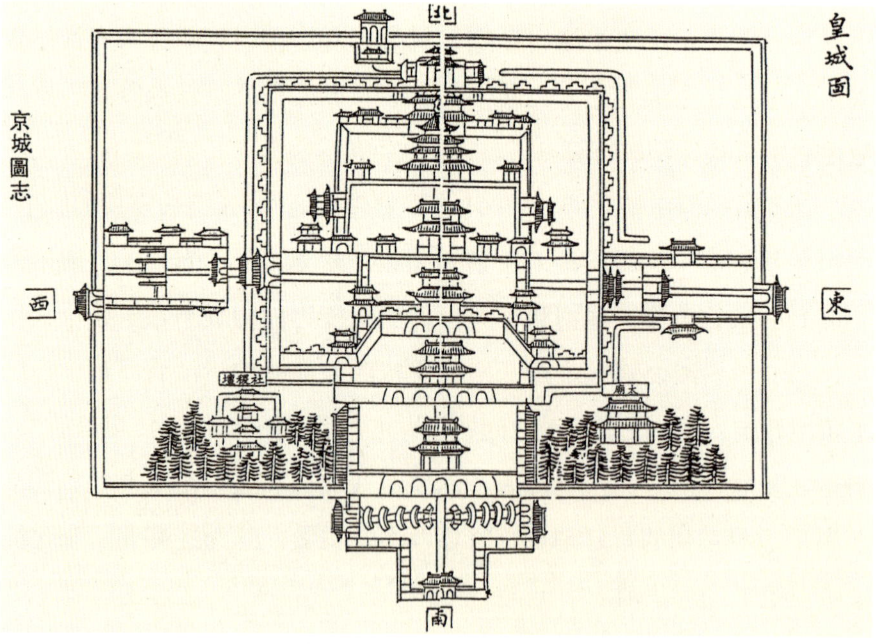

明皇城图（《洪武京城图志》）

北京的宫殿基本上是按照南京的规制来建造的，但较南京宫殿更加壮丽。成祖营建北京，主要是建设宫城（紫禁城）和皇城（包括祭坛和官署）。明代的紫禁城建在元代皇宫大内的旧址，略向南移，南北方向上扩大许多，纵深960米，东西宽760米，周围城墙高10多米。在东西南北的正中分别有东华门、西华门、午门、神武门四座城门。午门南面是皇城的南门，称承天门，即今天的天安门。皇城外有52米宽的护城河。

永乐十八年（1420）十一月初四日，北京宫殿落成。明成祖随即颁布迁都诏，宣布自永乐十九年（1421）元旦起，北京正式成为明王朝的京师，南京成为留都。

北京作为明朝的首都，前后也曾有过反复。成祖朱棣死后，朱高炽即位，是为仁宗。洪熙元年（1425）三月，明仁宗曾打算迁都回南京，令内监王景弘等修治南京宫殿，规定北京中央机构均加“行在”二字。同年四月，设北京行都察院，南北两京官吏互为征调。这标志着南京再次成为大明帝国的京师，北京则降为留都。但仁宗在位不到一年就去世，皇太子朱瞻基即位，是为宣宗。朱瞻基长期生活在北京，对迁都的意愿并不强烈，迁都之事搁浅，但也一直没有明确宣布定都北京。此后北京名为“行在”，实为京师；南京名为“京师”，实为留都。直到正统年间，北京作为首都的地位才得以巩固。正统六年（1441）十一月，英宗下诏，北京诸衙去“行在”二字，定为京师，南京诸衙加“南京”二字。至此定都问题才尘埃落定，即两京并立，北京为京师，南京为留都。直至明朝灭亡，两京制的格局一直不曾改变。

第四节　南都繁会

在明代南京历史上，永乐迁都是一个重要转折点。随着国家政治中心北移，南京的社会风貌也发生了变化。留都虽然保留了完整的部、院、府、寺等国家机构，但实权多掌握在北京衙门手中。南京高级官僚职简事轻，转而投身于文化事业。这吸引了各地文人士大夫汇集南京，甚至连西方传教士也选择以南京为传教中心。明中后期的南京财富雄厚、生活安逸、文化繁荣，成为江南一大繁华都会。

一、中央六部犹存

明朝开国后，经过一个长时间的选择过程，最后确定了以北京为主、南京为辅的两京制。这一制度的形成和确立，固然不乏偶然事件和君主个人感情的影响，但关键原因还在于明初南北社会经济发展极不平衡，经济重心和军事重心相背离的客观现实。在两京制的格局下，北京成为政治中心、军事中心，而南京地处南直隶中心位置，统辖江南这个经济中心。两京结合，克服了历朝政治、军事中心与经济中心相脱离的缺陷。

两京制并非明朝首创，西周、东汉、北宋、元代都曾有过。但明朝两京制的最大特点，在于南京也保留了一套完整的中央机构。文职衙门包括宗人府、吏部、户部、礼部、兵部、刑部、工部、都察院、通政使司、大理寺、太常寺、詹事府、光禄寺、太仆寺、鸿胪寺、国子监、翰林院、尚宝司、钦天监、太医院、六科、五城兵马司。武职衙门包括五军都督府及各卫所。大体而言，南京中央机构的设置与北京是完全对应的，甚至在空置的皇宫里，部分内府监、司、局都有所保留。只是为了区分，南京各机构前皆加“南京”二字。

然而中央权力毕竟不能分割，南京各机构的职权明显小于北京各机构。比如吏部负责天下官员铨选，南京吏部则不与其事。礼部组织最高级别的科举考试“会试”，亦与南京礼部无关。南京中央机构大多处理南直隶相关事宜，很多衙门常无所事事，故机构官员数量也少于北京。各衙门正官一般不设左制（古代官制左尊右卑，“左”为主官，“右”为副官），属官不全设。

在中央六部中，以吏部为尊，而南京六部中，却是兵部相对重要。作为大明“根本重地”、太祖陵寝所在，戍卫南京不仅是军事任务，也带有政治上的象征意义。故永乐迁都后，专设南京守备，后又增设协同守备，皆以公侯伯充任，称外守备。朝廷又派守备太监至南京，称内守备。以南京兵部尚书参赞机务。南京内外守备、协同守备及参赞机务官每日在守备厅商讨事务，守备厅可以算是南京最核心的权力机构。

与两京制相适应，明朝还分别设立了两京府。两京府是指北京所在地的顺天府和南京所在地的应天府。这两个衙门属于中央机构，其知府为正三品，比其他知府高两级。应天府下辖八县（上元、江宁、

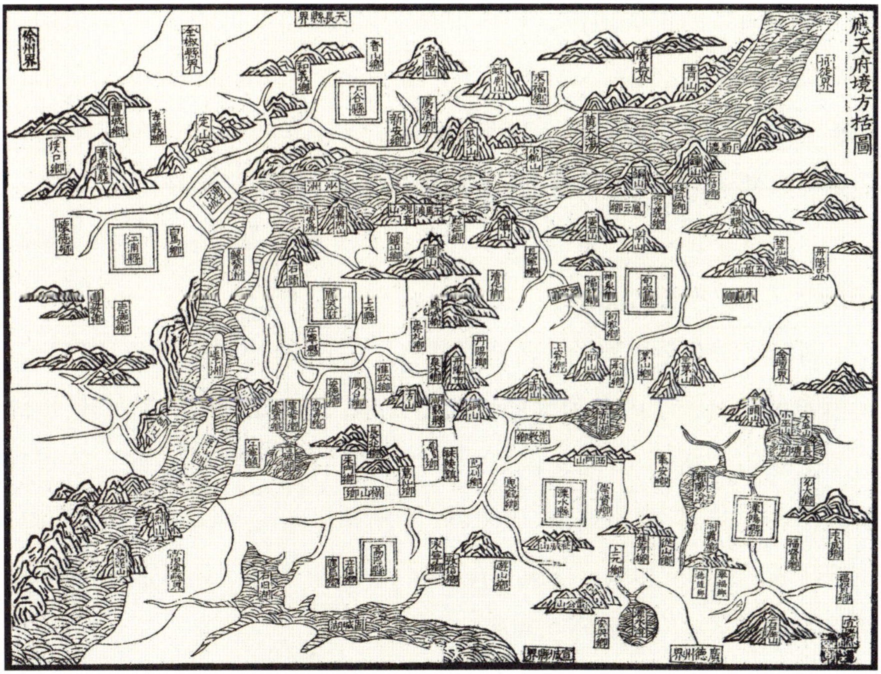

应天府境方括图（明代陈沂《金陵古今图考》）

句容、溧阳、溧水、高淳、江浦、六合），其中上元、江宁两县与应天府同城，称为京县。京县地处京城，职事远比外县繁杂，故品秩特优。上元、江宁知县为正六品，亦比其他知县高两级。南京城中还有一个重要的治安机构，即五城兵马司，直属都察院。

两京府周边地区，为直隶地区。明代北直隶包含顺天、永平、保定等八府，保安、延庆两直隶州，十二属州，一〇四县。南直隶包含应天、凤阳、庐州、淮安、扬州、苏州、松江、常州、镇江、安庆、徽州、宁国、池州、太平十四府，广德、和、滁、徐四直隶州，十三属州，九十七县。南、北直隶的设立，标志着北京、南京两个政治中心的确立。在明代两京制下，南京的地位虽不及京师，但依然是南方的政治、军事中心。

二、文化教育中心

明代南京的重要地位，还体现在文化教育上。明代官办学校中，级别最高的是国子监，又称国子学、国学、太学。明初以南京为国都，国子学的增建是都城营建中的重要工程之一。国子学原先的选址即元代集庆路学，位于城南秦淮河边。但此处人烟繁密，学校规模无法扩大。于是自洪武十四年（1381）夏季开始，又于城北鸡鸣山下另择空地修建新校，至次年五月完工。

新国子学东至小教场，西至英灵坊，北至城坡土山，南至珍珠桥，规模宏大。国子学内东为太庙，西为太学，建有藏书楼 1 座，供琉球留学生专用的宿舍 15 间，供其他学生使用的宿舍约 2000 间。还建有射圃、仓库、酱醋房、水磨房、晒麦场、菜圃和疗养所。洪武十五年（1382）新校建成之后，京师国子学改称国子监。永乐迁都后，北京亦设国子监。两京国子监又被称为北雍和南雍。

国子监以下，各地各级的儒学构成官办中等学校。明初诏令天下

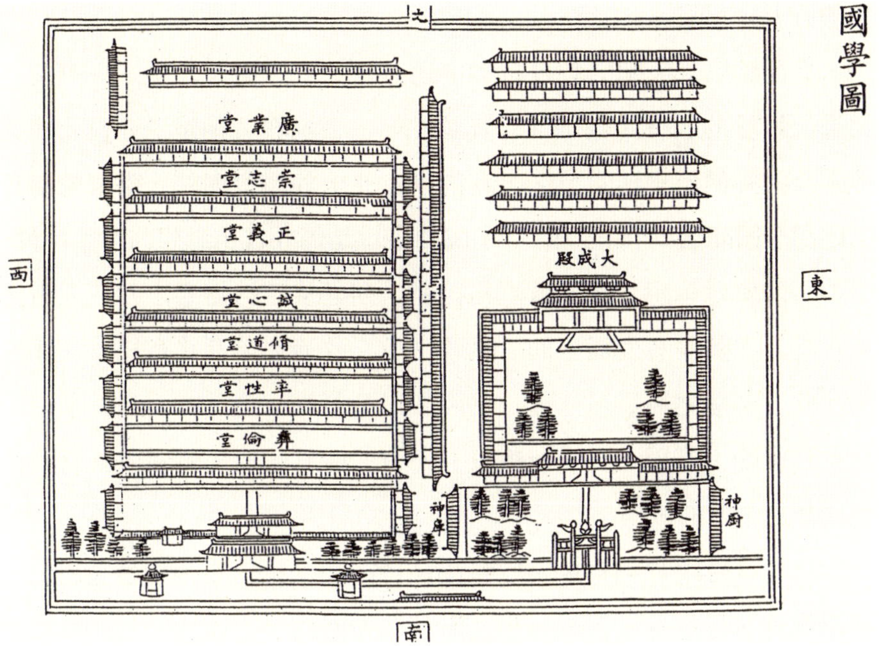

国学图（《洪武京城图志》）

府州县俱设儒学。儒学生员和国子监生一样享受资助，也有差徭优免特权。由于应天府为京府，府学地位极高，附郭的上元、江宁二县便不另设县学，而是将招生名额一同并入府学，因此应天府学规模也较大。应天府学的基址在古浮桥之东北，历史可以追溯到北宋时期的县学，后为元代集庆路学，也就是明初最早选定的太学校址。此后太学移至鸡鸣山下，改称国子监。秦淮河边的地块就成了应天府学。

除官办的国子监与儒学外，洪武八年（1375）后各地还曾奉诏设立民间社学，以教导民间子弟。在南京城中，每坊厢各建一社学，请耆旧为师。社学主要讲授《孝经》《小学》诸书，洪武时期也曾有大街小巷读书声琅琅的盛况。但由于社学属于民办学校，官方不投入资金，教师领不到薪水，学生也得不到资助，因此难以为继。至明中期，城里的社学大多已经废弃，故社学仅在明初昙花一现，对地方教育的推动力十分有限。

除社学以外，地方教育机构中还有一类私人讲学之所——书院。如果说社学的教育是基础性、普及性的，书院教育则是专业性、精英性的。书院的历史非常悠久。在南京，北宋的明道书院、南宋的南轩书院都全国闻名。与官学相比，书院的主旨是倡导自由思想与学术辩论。明初，国家对思想文化实行严格控制，朝廷从政治需要出发，大力发展官学，书院没有发展空间。嘉靖之后，政治环境渐趋宽松，文化氛围活跃，讲学之风重新兴起，书院才得到复兴。但总体而言，书院的数量和影响力有限。在学校教育上，明代南京的国子监和应天府学仍是两个最重要的机构。

对当时的读书人来说，获得科举功名进入仕途，是人生最高理想。文化教育与科举考试互为表里。南京作为文化中心的地位，也与科举考试密不可分。广义上说，科举考试要从官学考试算起。只有先考入县学或府学，拥有生员身份，或者成为国子监生，才有资格参加乡试和会试。狭义上说，科举考试就是指乡试和会试。乡试上榜成为举人，会试上榜成为进士。

明初南京为国都，地方乡试与全国会试皆在此举行。永乐迁都后，会试改在北京，南京仅举办南直隶乡试。三年一次的乡试，对南京城市经济、文化、政治乃至地名、民俗等方面，都产生了极大影响。

对于南京百姓而言，乡试既是额外负担，也是收入来源。凡举办乡试之年，贡院便要大修，考场内的各种应用物件，都由应天府提供。实际上官府并没有乡试经费，所需物资与人力多向上元、江宁两县摊派。但另一方面，乡试也能拉动地方经济。乡试前各地考生往往提前来到南京，在此访友拜师，交流信息。秦淮河一带因与府学、贡院相邻，又处都市繁华之地，故成为寓所首选，房价极高。除了社交游玩外，书坊也是士子们经常光顾的地方。南京书坊集中在国子监前与三山街，尤其是状元境一带。每到乡试之年，与科举相关的图书市场生意格外火爆。可以说秦淮河房、画舫灯船，以及秦淮河畔“才子佳人”的故事，都是科举文化的一部分。南京的地名中，焦状元巷、朱状元巷也是因焦竑、朱之蕃的科举成就而得名的。

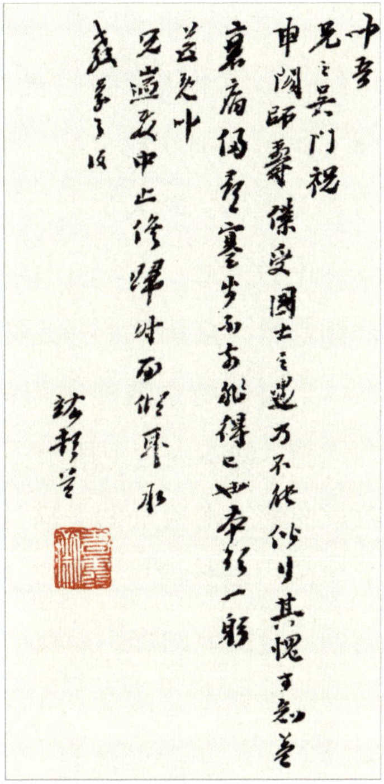

焦竑手迹

南京文化资源丰富，吸引了各地人才汇聚于此，再加上手工业、商业发达，市民阶层规模不断扩大，文学艺术也不断发展。

被后人推崇为明初三大文坛领袖的宋濂、高启、刘基，都曾长期寓居南京，对南京文学的繁荣发展起了至关重要的作用。永乐至宣德时期，出现了所谓的“治平之象”，然而此时的文学却渐趋保守平庸，台阁体大行其道。台阁体的代表人物是“三杨”——杨士奇、杨荣和杨溥。他们长期在内阁参与机务，其文学创作主要以宣扬帝王威德、歌咏太平盛世为主，远离现实生活。文人书法上也无风格趣味的创新。绘画方面，朱元璋仿照宋朝制度，在南京设立画院，征召全国各地的画家充当宫廷画师。宫廷派画家在山水画、花鸟画方面稍有成就，但大都拘守成法，远逊于民间画家的创作。明初南京文化界整体缺乏活力，也与洪武、永乐两朝大兴文字狱，禁锢士人思想有关。

永乐迁都北京，南京变为留都。南京六部官员位高权轻，生活悠闲，又乐于赞助文化活动，大量文人、书画家齐聚南京。南京在书法、绘画、文学、戏曲等方面都有了自由发展空间，进入繁盛期。

金琮（1449—1501）和徐霖（1462—1538），是15世纪末至16世纪初金陵书法家的代表。金琮书法起初学赵孟頫，晚年学张雨。苏州文徵明特别欣赏金琮，哪怕得到他的一小幅书法都要装裱起来。徐霖善写篆书，时人称其为“篆圣”。武宗南巡时曾两次驾临其宅，令徐霖声名鹊起。金琮、徐霖皆能摆脱台阁体流波，由元人赵孟頫书风回溯晋唐，重新赋予书法鲜活的笔情墨致。

当时的南京散曲家陈铎（1488—1521），则是散曲文学史上的著名人物。他本人为卫所指挥，但工诗善画，尤擅制曲，亦创作过杂剧。其散曲集《滑稽余韵》描写了金陵城内30多种店铺与各行各业劳动者的生活，幽默俏皮，尽显人间百态。其他散曲作品则缠绵幽怨，深具南朝乐府民歌的婉约韵致。

明中期的金陵文坛上，顾璘、陈沂、王韦被称为“金陵三俊”。其后宝应人朱应登继起，与“三俊”合称“四大家”。金陵三俊都主张复古，诗学盛唐，文学秦汉，同时又不过分拘泥，强调创新。顾璘、陈沂、王韦也活跃于南京书坛。从存世作品看，顾璘书法以“二王”（王羲之、王献之）为宗，陈沂于东坡体用功至勤，王韦楷书临欧阳通，行书法二王。可见顾、陈、王三人皆已摆脱赵孟頫的影响，转而取法宋人及晋唐笔意。“金陵三俊”及其追随者酬唱应和，形成相当壮观的文人群体，诗文活动不仅对南京文坛产生了重要影响，也提升了南京的文化地位。

王守仁

明嘉靖以后，程朱理学逐渐不适应社会的需要，故陈献章等人提倡心学，经过湛若水、王守仁等人的弘扬，心学发展登峰造极。而湛若水、王守仁的心学，均是在南京期间形成或发展的。从万历至崇祯时期，南京继续以南直隶中心的区位优势，以及留都无可比拟的政治文化资源，吸引着各地的士人云集于此。他们共同创造了丰富多彩的城市文化。

当时长期侨居南京的画家中，有福建莆田籍的肖像画大师曾鲸。曾鲸的人物肖像逼真传神，师从者甚众。曾鲸字波臣，人们便将这一画风称为“波臣派”。曾鲸还曾与意大利传教士利玛窦交往，对西方画法有所研究并借鉴于自己的画作，进一步提升了肖像画技艺。

寓居南京的诗人更不计其数。布衣诗人来到南京，是为了求得官员资助，以此谋生。初入文坛的士子则借诗交游，博取声名。无论踌躇满志还是怀才不遇，都可以在诗词中得到慰藉。因依附魏忠贤而备受争议的阮大铖，崇祯朝被罢官后一直寓居南京，直到去世。他在南京创作了不少诗歌，尽管人品常被人诟病，但诗作却受到好评。

与阮大铖对立的复社成员杨文骢，从贵阳来到南京，在此生活了十六七年，留下诗作900余首。杨文骢最为人称道的还是其绘画技艺。他是明后期“画中九友”之一，也是《桃花扇》传奇中在李香君血染素扇上点染桃花之人。在南京生活期间，杨文骢结识了“金陵八家”之一的龚贤，并相互切磋绘画技艺。

画家曾鲸同乡，莆田人宋珏于万历年间寄寓南京。宋珏为南京国子监生，是诗文、书法、绘画、篆刻无一不精的风流才子。工八分书，章、行、草诸体俱佳，笔法瘦劲有神，端庄凝重。其醉后挥毫，更似天授。宋珏在江南流寓三十余年，交游深广，但在科举上并无建树，最后客死南京。

文徵明长子文彭，也是一位在诗文、书画、篆刻上皆有造诣的文人。文彭出身名门，自幼受到家庭熏陶，继承了父亲的藏书和书画。他在篆刻上的成就最高，是明清篆刻的开山祖师。其篆刻雅正秀润，风格遒劲，章法疏朗，改变了元代以来板滞纤弱的弊病，恢复了汉印传统，取得了空前的成就。在他的倡导下，篆刻之风大起，书法家和画家都参与篆刻创作，产生了我国篆刻艺术的第一个流派——吴门派。文彭官至南京国子监博士，人称“文国博”。他的艺术成就，也与南京这个大艺文场关系密切。

当时一些小说家也寓居南京从事创作。如《西汉演义》的作者甄伟自号钟山居士，《封神演义》的作者许仲琳自号钟山逸叟，《杨家将演义》的作者纪振伦自号秦淮墨客，都显露出他们对南京这座城市的喜爱与认同。

在晚明通俗小说创作出版兴盛的同时，南京的版画工艺也有长足发展。金陵版画始自明宣德十年(1435)刊刻之《新编金童玉女娇红记》，至万历时期达到发展高峰。南京一些著名书肆，如唐氏富春堂、世德堂、文林阁、广庆堂，陈氏继志斋，汪氏环翠堂，都镌刻了大量的戏曲版画。在通俗读物中插入版画，原本是书肆吸引读者的营销手段。在市场竞争中，金陵版画从设计到雕工都不断升级。徽州著名的雕刻工匠黄镐、黄应祖、黄德宠、鲍守业都在南京。版画风格也从粗豪而逐渐转向精细，既为大众喜爱，又为文人欣赏。这是金陵版画的巨大进步。

三、科技重镇

明代南京不仅在文化、艺术上取得辉煌成就，在科技方面也有所发展。最具特色的，是天文学、中医学与西学。

明朝建立之前，朱元璋就在南京设立了天文机构太史院，并颁行历书。开国后，朱元璋立即把元大都的天文官调往南京，成立司天监。洪武三年(1370)，司天监改名钦天监。明代历法以《大统历》为主。《大统历》全称《大统历法通轨》，以元代郭守敬编制的《授时历》为基础，由钦天监官员加以改编，自洪武时期一直沿用到明末。为了照顾信仰伊斯兰教民族的宗教与生活习惯，朱元璋还在南京设立了回回钦天监，设监令、少监、监丞等官。洪武三十一年（1398），回回钦天监并入钦天监，但保留回回历科。回回历科的主要职责就是编制每年的回回历。故明代除使用《大统历》外，也参用伊斯兰教历。

明制青铜天文仪器——简仪

明代南京天文学的发展，除了历法编制外，在天文观察上也有所体现。洪武十七年（1384），明廷在南京造观星盘。次年于鸡鸣山上设观象台，由钦天监管理。这个国家天文台的建立比世界闻名的英国格林尼治天文台（建成于1675年）还要早290年。此外，明廷还在南京聚宝山（今雨花台）上建了一座采用阿拉伯天文学的观象台，由钦天监回回历科管理。

南京观象台的天文仪器十分精美。洪武二十四年（1391），铸浑天仪。据正统二年（1437）行在钦天监正皇甫仲和奏言，当时南京观象台设有浑天仪、简仪、圭表。这三种天文仪器一直保存至今，现陈列于南京紫金山天文台，是世界上少有的大型传世天文文物。自正统年间起，北京齐化门观测台的仪器，皆依照南京的仪器制作。明代南京的天文观测仪器还有小天体仪，用以演示天体的东升西落，以及一年四季的昼夜长度变化；小地平经纬仪，用以确定地平经度，测量地平高度。

明初南京的国都地位，也推动了中医学发展。大明开国前，朱元璋沿用元制，设置了医药行政管理机构——医学提举司，不久改称太医监，吴元年（1367）又改称太医院。另外，宫廷内还设有为皇太子、后宫嫔妃和王府服务的医疗机构，如御药局和御药房、东宫典药局，以及后宫的安乐堂、月子房等。洪武十七年（1384）规定，各府、州、县均设专职医官。府一级设医学正科1人，州一级设医学典科1人，县一级设医学训科 1 人，负责各辖区的医药卫生事务。另外部分县还设有惠民药局、养济院和安乐堂等。永乐迁都后，太医监分设北京和南京两处。南京太医监设有院判、吏目、医士和医生，同时设有生药库，掌管药物。

郑和下西洋也增加了明人在航海卫生保健方面的知识。船队每到一处，船上的医官便会与当地人交换犀牛角、羚羊角、乳香、丁香、芦荟、木鳖子、苏合油、琥珀、苏木、砂仁、安息香、紫檀香等药材，并进行鉴定和研究。船员在航行中经常采用药水沐浴，以预防疾病。医官也非常重视对当地流行病的调查，以采取有效预防措施。据随行人员费信的笔记《星槎胜览》记载，因吉里地区（即帝汶岛）有“瘴气”，郑和命令船员不得随意登陆，以避免传染。这是一种有效的、科学的隔离方法。西方国家舰队直到 19 世纪及 20 世纪初中叶，才采取这一措施避免疟疾、黄热病感染。

明代另一大医学成就是《本草纲目》的出版，这也与南京关系密切。万历六年（1578），李时珍经过三次修改易稿，终于完成了伟大

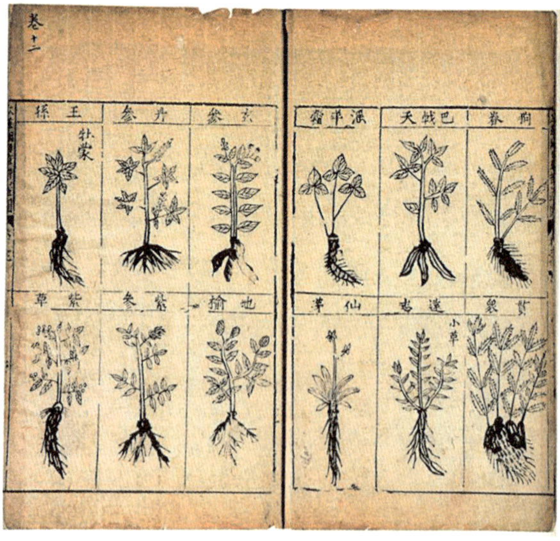

《本草纲目》书影

的东方医药巨典《本草纲目》。南京是当时全国的出版业中心，又是书商云集之地，因此李时珍决定在南京刊刻此书。在南京期间，李时珍又看到不少名贵药材，并且有机会接触到泉州船商，从他们那里了解到海外及边远少数民族的药材状况。他还专门到静海寺，研究郑和船队下西洋带回来的各国草药。在此基础上，李时珍对《本草纲目》又进行了补充和完善。明万历二十一年（1593），该书在南京开始刻印，三年后正式发行，很快就风行全国。

利玛窦

在16世纪末、17世纪初的西学东传过程中，南京也起着重要作用。意大利天主教耶稣会士利玛窦（Matteo Ricci），是最早来华的西方传教士之一，也是中西交流史上最著名的人物。利玛窦曾三次到南京。万历三十七年（1609）利玛窦第三次来南京时，在罗寺转弯处设堂（即今南京石鼓路教堂之前身）传教，这是南京第一所天主教小教堂。利玛窦在传教的同时，还积极传播西方自然科学知识。这在知识阶层中产生了强烈反响，尤其受到那些主张实学、反对空谈的士大夫推崇。利玛窦的小教堂成了南京士大夫们的聚谈场所，一些人甚至加入天主教，专心研究西方科学。晚明入教官员中，徐光启、李之藻、杨廷筠被称为天主教“三大柱石”，其中徐光启、李之藻都在南京活动过。

徐光启为松江府上海县（今上海）人，崇祯时期官至礼部尚书兼文渊阁大学士。他于万历二十八年（1600）在南京结识利玛窦，并跟从其学习西方天文、历算及枪炮知识，后加入天主教。徐光启博学洽闻，中西兼采，是我国最早研究和介绍西方科学的学者。他与利玛窦合作，在南京翻译了《几何原本》，后又译《泰西水法》《测量法义》《勾股义》

等书。徐光启编纂的《农政全书》《崇祯历书》也是明代重要的科学书籍。

李之藻为浙江仁和（今浙江杭州）人，曾任南京工部员外郎、南京太仆寺少卿等职。李之藻与利玛窦交往甚深，万历三十八年（1610）加入天主教。万历四十一年（1613）在南京编译的《同文算指前编》，是中国介绍西方笔算最早的译本。据不完全统计，李之藻在 1613—1631 年翻译出版书籍 50 多种，致力于介绍西方天文学、数学、逻辑学知识。李之藻也参与了《几何原本》的翻译工作和《崇祯历书》的编纂工作。

在 17 世纪全球化的大背景下，西方知识与本土文化在南京相互融合，迸发出新活力。除徐光启、李之藻外，这一时期还涌现出地理学家徐霞客、《天工开物》作者宋应星、历学家与音乐家朱载堉、机械学家王徵等。他们的思想发展皆与南京这座城市关系密切。这股明代“实学”潮流，也标志着中国古代科技与近代文明开始接轨。

第五节　对外交流

明初朱元璋对外政策的主基调，是在政治上实行和平的睦邻友好政策，在经济上实行厚往薄来的朝贡政策。朱棣即位后继续执行这一国策，并派遣郑和出使西洋。在长达 30 年的时间里，郑和七下西洋，船队规模之大，堪称世界之最。南京是郑和建功立业和长期居住的第二故乡，至今保留与下西洋相关的遗迹。这既是郑和下西洋的历史见证，也有着极为重要的历史文化价值。

一、睦邻友好

明朝建立之初，就确立了德威兼济、睦邻友好的对外政策。朱元璋借鉴元世祖忽必烈武力征服日本、安南、占城和爪哇等国的失败教训，反对穷兵黩武，强调通过朝贡贸易与各国友好交往、互通商贸，增强他们对明朝的向心力，树立天下共主的形象。

洪武元年（1368），明廷派使臣出使高丽（今朝鲜半岛）和安南（今越南），拉开了明朝对外交往的序幕。洪武二年（1369），明廷又派使臣出使占城（位于中南半岛东南部）、爪哇、日本等国。自此以后，每年都派使臣出使。作为回应，周边及海外各国开始承认大明政权，与明廷开展朝贡往来。洪武一朝，共有17个国家、129批次朝贡使节来华。永乐一朝，共有40个国家、238批次朝贡使团来华，其中4个国家的11位国王还亲自到中国。永乐二十二年（1424），甚至出现了海外16国派遣使节1200余人到明廷朝贡的空前盛况。

在朝贡往来中，明朝作为“宗主国”，一直秉持“厚往薄来”原则。各国使臣携带贡品到中国朝贡，明廷会给以丰厚赏赐。对于贡品之外的附带货物，允许使团在中国贸易，免于征税，以示怀柔之意。这种厚往薄来的政策，使朝贡国获利丰厚。一些国家为了扩大贸易量，往往在明朝规定的贡期之外也派遣使团来朝，甚至出现一年数贡的现象。使团到达中国后，各地官员不仅要负责使臣及其随从的食宿，还要护送他们前往北京，劳民伤财又有安全隐患。对此，明廷也对外国朝贡做出一定限制。但为维护大明王朝威仪，厚往薄来的原则未有根本变动。

发展朝贡关系的同时，明朝对外政策的另一方针则是海禁。一般认为，明初实行海禁政策，一是为了防御东南沿海的倭寇及海盗骚扰，二是消除方国珍、张士诚旧部逃居海外引发的不安定因素。但本质上说，海禁政策是统治者欲进一步加强统治和控制，以确保国家垄断海外贸易的手段。明初朱元璋实行海禁，民间片板不许下海，禁止民间私人出海。凡造船、私自下海贩卖者，皆要受到处罚。明成祖朱棣即位后延续了洪武时期的海禁政策，甚至下令将民间海船改成平头船，使之无法远洋航行。

朝贡和海禁，构成了明朝对外政策相互依存的两个环节。目的则只有一个，即把对外关系完全纳入大一统的中央集权严格控制体系之中，以国家海上贸易取代私人海上贸易。郑和下西洋便是这两种政策的具体表现。

二、郑和下西洋

郑和本姓马，云南昆阳州（今云南昆明）人。据《郑氏家谱》载，郑和是元代咸阳王赛典赤·赡思丁的后裔。赛典赤·赡思丁为西域回回人别庵伯尔之裔，地位显赫。忽必烈称帝后，郑和的先世从西域迁到云南，到郑和曾祖父时开始改用“马”姓。郑和先世世代信奉伊斯兰教，其祖父、父亲都叫“哈只”，这是人们对朝拜过伊斯兰教圣地麦加之人的尊称。

郑和雕像

郑和出生于洪武四年（1371），那时云南仍处于蒙古人梁王巴匝剌瓦尔密的统治之下。在明军与梁王的对战中，云南回回人多站在梁王一边抗击明军。因此明军获胜后，也对云南回回势力予以沉重打击。当时一些将领在边境作战时，常将俘虏来的幼童阉割，年幼的郑和也在此列，后被编入傅友德大军中。

此后郑和随军队转战各

地，经历过不少战争，得到军事训练。仪表堂堂、骁勇善战的郑和受到燕王朱棣的赏识，被选为侍从随侍左右。在长达四年的“靖难之役”中，郑和立下了汗马功劳。朱棣登上皇位后，便任用29岁的郑和为内官监太监，还亲笔赐姓为“郑”。郑和从此改“马”姓为“郑”姓。

当朱棣决定派遣船队出使西洋时，首先便要挑选一个能干的亲信太监为正使，负责统领船队。他立刻想到郑和。郑和不仅稳重可靠，而且出身回族，粗通阿拉伯语，既信仰伊斯兰教，又信仰佛教，对道、儒之学也比较精通，可与东南亚各国人交流。再加上其祖父和父亲都曾前往伊斯兰教圣地麦加朝圣，郑和从小接受熏陶，也懂一些航海知识。于是朱棣便决定任命郑和为下西洋正使，由其率领船队出航。

郑和下西洋船队规模之大、人员之多、组织配备之严密，堪称15世纪世界之最。下西洋的船只称作“宝船”。整个船队一般配备63艘（一说62艘）大、中型宝船。宝船有九桅十二帆，在古代造船史上也是一个奇迹。1958年，南京下关三汊河附近的中保村明代宝船厂遗址，发现一根巨型舵杆，全长达11米，可见船型之大。除宝船外，船队中

宝船厂遗址

还有其他各类船只200余艘，如战船、座船、马船、粮船、水船等。其中水船是专门装载淡水的，以满足两三万人的用水需求。在船队中配置水船，这在世界航海史上也是第一次。郑和船队每次出海，人员都不少于27000人。

为便于与西洋各国人士沟通，郑和使团还召集了不少回族人士加入下西洋船队。如浙江会稽人马欢、杭州仁和人郭崇礼均为回族，且通晓阿拉伯语。他们都以通事身份参加了第四、六、七次远航。苏州昆山人费信，也出身穆斯林世家，通晓阿拉伯文字，以通事身份4次随郑和下西洋。还有西安羊市清真寺掌教回族人哈三，曾在郑和第四次下西洋时充当翻译和顾问。

郑和下西洋船队如此庞大的队伍，在世界古代航海史上是绝无仅有的。与之相比，此后西欧著名航海家所率船队皆相形见绌。如哥伦布第一次航行新大陆时船队仅87人，达·伽马船队只有160人，麦哲伦的环球航行船队也只有234人，而最后返回葡萄牙的仅有18人。即便以现代标准来看，郑和船队27000人的规模也蔚为壮观。

在航海技术上，郑和船队有先进的导航工具，能准确掌握航向、有效利用季风，并且绘制了详细的针路和海图。船队出航的时间都选在每年十月至第二年正月，即东北季风吹起的季节。回国时则利用西南季风，在每年四月至六月起程，以缩短航行时间。郑和船队还掌握了风压差与流压差原理，设计航线时，预先把风、流压差的修正量考虑在内。这个发现，比哥伦布要早87年。

船只定位也是关系安全的大事。船舶航行必须走规定航线，否则随时有触礁的危险。郑和船队经常使用牵星术导航，即利用天上星宿位置及其与海平面的角度高来确定船舶位置与航行方向，又称为天文航海术。这一技术被记录在《郑和航海图》（原名《自宝船厂开船从龙江关出水直抵外国诸蕃图》）中。

《郑和航海图》局部（明代茅元仪《武备志》）

巨大而优良的船舶、高超的航海技术、严密的组织纪律，为郑和下西洋活动提供了充分保障。从永乐三年（1405）到宣德八年（1433），在近 30 年时间中，郑和带领船队 7 次出使西洋，到访 36 国，途经中南半岛、南洋群岛、孟加拉湾、波斯湾、马尔代夫群岛、阿拉伯海、亚丁湾等地，先后 4 次横渡印度洋，最远到达东非肯尼亚的蒙巴萨。这确实是世界航海史上的空前壮举。

永乐二十二年（1424），明成祖病逝。仁宗即位后下令停止下西洋远航活动。但仁宗在位不到一年即病逝。宣宗即位后，再次下令组织下西洋船队。宣德五年（1430）六月初九日，明宣宗朱瞻基命郑和再次出使西洋。返航途中郑和病逝，船队由太监王景弘率领返航，经苏门答腊、满剌加等地回到太仓刘家港。宣德八年（1433）七月初六日船队抵达南京，顺利完成远航任务。

郑和下西洋的决策地和出发地，都是南京。郑和下西洋的宝船，也是由南京宝船厂承造的。洪武初年，南京就设立了龙江船厂，制造各类船只。永乐三年（1405）为筹备下西洋，明廷又设立宝船厂，专门建造下西洋宝船。工部下辖的铸造、建筑等厂局，也为下西洋活动作了各种准备。郑和历次下西洋携带的丝绸、棉布、铜钱、书籍等，不少是在南京直接生产的。出使宣谕的诏敕，是由设在南京的中央织染机构织造的。

南京的各类专门人才，为郑和下西洋提供了充足的人力资源。船队中的专业技术人员，多从南京各衙门抽调。洪武年间南京就设立了四夷馆，培养通事等翻译人才。郑和使团中的通事，一部分就来自四夷馆。南京还驻有大量卫所官军，从中调集随船护卫军士，也相当便捷。

郑和的一生，除了早年征战、侍奉燕王和七下西洋外，其余时间基本是在南京度过的。南京至今仍留存了大量与郑和相关的历史遗迹。郑和虽为回族世家后代，但曾施刻《佛说摩利支天经》、施印南藏十一部，题写《施印大藏经发愿文》，在南京各大寺庙布施佛经，留下无量功德，也体现出不同宗教之间的交融互通。

郑和七次下西洋，将中华文明远播南亚、东非、波斯湾、太平洋、印度洋，结出了文明交流的丰硕成果。郑和使团带去的各种先进手工业品，深受西洋各国所喜爱。回国时又带回各种植物、动物、药物、生产原料等，极大开阔了中国人的眼界，增进了国人对海外的了解。郑和自西洋带回栽植在静海寺中的海棠树，到万历时仍枝叶繁茂，称“西府海棠”。明代宫城西华门内和大报恩寺内有五谷树，结子如五谷，也有如鱼蟹形状者，据说能预示农事丰歉，也都是由郑和自海外带回移植的。郑和下西洋不仅是明代对外关系史上的大事，也使南京成为世界文明交流的舞台，全方位展示出明初南京的恢宏气象。

第五章

清代转型

第一节　江南重镇

明崇祯十七年(1644),李自成攻陷北京,崇祯皇帝在煤山自缢身亡。南京随即成为南明弘光小朝廷的都城和对抗清朝统治的中心。弘光政权内部党争激烈，内讧不断，外部又面临着严重的军事威胁，次年清军兵不血刃进入南京城，南明弘光政权覆灭。清朝将南京改名为江宁，降格为省会，裁撤了南京原有的中央机构设置。鉴于南京重要的战略地位，清朝仍将其视为东南地区的军事中心，并在此地驻扎了八旗和绿营重兵，设置了众多官僚机构。故而清初的南京虽不如明代陪都地位尊崇，但依然繁盛多元，不失为江南重镇。

一、南明弘光政权覆灭

崇祯十七年（1644）三月十九日，李自成率军攻入北京，崇祯皇帝在煤山自缢，明朝灭亡。在明末大规模的战乱中，陪都南京及江南地区保持着相对的安定，未遭战火破坏。明朝政权在这里还有着较强的政治、军事力量，故而南方官绅推举福王朱由崧在南京即位，建立起南明弘光政权。

弘光政权在建立之初，内部就开始了严重的派系斗争。凤阳总督马士英作为拥戴朱由崧的重要功臣，被授以东阁大学士、兵部尚书之职。南京兵部尚书、参赞机务史可法也被任命为东阁大学士，但很快遭到排挤。随后史可法被迫离开南京，前往江北督师，马士英独掌大权。在拥立新君的问题上，马士英与东林党人也产生过争议。而围绕是否起用阉党阮大铖一事，双方矛盾更加激化，部分东林党官员先后辞官回乡，以示抗议。

内部党争严重削弱了弘光政权的实力，而更大的威胁则来自外部。崇祯十七年（1644）四月，清军与吴三桂联军在山海关击败李自成。五月初二日，清军乘胜占领北京。不久，清朝又陆续控制了山东、山西等地。面对清军的虎视眈眈，弘光政权在战略上完全处于被动，朱由崧、马士英等人幻想与清廷议和，以求得苟安，后以失败告终。但弘光小朝廷仍然沉浸在偏安一隅的梦想之中，君臣上下不但没有出兵北伐、收复失地的计划，而且对即将到来的清军进攻也缺乏警惕。马士英通过党同伐异控制朝政，不仅在执政期间毫无建树，还大肆卖官鬻爵，使朝政腐败不堪。民间有歌谣讽刺道：“中书随地有，都督满街走。监纪多如羊，职方贱如狗。”

顺治元年（1644）十月，清廷派出英亲王阿济格与豫亲王多铎分别率军出征。顺治二年（1645）正月，多铎率军经由河南进攻江南地区。内部业已土崩瓦解的弘光政权，对于清军的南下攻势根本无力抵抗。四月十八日，清军兵临扬州城下，逼近瓜洲。短短数日内，南明总兵杨承祖、张天禄、张天福、李成栋等先后率部降清，扬州城外的明军几乎全部瓦解。而早在清军尚未抵达扬州城时，城内的大多数明军就已出城逃走，防守力量更为薄弱。清军包围扬州后，并未立即攻城，而是试图招降，被史可法断然拒绝。四月二十五日，清军轰坍了扬州西北面城墙，攻入城中。史可法被清军俘获，他拒绝投降，遭多铎杀害。清军在扬州城内外肆意屠杀洗劫，前后持续十余天，史称“扬州十日”。

扬州的失守和史可法被杀，意味着弘光政权江北防线的彻底崩溃。五月初八日清军大举南渡，南明君臣顿时慌作一团。初十日，朱由崧骑马从通济门逃往城外，其他官员也陆续逃离。随后，多铎率清军主力占领南京城。不久，朱由崧在芜湖被捉，押回南京。后被押送至北京，次年五月被杀。

南明弘光政权建立之时，据有南方广大地区，也拥有较强的军事实力，但其统治只持续了短短一年的时间。弘光政权迅速覆灭的原因是多方面的。清军的南下攻势迅猛固然是重要的外部因素，但内部党争、部分官员叛变、苟安腐败等因素，都加速了弘光政权的土崩瓦解。

二、江南省设立

弘光政权灭亡后，围绕是否取消南京的陪都地位，以及如何处置南京原有的中央机构等问题，清朝官员们先后经过多次讨论，最终议定将明代的陪都南京改为江南省。据《清实录·世祖章皇帝实录》记载，“南京为江南根本之地”，“著改为省，设官事宜，照各省例行”。顺治二年（1645）闰六月，清廷正式下令将南京改为江南省。顺治三年（1646）二月，清廷又撤销了南京原有的中央机构，设立江南布政使司左右布政使各一员、按察使司按察使一员、江宁府知府一员、上元县知县一员、江宁县知县一员以及各级属官等。

清廷为建立其统治权威，刻意降低南京在政治上的地位，改名后的南京虽然失去了陪都的地位，仍然是东南地区的政治中心与军事重镇。南京在清廷的战略部署中仍具有举足轻重的地位。清廷在南京驻有八旗军和绿营军，此外还有两江总督、江南布政使、江宁织造、江

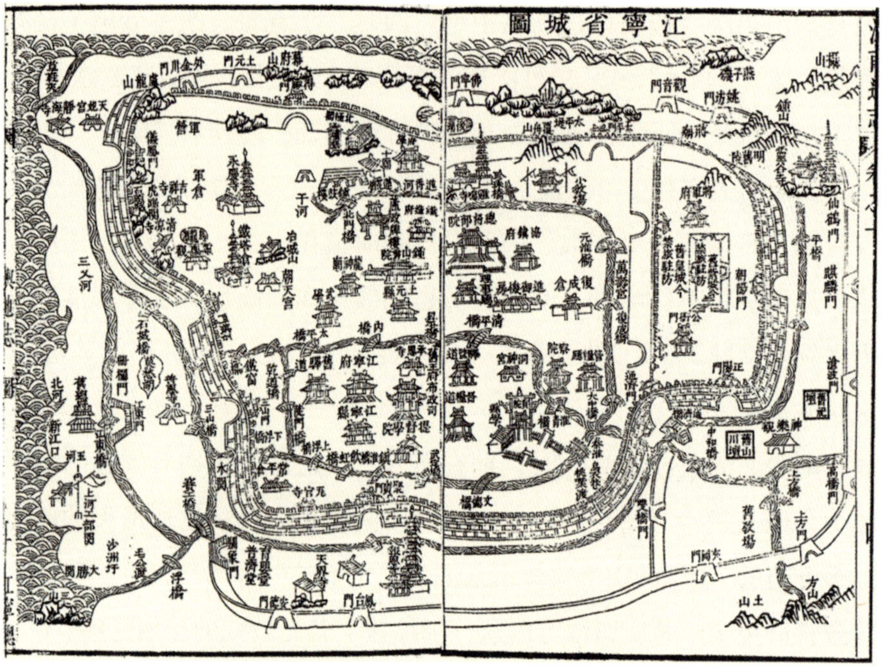

江宁省城图（乾隆《江南通志》）

宁驻防将军等诸多文武要员同时驻扎于此，充分体现出清廷对南京的高度重视。

清初的江南省面积广大、人口众多，经济文化发展水平在全国各省份中首屈一指。两江总督是江苏、安徽、江西三省的最高军政长官。布政使则受总督、巡抚节制，主管一省民事与财政事务。两江总督不仅管辖富甲全国、人文荟萃的江南地区，而且还兼理漕运、河务、盐政等关系国家经济命脉的烦冗事务，其权责之重大、地位之显要，在清代各总督中都十分突出。清代驻江宁的布政使先后有江南左、右布政使，以及安徽布政使、江宁布政使，最后固定为江宁布政使。江宁织造隶属内务府，其职责是织办宫廷及官用丝织品。康熙年间，江宁织造曹寅一族还一度成为皇帝的耳目，搜集江南官民情报，网罗文人隐士。此外，南京也和大多数设有八旗驻防的城市一样，旗人集中居住在城东部，并建有驻防城，俗称“满城”。江宁将军是满城八旗驻防的最高长官，是清廷维系江南地区统治的军事支柱之一。江宁城中旗、民分治的格局，使得满城在行政、经济、社会生活等诸多方面呈现出独特的面貌。

自康熙朝起，随着清廷不断调整统治策略，重在安抚与笼络，原本尖锐的满汉矛盾渐趋缓和。南京地区进入长达近两百年的和平时期，在政治上维持了长期稳定的局面。康熙帝与乾隆帝各自六次南巡，都将南京作为巡幸的必经之地，通过拜谒明孝陵、校阅驻军等方式，恩威并施，有效实现了安抚江南社会的目的。而康乾二帝奢靡铺张的南巡“盛典”，也成为南京在清代早中期社会经济高度繁荣的生动体现。

三、康熙、乾隆南巡

巡幸即皇帝离京到各地视察，是古代帝王的一项重要礼仪。从商周起，历史上很多帝王都举行过类似活动。清代皇帝的大规模巡幸活动，始于康熙朝。康熙比较注重实践，利用征战、狩猎、谒陵、礼佛及视察河务等机会，不断出京巡视。康熙皇帝和乾隆皇帝分别进行过六次南巡，路线基本上是沿京杭大运河南下，以江南地区作为巡幸的重点。作为江南政治、军事中心的南京，自然也成了皇帝南巡的必经之地。

康熙二十三年（1684），康熙帝开始了即位后的第一次南巡。他南巡的目的不仅是为了访求民情、考察吏治，更重要的是笼络汉人官绅和处理河务。康熙准备利用这次出巡，亲自考察一下黄河的治理情况。治河不但影响到黄河流域地区政治和经济的发展，而且还直接影响到对清廷至关重要的漕粮的运输。清廷每年要经运河从江南运三百多万石漕粮到京城，供皇室、官宦及驻京旗兵的需用。一旦漕粮运输受阻，京城就会发生动荡。康熙亲政后，即把河务与漕运列为头等大事，希望通过亲自出巡了解民情，维系民心。当年九月二十八日，康熙离京

康熙帝出巡鸡笼山观象台（清代王翚 绘）

沿陆路首次南巡。十月到达黄河与运河交汇处的清河县，从这里开始乘御舟，改水路沿运河南下。十一月初一日到南京。南京文武百官及八旗、绿营兵丁于城外列队迎接。康熙先是登雨花台高处观看南京城郭山川，随即入城，以城东江宁将军署为临时行宫。第二天，康熙亲率百官赴明孝陵祭奠，并作《过金陵论》一文，宣扬清朝统治的合法性，借以笼络江南地区的广大汉族士绅民众。

第二次南巡是康熙二十八年（1689）正月，皇长子胤禔随驾。初八日离京，循第一次南巡路线。御舟到丹阳时，改陆路到南京谒明孝陵，临校场、观象台等地。第三次南巡是康熙三十八年（1699）二月。这次南巡随驾的皇亲众多，除皇太后外，还有皇长子等众多皇子。四月初十日到南京，十三日康熙谒明孝陵，并书“治隆唐宋”碑。第四次南巡是康熙四十二年（1703），二月二十六日抵达南京，仅停留两天。时隔两年，康熙四十四年（1705）他又开始第五次南巡，于四月二十二日抵南京，并再次拜谒明孝陵。康熙四十六年（1707）康熙第六次南巡，于三月初六日到达南京，又亲谒明孝陵。

在康熙的六次南巡中，主要以体察民情、监督河工，以及校阅军队为主。他曾四次校场阅兵，亲自射箭，炫耀武功。他还通过多次接见当地汉族官绅士子，大行笼络之术。尤其是五次亲谒明孝陵，叮嘱地方官员要按时祭祀明孝陵，严加保护，禁止破坏践踏，在一定程度上缓和了满汉民族关系，笼络了人心。这些举措对于稳定江南社会经济起到了积极的作用。

御题“惠洽两江”碑刻（徐智 摄）

乾隆效仿乃祖，在位时也先后六次南巡下江南。乾隆六次南巡始于乾隆十六年（1751），止于乾隆四十九年（1784），前四次乾隆都是奉太后一道出行。每次南巡基本沿袭了康熙南巡的路线，在南京驻跸数日，检阅军队，拜谒明孝陵，考察官员等。为此两江总督尹继善多次大兴土木，在总督署附近修建行宫。由于接驾有功，乾隆第二次南巡时特意为两江总督署赐匾额“惠洽两江”。

与康熙南巡时注重朝政实务、拉拢江南士族不同，乾隆南巡虽然也有巡视民生、河工的目的，但更多带有游山玩水、寻梦江南的享受性质，沿途官员也极尽争奇斗异之能事，争相讨好皇帝，故而更为奢华铺张。此外，乾隆本人以才子自居，在南巡时访古探幽，每到一处都兴致盎然，吟诗作对。在南京期间，乾隆多次游览金陵胜迹，如明孝陵、灵谷寺、栖霞山、燕子矶、鸡鸣寺、玄武湖等，留下了大量诗作。

康熙和乾隆分别六次南巡，是清代早中期政治生活中的重要事件，客观上促进了江南地区的经济发展和社会文化繁荣，从《康熙南巡图》《乾隆南巡图》中也可窥见康乾盛世的繁华景象。乾隆后期，清朝国势由盛而衰，此后历任清帝再也无力进行耗费巨资的南巡活动，皇帝南巡也成了历史的绝响。

第二节 《南京条约》与南京开埠

乾隆后期，清朝国力由盛转衰。尤其是嘉庆、道光年间，吏治进一步腐化，社会矛盾渐趋尖锐。与此同时，西方帝国主义完成工业革命后，开始走向向外扩张的殖民道路。道光十九年（1839），以钦差大臣林则徐在广东虎门销毁鸦片为借口，英国悍然决定对华发动武装侵略，意欲以武力打开广阔的中国市场。道光二十年（1840），中英鸦片战争爆发，清政府奉行多年的闭关锁国政策最终被外来入侵者的坚船利炮打破。清廷代表耆英、伊里布和牛鉴被迫与英国代表璞鼎查签订了中国近代史上的第一个不平等条约——中英《南京条约》，开启了中国屈辱而艰辛的近代化转型历程。

随着帝国主义对华侵略的加剧，清政府先后被迫签订一系列不平等条约。其中咸丰八年（1858）中法《天津条约》规定，“增开琼州、潮州、台湾、淡水、登州、江宁六口为商埠，惟江宁一口俟内乱平定后始开放”，明确了南京作为通商口岸之一。至1899年，南京正式开埠，成为口岸城市。开埠之举，对南京社会经济产生了重大影响，在被动接受西方资本主义冲击的同时，南京近代化也面临着一定的机遇与挑战。尤其在清末新政的十年中，在两江总督刘坤一、张之洞等具有革新意识的开明督抚主持下，南京抓住这一时机，成为城市近代化的先行者。

一、扬子江战役与《南京条约》签订

道光十九年（1839），钦差大臣林则徐在广东虎门销毁英、美等国商贩上缴的鸦片2万箱，表达了禁烟的决心，唤醒了中国人民的爱国意识。而英国当局以此为借口对华开战，意图用武力一举打开中国市场。道光二十年（1840），鸦片战争爆发。此后的两年间，战事主要集中于粤、闽、浙三省沿海地区，清朝接连丧师失地，陷入极其被动的境地。为迫使清廷屈服议和，英军决定发动“扬子江战役”，将攻占长江下游军事要地镇江作为战略目标，以切断运河漕运，扼住清政府的咽喉。

道光二十二年（1842）四月，英军沿海而上，攻占浙江乍浦，随即北上沿着长江深入至江南腹地。五月初，号称无隙可乘的“江南第一紧要口岸”吴淞口失守，提督陈化成孤军奋战，无奈寡不敌众，和所部官兵英勇战死。英军编成 1 个先行舰队和 5 个纵队，浩浩荡荡离开吴淞，沿长江逆流而上，直逼镇江。

镇江扼守长江与大运河交汇要地，自古就是南京的重要门户。清廷在此设有京口八旗驻防，对其战略地位十分重视。此前江宁副都统海龄调至镇江任副都统，镇守镇江。据《京口八旗志》载，当时驻防京口的蒙古旗兵 1183 人，青州旗兵 400 人，共 1583 人，城外则由浙军和湘军临时凑成的绿营增援部队把守，不但兵力数量不及英军，火

焦山古炮台遗址

炮等重型武器也甚为缺乏。清军士兵多用刀、矛等冷兵器，以及极少的鸟枪、抬炮等简陋火器，两军火炮在威力、性能、数量方面的差距过大，在此情形下，镇江之战中清军的失败已成定局。

六月，英军开始兵分三路进攻镇江。第一旅在镇江西北方登陆，攻击城西郊；第二旅在镇江城北登陆，进攻北门；第三旅与第一旅一同登陆，随即扑向镇江西门，这里也是英军的主攻方向。英军炮火猛烈，清军终因武器落后，无法抵挡。英军攻破镇江城后，遭到了镇江人民的英勇反抗，但因力量悬殊，守军全部壮烈牺牲，副都统海龄自缢殉国。

镇江之战是鸦片战争中的最后一役，也是英军遭受最顽强抵抗的一次战役。镇江失守后，南京门户洞开。不久英军主力舰队抵达南京城外下关江面，并从燕子矶登陆，查勘地形，扬言不日即将攻城。战事一触即发，南京城内一片混乱，流言四起，不但城中富商大贾纷纷避难乡下，普通民众亦匆忙出逃。为防英军袭击，南京城门紧闭，避难百姓进退两难。

当时南京守军包括江宁驻防旗兵2800余人、青州旗兵400人，以及南京本地营兵1000余人，徐州镇700人，吴淞营400人，湖北、江西、河南援军近3000人等绿营军，总兵力为8000余人，在数量上略高于英军陆军。面对如此危急的形势，两江总督牛鉴毫无斗志，一味求和。而远在北京的满朝文武亦莫衷一是，竟无人提出有效的退敌之计，议和派终于占了上风。加之坚船利炮的威慑，曾经幻想"肃清夷氛"的道光皇帝也终于意识到武力剿灭"逆英"已不可为，无奈指示钦差大臣耆英和伊里布尽全力谈判。

议约谈判在南京仪凤门外静海寺等地举行。七月二十四日，在南京江面的英国军舰上，清方代表被迫同意了英方的全部条件，签订了中国近代史上第一个不平等条约《南京条约》。《南京条约》及随后签订的一系列不平等条约，包括了割地赔款、五口通商、领事裁判权、

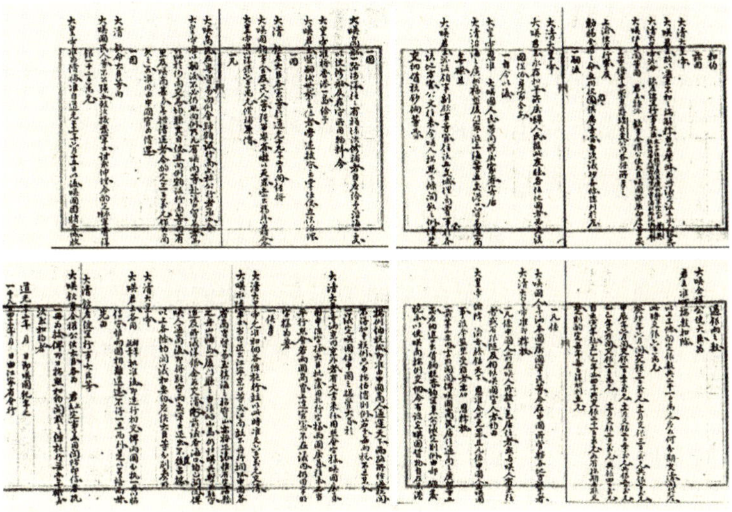

《南京条约》全文（清代抄件）

关贸协定等各项条款，不仅打开了中国东南沿海门户，也损害了国家主权。

鸦片战争的胜败反映了当时东西方以军事为主的科技水平存在巨大差距，打破了清政府“天朝上国”的美梦，内忧外患纷至沓来，社会危机四伏。一批政治眼光比较敏锐的有识之士率先惊醒过来，进一步去探索和寻找中国社会摆脱困境与危机的良策。他们以传统文化为理论基础，一方面主张清廷须尽早改革吏治，整治腐败，另一方面提倡学习西方先进的科学技术，以抵抗列强的侵略。如林则徐、魏源等一批开眼看世界的新兴思想家，通过各种渠道接触到西方的先进科技，并把自己对夷人的理解著书立说，向国人介绍海外世界。

然而目光短浅的清政府及其故步自封的官僚集团并没有从鸦片战争的失利中汲取教训。清政府以对外屈膝求和为代价，暂时退去了外国侵略者，但是在战争中暴露出来的防务空虚、武备废弛、官僚腐败的现状，并没有引起朝廷与地方大员的警醒与重视。

二、南京开埠

随着西方帝国主义对华侵略的不断加深，第二次鸦片战争爆发，清政府被迫在咸丰八年（1858）签订中英、中法《天津条约》，后者明确要求将南京辟为通商口岸，只是由于太平天国战争而暂缓。同治三年（1864）清军攻克南京之后，英法公使分别照会清廷，迫不及待地提出南京通商事宜。然而在实地考察后，他们发现刚经历过十余年战争的南京城百废待兴，基本没有通商的条件和价值。英法公使只是大致指划狮子山城河一带为备用之地，并未提出设立租界的要求，南京开埠暂时搁置。

光绪二十一年（1895）中日《马关条约》签订后，列强获取在华铁路修筑权，资本输出增多，开辟南京为通商口岸的愿望再度强烈。南京航运条件优越，海轮可以直达，且是距离华北平原最近的长江港口，加之列强还筹划在南京主城与江北浦口修建通往内地的铁路，以扩展港口腹地，形成大片新的商品市场与投资市场。在此背景下，各国试图修改同治元年（1862）签订的《长江通商统共章程》，再次将南京列为通商口岸。海关总税务司英国人赫德也专门致函清政府，强调南京应当与汉口、九江一样按照新章程一律开放。时任两江总督刘坤一在接到总理衙门电报之后，奏报清廷，照约开放南京通商，并拟在下关滨江地方设关征税，定名为金陵关，派江南盐巡道兼充税关监督，经理通商事宜。至此，本应在咸丰八年（1858）就开设通商口岸的南京终于正式开埠。

光绪二十五年（1899），金陵关正式开关，在下关购买房产地基，并暂时以原有的官房、趸船作为监督、税务司的办公室。金陵关成立时，税务司和重要职员均由外国人担任，实权长期掌握在税务司英国人安格联手中，金陵关的会话、办事、公文来往都以英文为主，华人职位较低。虽然也派中国人担任金陵关监督，但监督却并无实权。由于口岸未设

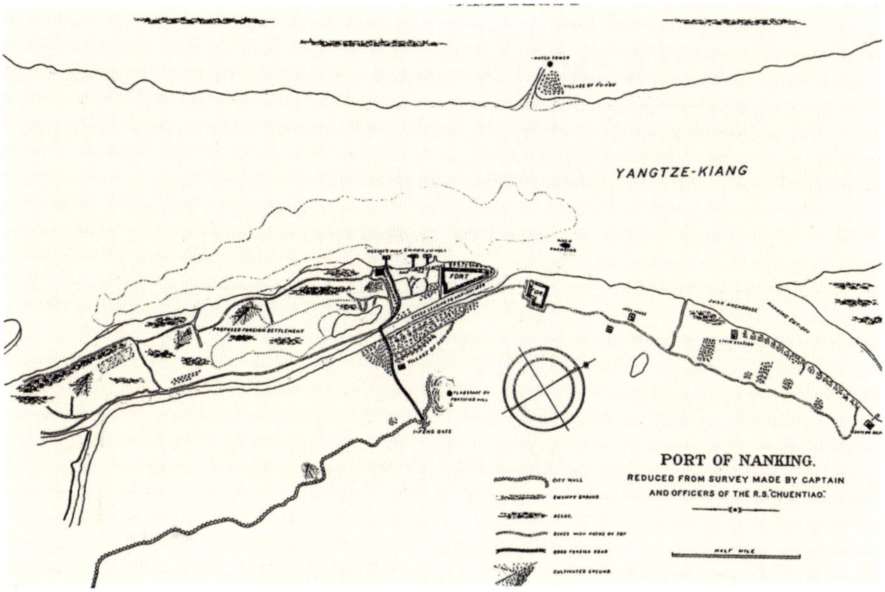

南京港（《金陵关十年报告》）

租界，也没有工部局等组织，所以金陵关就成了列强在南京港利益的代表，外国人把持了本地关税、港务管理、航政管理、邮政管理等大权，在中外交涉中极力庇护外商，刁难华人。此外，金陵关税务司还积极搜集中国政治和经济情报，干涉中国内政。

开埠时清政府还在下关设立商埠局，专司有关商埠建设事宜。据《南京海关志》记载，光绪三十年（1904），时任两江总督周馥又将同治年间设立的金陵洋务局改为两江通省洋务局，“凡系南洋所辖省份之交涉事件，统归核办”。下关商埠局和两江通省洋务局是南京成为通商口岸之后，清政府添设的新式管理机构。

开埠给南京社会经济带来极大冲击。洋货大量涌入，尤其是生活消费品的大量进口，增加了民族手工业的生存压力。比较有代表性的就是在价格低廉、经久耐用的进口丝织品冲击下，南京的传统丝织业日益萎缩，商业市场也随着开埠被洋货占据，光绪三十四年（1908）左右，南京市场上的缎业、米业、典当业、花绸业、杂货业等都出现了较大亏损，商业逐渐凋敝。

另一方面，开埠既加速了传统商业、手工业的没落，也加速了城市近代化的脚步，洋商、洋轮、洋码头、洋人、洋货在南京大量出现，给城市生活带来了近代化的气息，质优价廉的外国商品最直接地改变着南京人的生活方式。此外，为配合港口建设而兴建的一系列市政建设，如煤油灯的使用、大马路的开辟等，更是改变了传统的城市面貌，南京被动地迎来了近代化的新时期。

第三节　太平天国兴亡

在近代南京城市史上，太平天国是其中重要的历史阶段。太平天国掀起的农民运动新高潮，达到了旧式农民起义的最高峰。从咸丰三年（1853）三月太平军占领南京，定为都城，改名天京，至同治三年（1864）六月湘军攻破天京，起义最终失败，太平天国占据南京达 11 年之久，对南京的社会经济和文化发展产生了深远影响。战争期间，南京城遭到了严重的破坏。由于双方长期对峙，多次进行激烈的攻防作战，导致城内外人口大批死亡，社会经济损失惨重。城中原有的官署衙门、古刹园林等建筑也大量被毁。太平天国治下的南京不仅没有成为“小天堂”，反而因军事的战乱而陷入萧条，在城市发展史上留下了黯淡的一页。

一、定都天京

咸丰三年（1853）三月太平军攻下南京后，改名天京，并定都在此，建立起与清王朝分庭抗礼的新政权。此后十数年间，南京城市基本处于军事化管理状态，社会秩序发生了翻天覆地的变化。传统的个体家庭被打破，以宗族为中心的活动陷于停滞，经济贸易基本停顿，清政府也停止了这一地区的科举取士，大小衙门纷纷外迁。对于留守南京的居民而言，面临的是太平天国政权的全新管理模式。

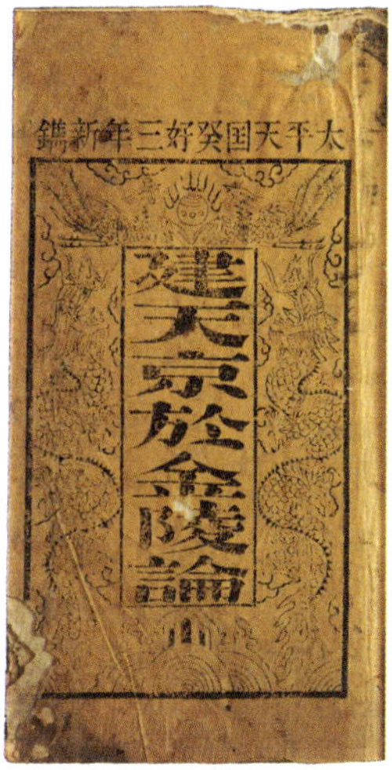

《建天京于金陵论》书影

社会管理方面。太平军入城后，规定南京城内剩余居民不分老幼，按太平军军制编入男营女营，聚集二十余人为一馆，女馆不准男子入探，实行军事化管理。此项政策在一定程度上有利于太平天国对城市的基本管理，然而对家庭结构造成了极大冲击。对于社会秩序的重组偏离了社会发展的原有轨道，导致民间怨声载道，即便是太平军内部也并不能严格按照规定杜绝夫妻团聚，加之城中十万余女馆人员的粮食供应日益紧张，为安抚人心并缓解危机，杨秀清于咸丰四年（1854）冬宣布解散女馆，同时允许高级官员团聚成家。另一方面，太平天国在社会控制方面实行军事化与宗教化管理，以宗教戒律和文告的形式禁绝烟酒赌娼等陈规陋习，洪秀全、杨秀清等人对此均有相关谕告。定都天京前后，洪秀全接连颁布了《劝人戒鸦片诏》《警醒军民戒鸦片烟诏》，禁食鸦片。杨秀清也发布《禁酒诰谕》，借天父之口重申禁令不准饮酒，如再有饮酒者，一经有人拿获送案，遵旨斩首示众。太平天国把普通烟草称为黄烟，把鸦片称为洋烟。犯吸黄烟者枷责游街，犯吸洋烟者杀。太平天国禁烟制度非常严格，这一点具有一定程度的进步意义。

社会经济方面。由于百废待兴，市井萧条，为维持新政权的稳定，太平天国大举招贤纳士，城内百姓中男子有手艺技能者被编入诸匠营及百工衙，无一技之长者则按年龄分为牌面、牌尾，编入各馆，严格管理。其中牌面为 15 岁至 50 岁的青壮年，必须入伍或从事体力劳动；其余男子则为牌尾，从事拾字纸、打扫道路之类的轻体力活。据记载，

天朝宫殿旧影

太平天国治下百工技艺各有衙门，现可考的约有 42 种。

城市建筑方面。太平天国定都天京后，将清两江总督府扩建为天朝宫殿。其他诸王也先后占据较大的官衙，加以改造后成为王府宫殿，城内原有建筑形制遭到很大改变。定都初期，拆满城造宫殿，扩建后的天朝宫殿壮丽非凡，周围十里，内外两重，外曰太阳城，内曰金龙城，雕琢精巧，金碧辉煌。东王杨秀清王府范围大致东起今莫愁路侯家桥，西达今罗廊巷，南至今黄鹂巷，北达今虎贲仓北麓，规模仅次于天朝宫殿。其他如北王府、翼王府、西王府、南王府及后建的燕王府、豫王府等，基本是以原有的官衙建筑为基础。同治三年（1864）湘军入城后，大部分王府建筑被湘军焚烧殆尽，现存极少。其他建筑也有所改变。江宁府学建于鸡笼山附近，自康熙五年（1666）至雍正十三年（1735）以来历经七次重修、增建。太平天国定都天京后，将江宁府学所在地改为"宰夫衙"，主体建筑遭到损毁。朝天宫位于冶城山巅，太平天国时期改为制造和储存火药的"红粉衙"，主体建筑亦不存。由于太平天国破除偶像崇拜，所到之处拆毁寺庙道观，南京城内鹫峰寺、朝天宫等处，城外灵谷寺、蒋侯庙、长干塔、天后宫、静海寺等基本被毁。因攻城防守的需要，城外可作为制高点的建筑大多被平去。同时于城中设众多望楼，城外为营垒，城内环城为濠，城门也都改砌狭窄，城市充满了浓厚的军事风貌。

文化制度方面。出于招揽人才的需要，太平天国最注重科举考试。太平天国科举制在考试程序、考生资格、考试内容、录取比例等诸多方面都有别于清代科举制度。通过科举和招贤之制，太平天国笼络了一大批士子进入新政权为其服务，推动了太平天国事业的发展。但是大多数士子从事的只是基本的文书起草、编订户册等工作，进入政权领导层的少之又少。天京事变后，洪秀全更是任人唯亲，天朝几成洪家天下，科举取士形同虚设。

由于太平天国政权一直处于战争之中的动荡阶段，加之领导集团的思想局限，在短期内不可能建立起成熟的管理制度，其治下的城市也只能处于军事管理的特殊时期。太平天国统治后期由于粮食供应不足，数次放城内居民逃生，留守民众已大为减少。加之领导集团内讧导致元气大伤，经济衰落，社会混乱，军事节节败退，事实证明太平天国在天京的社会管理是失败与松散的。

二、天京事变

太平天国定都天京后，先后进行了北伐、西征和天京城外的破围战。咸丰六年（1856）上半年，除北伐失利外，太平军在湖北、江西、安徽和天京附近等战场都取得了重大胜利，先后击破清军江北大营和江南大营，控制了大片地区，在军事上达到全盛时期。

太平军的胜利和暂时的辉煌使太平天国的领导人开始骄傲自满，封建特权和等级思想日益膨胀。定都天京后，上下之间等级森严，从称呼、服饰到仪卫等也都有明确的规定，不准逾越。太平天国无法制止和克服领导集团自身腐败现象的滋生，领导集团的一些人热衷于个

天王洪秀全与随从在南京城（法国铜版画）

人的权势和地位，贪图享乐的思想普遍滋长，在生活上追求享乐，在政治上争权夺利。诸王在建都后不久就大兴土木，建立豪华府邸。天王洪秀全养尊处优，沉迷声色；东王杨秀清自恃功高，一切专擅；诸王与部将及广大士兵关系逐渐疏离，诸王之间更是猜忌日生，无法长期保持领导集团的团结。这些都大大削弱了太平天国的向心力和战斗力，终于酿成了天京事变。

咸丰六年（1856）七月，东王杨秀清野心膨胀，被封为“九千岁”还不满足，多次逼天王洪秀全封其为“万岁”，并且以西线紧急为由，调北王韦昌辉和翼王石达开赴前线督师，只剩下天王和东王留在天京。洪秀全假意应允，暗地里密诏北王韦昌辉、翼王石达开回京护驾。随后北王韦昌辉率三千精兵赶回天京，当夜在城外与燕王秦日纲会合，众军在凌晨突袭东王府，韦昌辉趁机杀死杨秀清全家及东王府内数千男女，还以搜捕为名大肆屠杀异己，先后杀死东王部属两万多人，天京城人人自危。翼王石达开十余日后到天京，进城会晤北王韦昌辉，责备其滥杀之事，两人不欢而散。石达开预感到危险来临，只身连夜出逃，留在城内的家眷及部属均惨遭不幸。此后石达开从安庆起兵奋起讨韦，洪秀全在天京军民的支持下，诛杀了韦昌辉及其心腹，结束了这场长达三个月的内乱。

天京事变后，人心涣散，军事形势也发生逆转，太平天国占领区日渐缩小。为此，洪秀全召石达开回京以示安抚，另一方面又另封长兄洪仁发为安王、洪仁达为福王，以牵制石达开。咸丰七年（1857），石达开负气出走，转战西南，孤军深入，后在四川大渡河畔全军覆没。

石达开被迫率军出走，是天京事变的继续。在天京事变中，杨秀清及其精锐部属两万余人被杀，石达开出走又带走了十多万善战将士，致使太平天国的元气大伤，在政治和军事上都造成了极其严重的恶果。天京事变大大削弱了太平军的力量，成为太平天国由盛而衰的转折点。

三、天京保卫战

太平天国内讧之际，清军乘机重建江南、江北大营，围困天京。洪秀全为了挽救危局，提拔陈玉成、李秀成等青年将领，加上干王洪仁玕，重建了太平天国后期领导核心。咸丰八年（1858）七月，陈玉成、李秀成会集各路将领，在安徽枞阳召开军事会议，协同作战，再次击溃江北大营，稳定了天京上游的局势。但是太平军将士的英勇征战，未能阻止太平天国形势的急转直下。咸丰十年（1860）初，湘军强征数万民夫在天京城外挖掘出深、阔均达十余尺的长壕，天京对外交通几乎断绝，物资接济仅剩浦口一线，形势已十分危急。咸丰十一年（1861）八月，安庆失陷，天京上游屏障尽失。

同治元年（1862）五月，曾国荃率湘军进驻雨花台，太平军组织的天京破围战与“进北攻南”计划均遭失败。同治二年（1863）五月，雨花台失守，随后湘军占江浦、浦口，破九袱洲，长江北岸尽为其所有。至当年十一月，天京城外印子山、上方桥、江东桥、中和桥、双桥门、七桥瓮、秣陵关、博望镇各要隘全部被湘军攻陷，物资断绝，仅钟山天保城、龙脖子地保城仍在太平军之手。天京势如累卵，危在旦夕。十一月苏州失守，李秀成返回天京，面奏天王“让城别走”，另图发展，遭到洪秀全的拒绝。同治三年（1864）正月，天保城被湘军攻占。天保城在钟山第三峰，居高临下，易守难攻。此处被攻陷，意味着湘军对天京形成了合围之势。四月，天王洪秀全病逝，幼天王洪天贵福继位。

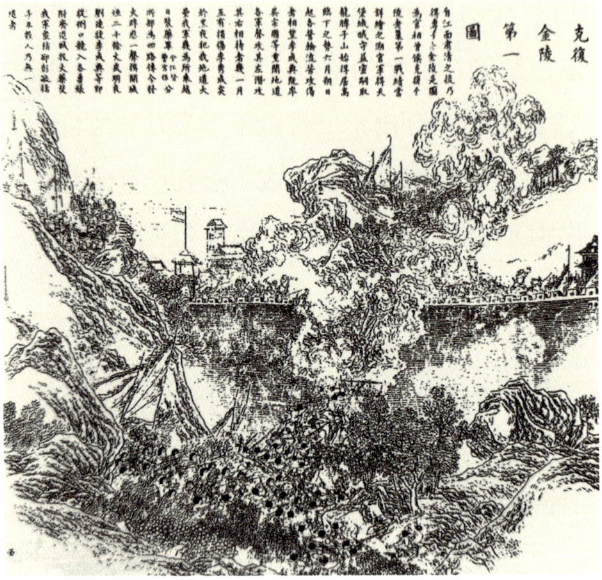

湘军炸塌龙膊子段城墙（《克复金陵第一图》）

六月初，地保城被攻占。至此，城外据点尽失，天京保卫战进入最后关头。湘军一面在龙膊子山麓修筑炮台数十座，对城头日夜轰击，一面在近城十几丈处潜挖地道。

六月十六日，湘军地道火药齐发，轰塌太平门城垣20余丈，蜂拥而入。太平军舍命抗拒，与敌鏖战3个小时，终因寡不敌众，湘军破城。接着，神策门、聚宝门、水西门、汉西门等均被攻破。天京城终告陷落。太平军与敌人展开了惨烈的巷战。数百名留在天京各府衙馆里的太平天国官员及其家属，集体自焚。次日凌晨，李秀成带幼天王洪天贵福及残部一千余人从太平门缺口突围出城。因把自己的精良坐骑让给幼天王，李秀成在江宁方山掉队被俘，后在狱中写下数万言的自述后被曾国藩杀害。幼天王出城后，在数百人的护卫下经淳化、湖熟、东坝至广德，与干王洪仁玕会合。之后，幼天王与洪仁玕等人转战湖州、江西等地。九十月间，洪仁玕在江西石城杨家牌被捕，幼天王亦在江西郊外被俘，先后被押至南昌处死。

湘军攻陷南京城时，城内太平军将士万余人全部壮烈牺牲，无一降者。湘军入城后肆意搜刮金银，残杀无辜，并纵火烧屋灭迹，繁华的古都南京顿成瓦砾场。天京陷落，标志着轰轰烈烈的太平天国农民起义失败。太平天国农民起义动摇了清王朝封建统治的基础，有力地打击了西方资本主义侵略者，显示了农民阶级的反抗精神和战斗力量，然而，其失败的原因和教训也是深刻的。太平天国起义及其失败表明，在半殖民地半封建的中国，农民具有强大的革命潜力，但它自身不能担负起领导反帝反封建斗争取得胜利的重任，单纯的农民战争不可能完成争取民族独立和人民解放的历史任务。

第四节　文化传承

清代早中期的南京延续了前朝的流风余韵，是中国的文化中心之一。优越的地理位置、特殊的行政地位以及浓厚的历史传承，使南京成为当时最为重要的人才集聚地之一。众多文人墨客纷至沓来，与本地士人一起，共同主导与拓展了清代早中期南京的文化活动，并在学术、藏书、刻书、修志、书画、艺术等诸多文化层面取得了辉煌的成就。

一、文人荟萃

作为江南重要的政治、经济、军事以及文化重镇，清代的南京以其独特的魅力，吸引着众多士大夫阶层来此寓居；也有许多官员在致仕以后迁来南京，终老于此。

清初名臣、著名理学家熊赐履致仕之后便迁来南京，安度晚年。熊赐履原为湖广汉阳府孝感人，康熙十五年（1676），时任武英殿大学士熊赐履因事罢官革职，获准寄居南京，先后在莲花桥、清凉台居住。康熙帝南巡时，熊赐履迎驾，因此得以重新被起用，被任命为礼部尚书。康熙四十五年（1706），熊赐履以年老为由请辞，乞归江宁。从此，熊赐履便一直寓居南京直至终老。

清代文学家袁枚为乾隆年间进士，在江宁府曾先后担任溧水、江浦、江宁县令，辞官后寓居南京小仓山下，修筑了随园归隐其中。他常以诗文自娱，悠游山水，广交名流，成为诗坛领袖。其诗歌与赵翼、蒋士铨齐名，号称“江右三大家”，在清代文坛享有极高的声誉。袁枚在南京写下了许多诗篇，并在诗歌理论上卓有成就，其“性灵说”横扫乾嘉诗坛，成为性灵派的理论旗帜。他著作极丰，有《小仓山房诗文集》《随园诗话》《随园食单》《子不语》等。

此外，在清代流寓南京的文人群体中，不乏鸿学大儒、诗词名家、历算学家、书画家、藏书家等。鸿学大儒有姚鼐、卢文弨、钱大昕、戴震等。姚鼐主讲钟山书院二十余年，培养了桐城派的大批中坚力量。校勘大师卢文弨曾两度担任钟山书院院长，力纠时弊，鞠躬尽瘁。清代著名学者、乾嘉学派代表人物钱大昕也寓居南京多年，乾隆四十三年（1778），他应两江总督高晋之邀，赴钟山书院执教。钱大昕在钟山书院讲学授业，治学严谨，提倡实学，反对虚华之学，培养了大批优秀士子。安徽休宁人戴震也是乾嘉学派的著名代表人物，他早年多次赴南京参加乡试，遍游南京，交游广泛，后考中举人。

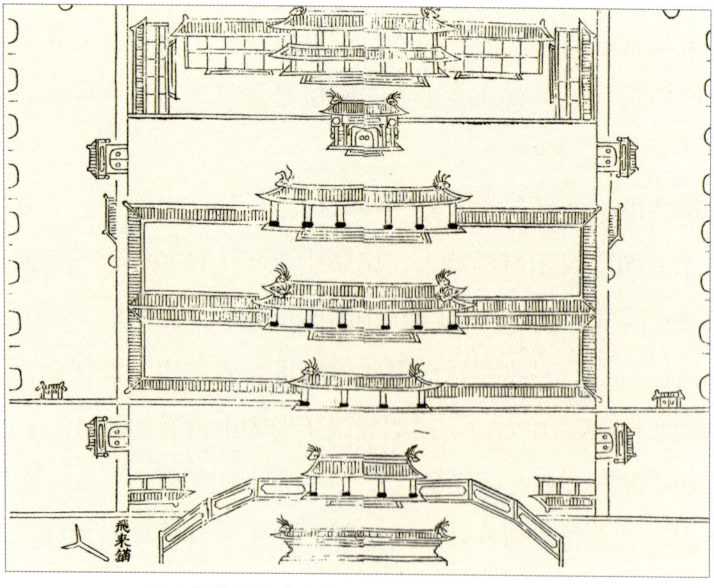

钟山书院总图（清代汤椿年《钟山书院志》）

清代诗词名家流寓南京者极多，如林古度、余怀等。林古度，字茂之，福建福清人。其父林章为明末著名诗人和戏曲家，后全家迁居南京。林古度善作诗词，早年风格清绮婉丽，后偏楚风。林氏后来寓居南京珍珠桥一带，时人称为“东南硕魁”。诗词名家余怀，字澹心，福建莆田人。他才情艳逸，侨居江宁，著有《板桥杂记》等。

数学家张敦仁，为清中期著名历算学家，山西阳谷人。乾隆四十年（1775）进士，嘉庆初改官江苏，历松江、苏州、江宁知府。《清史列传》记载张敦仁著《辑古算经细草》《开方补记》《求一算术》《求一通解》等。张氏晚年寓居南京，住在中正街一带。

还有不少士人因祖辈移居南京并定居，故而成为新南京人。如安徽歙县人程廷祚，其祖在明末就已移居南京。程廷祚本人出生在南京，其一生绝大多数时间皆在南京度过。程氏博览群书，专治经学，治学以颜元学说为主，参以顾炎武、黄宗羲之说，著有《易通》《大易择言》《尚书通议》《青溪诗文集》等。

有清一代，梅氏一族更是移居南京的典型。梅氏祖籍安徽宣城，自梅瑴成时移籍南京。梅瑴成，字玉如，梅文鼎之孙，清代著名历算学家。其祖梅文鼎极得康熙帝信任，梅瑴成在康熙五十一年（1712）被召入内廷，因其学问精进颇受康熙帝赏识，先后赐举人、进士功名，后除以编修之职，官至左都御史。他著述极富，著有《操缦卮言》《明史·天文志》等，主编的《数理精蕴》涵盖算术、代数、几何等内容，反映了当时数学的最高水平。梅瑴成晚年致仕后，奏请移籍南京，居于今明瓦廊一带。

梅瑴成有五子，颇能继承家学，俱有学行。孙辈如梅冲，曾孙辈如梅曾亮，更是名闻当世。梅曾亮，字伯言，道光年间进士。肄业于钟山书院，极得其师姚鼐赏识，与管同、方东树、姚莹并称“姚门四弟子”，是姚鼐之后影响最大的桐城派代表人物。咸丰初年，梅曾亮在南京居住。不久太平军攻占南京，梅氏避难周边，战后返回南京。著有《柏枧山房集》。

二、藏书家辈出

清代南京也有众多藏书世家，首推江浦丁氏。丁氏藏书，可追溯至丁玺。丁玺为明万历年间贡生，《金陵通传》称他“笃志力学，藏书万卷”，开启了江浦丁家的藏书传统。至孙辈丁雄飞时，其家族藏书事业发展到了顶峰。丁雄飞，字菡生。心太平庵为其所建藏书楼，故址在今乌龙潭畔。丁雄飞藏书四万卷，大多为秘本，名闻江南。丁氏酷爱购书，甚至为此典卖夫人首饰。丁雄飞不仅藏书，而且利用藏书著书立说，撰述极富，著有《尊儒帖》《乌龙潭志》《清凉山志》《古今书目》等。

黄氏千顷斋，是清初南京的另一藏书楼。千顷斋，又名千顷堂，是黄居中、黄虞稷父子的藏书处，故址在今城南马路街。黄氏原为福建晋江人，后流寓南京。据《清史列传》载，黄氏藏书总数达八万卷之多，成为江南屈指可数的大藏书家之一。钱谦益在纂辑《列朝诗集》时，曾因林古度的推荐而向黄虞稷借书，可见千顷堂藏书之齐备。

黄虞稷和丁雄飞志趣相投，互为挚友。两家建立“古欢社”，订立《古欢社约》，相互质证、借书、抄书、校勘，互通有无，相得益彰，一时传为书林美谈。除古欢社外，黄虞稷还与江左名士建立了“经史会”，互相利用藏书。后来的藏书家甘熙、朱绪曾，也有类似之举，颇有黄、丁遗风。此外，钱谦益的绛云楼也是清初著名的藏书楼，其藏书之丰富，据传可与清廷内务府一比，名冠东南。惜于顺治七年（1650）毁于烛火，藏书尽毁。

康乾时期，熊赐履、孙星衍等流寓名士，也在南京建立起各自的藏书楼。熊赐履流寓南京多年，在此广为搜集图书，拥书至十万卷。

为防止藏书散佚以及便于翻阅，熊赐履对所藏书籍分门别类，编写目录，专建5间房屋为藏书之用，名曰“下学堂”。孙星衍，字渊如，江苏阳湖人。孙星衍为进士及第，始以词章知名，后精研考据，为乾嘉时期著名的经学家、目录学家、校勘学家。嘉庆三年（1798），孙星衍丁母忧归居南京，购旧家园林一座，并有冶城山馆，为读书、藏书、刻书之处，院有古松五株，孙星衍之号“五松居士”亦由此而来。孙星衍性喜藏书，一生拥有藏书三千余种，著有《孙氏祠堂书目》《平津馆鉴藏书籍记》《廉石居藏书记》，影响深远。

乾嘉时期，江宁严氏也是著名的藏书世家。严长明，字冬有（一作冬友）。《清史稿》称他幼年奇慧，师从桐城派大师方苞，官至内阁中书、内阁侍读。乾隆三十六年（1771）回乡丁忧后不复出仕，在南京筑“归求草堂”，藏书三万卷，金石文字三千卷。其子严观利用藏书著书立说，撰《江宁金石记》《江宁金石待访目》等。严观之子严元、严兆也颇能继承家学。

嘉庆以来，甘氏后来居上，成为南京的藏书大家。甘氏本为清贫之家，至甘国栋时才因经商而颇有家业。嘉庆四年（1799），甘家迁至城南南捕厅，建“友恭堂”，希望兄友弟恭的精神成为甘家历代治家、处世的准则。甘国栋有四子，分别是甘福、甘遐年、甘延年、甘鹤年。甘氏藏书始于甘福。甘福的藏书楼原为甘家大院后花园内的“桐阴小筑”，姚鼐、孙星衍都曾在此吟诗论道。甘福生性嗜书，积书十万余册，遂于道光十二年（1832）新筑津逮楼作为藏书之所，其设计模仿宁波天一阁，具有上下各三楹、坐南朝北的特点。他还致力于搜集南京乡邦文献，并将其作为津逮楼藏书的重要组成部分，较著名者有《建康实录》《六朝事迹编类》《景定建康志》《客座赘语》《金陵古今图考》《金陵梵刹志》《摄山志》《江宁金石记》等。甘福之子甘熙继承其父遗志，扩大了藏书规模。津逮楼藏书正是在甘熙的主持下发展到极盛，

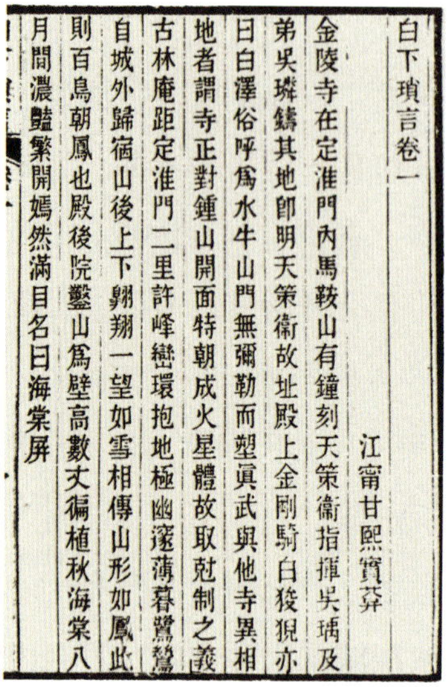

白下瑣言卷一

江甯甘熙實菴

金陵寺在定淮門内馬鞍山有鐘刻天策衛指揮吴瑀及弟吴璘鑄其地即明天策衛故址殿上金剛騎白狻猊亦曰白澤俗呼爲水牛山門無彌勒而塑眞武與他寺異相地者謂寺正對鍾山開面特朝成火星體故取尅制之義古林庵距定淮門二里許峰巒環抱地極幽邃薄暮鷺鷥自城外歸宿山後上下翱翔一望如雪相傳山形如鳳此則百鳥朝鳳也殿後院鑿山爲壁高數丈徧植秋海棠八月間濃豔繁開嫣然滿目名曰海棠屏

《白下琐言》书影

名闻海内。甘熙还以津逮楼收藏为基础，撰写了《白下琐言》等地方文献，对于南京地方文化事业贡献颇多。咸丰三年（1853），太平军进入南京，津逮楼藏书被付之一炬。

嘉道时期，上元朱绪曾家族也藏书颇富。朱绪曾，字述之，号北山。他在秦淮水榭建“开有益斋”，聚书十余万卷，所藏宋元秘籍，多外间所罕见。朱绪曾一生著述甚多，曾辑成《金陵诗征》。至晚清以降，南京仍有不少藏书世家，如汪士铎、陈作霖家族。其中，汪士铎居城南金沙井，藏书共有三万余卷，在当时南京藏书家中堪称翘楚。

三、刻书业发达

明朝定都后，朱元璋就将全国各地一批熟练的雕版工匠集中到南京，城南三山街一带刻书业鼎盛一时，各种古籍善本汇集于此，成为全国印刷出版中心。清代南京也是当时全国重要的文化中心，刻书业兴盛，与苏州、杭州并为刻书业中心之一，取代了福建、四川刻本的历史地位，领先全国。有清一代，南京书坊林立，以追求盈利为目标的坊刻极其盛行。众多文人不仅著书、藏书，更有以刻书为己任者。坊肆刻书与私家刻书，共同构建了南京刻书文化中最为辉煌的一页。

南京书坊不仅是刻书场所，也是售书店铺，集编辑、出版、发行为一体，此外还承载了文人雅集的多种功能。书坊多集中在城南三山街、状元境一带。据孔尚任在《桃花扇》中描写三山街书坊的盛况称：“天下书籍之富，无过俺金陵；这金陵书铺之多，无过俺三山街。”

状元境也是书坊的聚集中心之一，仅在清中期，书坊就有二十余家。《白下琐言》载：“书坊皆在状元境，比屋而居有二十余家，大半皆江右人，虽通行坊本，然琳琅满架，亦殊可观。”部分书坊规模较大，刻书事业极为繁忙。

南京书坊中，以启盛堂、奎璧斋、李光明庄、芥子园、聚锦堂、德聚堂、富文堂、荣盛堂、一得斋、宜春阁等较为有名。

雍正年间，启盛堂雕版印刷较为出名，曾用铜版印行《四书体注》。郑氏奎璧斋书坊位于状元境巷内，源于明万历年间，乾隆时期书坊主人为郑元美。书坊刻有《四体字法》《新镌乐府清音歌林拾翠》等，刻工精美，名盛一时。至光绪年间书版多散售易主，其所刻《易经》版片售归金陵富文堂。李光明庄，又称状元阁爵记，设于南京三山街秦状元巷。李光明庄刻的书大约有160余种，且刻本扉页均有朱色“广告”，印有李光明庄的地址、服务项目、书单和价格等，体现了李光明本人先进的经营理念和独特的营销意识。

此外，芥子园书坊更为著名。芥子园书坊为清代著名文人李渔在南京创办，他投身刻书事业，刊刻了《三国演义》《水浒传》《西游记》《金瓶梅》等名作，并发行自己所撰小说、戏曲、杂著等作品，风行一时。为了防止其他书商盗版，李渔还在刻印时增加防伪标记，改良装帧版式，芥子园因此而成为有清一代的著名品牌，畅销至今的《芥子园画谱》即是在李渔的指导下，最终以五色套印出版的山水画谱。

《芥子园画谱》书影

太平天国战争之后，曾国藩在朝天宫创设金陵官书局，先后负责书局事务的有江宁知府涂宗瀛、江苏候补道洪汝奎等。曾国藩对于官局刻书非常重视，除了指定名儒参与校勘外，还亲自校阅了重刻《王船山遗书》中的部分章节。金陵书局版本可靠，校勘精良，堪称善本。近代学者叶德辉在《古今刻书人地之变迁》中评价道：“咸丰赭寇之乱，市肆荡然无存。迨乎中兴，曾文正首先于江宁设金陵书局，于扬州设淮南书局，同时杭州、江苏、武昌继之。既刊读本《十三经》，四省又合刊《廿四史》。天下书板之善，仍推金陵、苏、杭。”此后南京共设立四大官书局，除金陵书局外，李鸿章署理两江总督时创设的聚珍书局也颇有名气。辛丑元年（1901）秋九月，两江总督刘坤一、湖广总督张之洞联合奏设江鄂书局，后改名江楚编译书局，专门编译新式教科书，翻译日本和西方书籍，以适应清末教育改革之需。江楚编译书局聘缪荃孙为总纂，陈作霖、柳诒徵、罗振玉、王国维等都曾参与编著翻译。该局先后印行了《历代史略》《万国史略》《江苏师范讲义》等，其中刊刻的新式书籍占 85% 左右，对于传播新学起到了一定的促进作用。1928 年改名为中央大学区国学书局。

除了坊刻，私家刻书也是清代南京刻书的重要组成部分。私家刻书种类较多，多为文人学者所刻自己的著作或前贤诗文，这类书大都

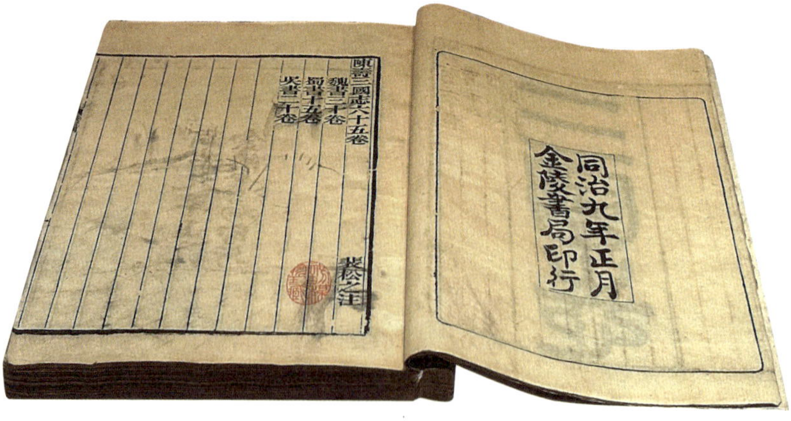

同治九年金陵书局印行的《三国志》（徐智 摄）

是手写上版，即所谓写刻，选用纸墨都比较考究，是刻本中的精品，世称精刻本。此外还有考据、辑佚、校勘学兴起之后，藏书家和校勘学家辑刻的丛书、逸书等。由于藏书家刻书往往注重考据、校勘，故而质量也较高，口碑尚佳。私家刻书为追求质量，往往不惜工本，聘请江宁写刻高手。南京刘文奎兄弟就是刻工中的典型代表，刘氏几乎垄断了当时的知名刻坊，其刊刻之精，颇受好评。

第五节　西学东渐

经历了清中前期的文化辉煌之后，晚清以来的南京依然是东南地区的文化中心。19 世纪八九十年代，随着西学的传播和社会的发展，南京成为较早兴办新式教育机构、培养新式人才的城市之一。传统的封建科举制度已无法适应时代发展的需要，最终被全面废止，同时清廷下诏广开学堂，兴办新式教育，西方的教育体系和理念对南京教育的近代化进程产生了深远的影响。此外，近代南京的工业、医院、交通、市政等各项事业都在清末十年中得到了迅速发展。到南洋劝业会举行时，南京的城市面貌与社会风气都产生了极大的变化，一座近代化的城市正在崛起。

一、科举制的废止

科举制度是中国古代教育和官员选拔任用的重要制度，由于分科取士而得名。始于隋炀帝大业二年（606）试行，至光绪三十一年（1905）明令废止，是一项在中国实行了 1300 余年的选拔人才制度，历时经久，影响深远。

清代的科举考试基本沿袭了明制，是一个层次、等级、条规、名目繁多苛严的庞大体系，南京的江南贡院正是科举制度的见证。江南贡院位于夫子庙东侧，又称南京贡院、建康贡院，是中国历史上规模最大、影响最广的科举取士场地。江南贡院始建于南宋乾道四年（1168），经历代修缮扩建，明清时期达到鼎盛，东起姚家巷，西至贡院西街，南临秦淮河，北抵奇望街，为夫子庙地区主要建筑群之一，仅仅用于考试的号舍就多达20646间，一次能容纳考生2万余人。再加上几百间官房、膳房和杂役兵房等，总占地面积超过30万平方米，其规模和占地面积均位居中国各省贡院之首，与北京的顺天贡院并称“南闱”和“北闱”。南京现存的诸多地名，如江南贡院、成贤街、四牌楼、三牌楼、沈举人巷、朱状元巷、秦状元里、上江考棚、三元巷、文德桥、科巷等，无不见证了南京科举文化的悠久历史。

在江南贡院举行的江南乡试，涉及江苏、安徽两省士子，曾选拔出大批科举人才。科举考试，明清两代在各省城每三年举行一次，分为三场，中试者为举人。有清一代，科考共举行112次。其中在江南贡院乡试中举后经殿试考中状元者，江苏籍49名，安徽籍9名，共计58名，占全国状元总数的51.78%。明清时期的名人如“吴中四才子”之一的画家唐寅、“扬州八怪”之一的郑板桥、《儒林外史》作者吴

江南贡院旧影

敬梓、光绪皇帝的老师翁同龢以及近代南通实业家张謇，均出于此。中国共产党创始人之一的陈独秀也曾在此参加过乡试。

光绪三十一年（1905），清政府宣布废除科举取士制度，开办新学，江南贡院由此停止开科取士，结束了其历史使命。

二、新式学校的建立

在地方督抚的苦心经营和社会各界的大力支持下，南京在晚清最后二十年中，迅速建立起了大、中、小、幼一整套系统的教育体系。这些新式学校完全不同于封建旧式学校，不但学制效仿欧美，大量聘请外国教员，课程内容中西学也占了很大比例，这种新式教育体制是南京教育从传统向近现代转型的开始。

南京最早的近代军事学堂是江南水师学堂，建于清光绪十六年（1890），由两江总督曾国荃创办，校址位于南京仪凤门内。江南水师学堂的一切章程制度，都仿照天津水师学堂，学制为五年，设驾驶、管轮和鱼雷科。学堂聘有2名英国海军教官和4名外文、汉文教习。

江南水师学堂学生正在桅杆上操练

光绪二十二年（1896），署理两江总督张之洞创设江南陆师学堂，聘请德国军官为教习，研习兵法、行阵、地利、测量、绘图、算术、营垒、桥路各种学问，操练马、步、炮各种阵法。刘坤一继任两江总督后，为培养开矿技师，于光绪二十四年（1898）开办矿务学堂，课程以矿务为主，铁路为副，亦称“矿路学堂”。

江南陆师学堂旧影

清末南京地区的新式军事学堂除了江南水师学堂与江南陆师学堂外，还有如下几所：光绪二十五年（1899），两江总督刘坤一在江宁创办练将学堂，在各营、旗官弁中招选学生，延聘洋教习教以马、步、枪炮、工程、辎重、测量等。光绪三十一年（1905），两江总督周馥设立测绘学堂；光绪三十二年（1906），两江总督端方挑选营兵编为卫生队，创办卫生学堂。

除军事学堂外，南京的近代学校教育也在这一时期得到了迅速发展。光绪二十七年（1901），清政府派张百熙为管学大臣，颁布了《钦定学堂章程》，即“壬寅学制”，将学堂教育分为高等教育、中等教育和初等教育三大级别、七个等级。两江总督刘坤一遵照圣谕，推行教育新政，南京除已有水师学堂、陆师学堂、格致书院之外，开始在上元、江宁两县设小学堂，江宁府设中学堂，省城设高等学堂。

光绪二十八年（1902），署理两江总督张之洞筹办三江师范学堂，这是中国近代最早设立的师范学校之一，校址设在南京北极阁前。张之洞在创办三江师范学堂的过程中，将“中学为体、西学为用”作为指导思想。光绪三十二年（1906），新任两江总督周馥将学堂改名为两江优级师范学堂，由近代著名教育家李瑞清接任学堂监督之职，是中国近代最早设立的师范学校之一，也是今南京大学、东南大学等高校的前身。

在中小学教育方面。光绪三十年（1904），随着清政府《奏定中学堂章程》的颁布，南京掀起兴办私立中学堂之风。这一年先后成立的有私立钟英中学堂、私立旅宁第一女学、私立安徽旅宁公学等。光

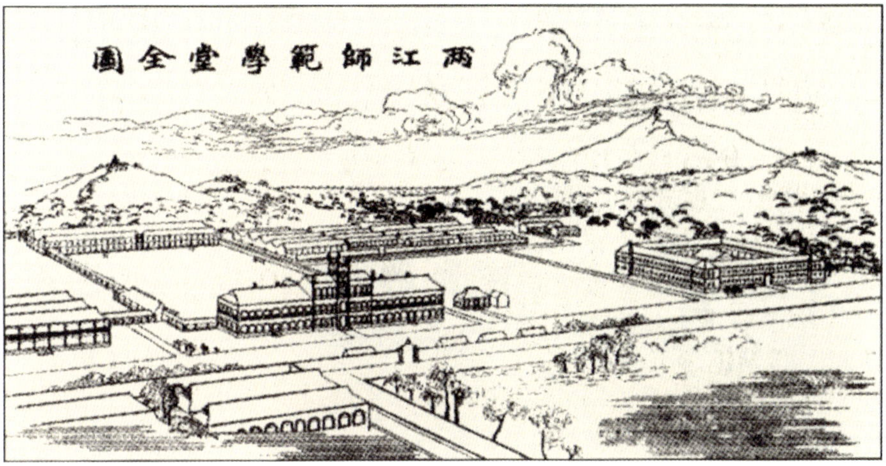

两江师范学堂全图

绪三十二年（1906）后，南京又兴起官绅举办女学之风。据学部统计，宣统元年（1909）南京中学堂有20所，学生1516人，教员180人，其中外籍教员8人。其他新式教育还有民众补习学塾、儿童学前教育等。

除刘坤一、张之洞、周馥之外，两江总督端方也致力于南京乃至江苏的新式教育改革。端方是清末新政的中坚力量，在他的努力下，江苏在全国较早构筑起较为完善的近代教育体系。此外他还向外派遣留学生和接受华侨留学生，发展了既有教育系统的外延空间，开创了中国近代教育的新形式。其他如官办、公办、私人办学三种学校所有制形式，以及法政、师范、金融、工商、农林、医药、陆炮军校等专科设置模式也都在端方主政期间发展起来，为南京教育近代化进一步发展奠定了坚实的基础，在全国也处于领先地位。

三、近代教堂和医院的设立

南京的天主教始于明朝万历二十三年（1595）利玛窦来宁传教。清康熙末年禁止教会活动，直至晚清时期。同治九年（1870），法国传教士在石鼓路重建天主教堂。光绪元年（1875），法籍传教士倪怀

汇文书院旧影

伦在石鼓路天主教堂创立小学。

从 19 世纪 40 年代开始，美国基督教会的长老会、美以美会、基督会先后派传教士来华，相继在南京建立莫愁路堂、圣保罗堂，开办汇文书院、金陵大学、金陵女子文理学院、金陵神学院、马林医院（今鼓楼医院）等，进行传教布道，开办学校、医院和各种慈善事业。

同治十三年（1874），美国基督教北美长老会传教士韦理、李满在汉西门四根杆子（今莫愁路）创办基督教汉中堂，同时创办了明德女子小学。光绪十四年（1888），美以美会传教士傅罗创办了汇文书院，光绪十八年（1892）分为大学堂、高等学堂、中学堂、小学堂四级，这是南京近代第一座高等学府。汇文书院首任院长为美以美会的传教士福开森。同一时期的教会学校还有基督书院和益智书院，二者于宣统二年（1910）并入汇文书院，定名为金陵大学。美以美会还创办了畬清女校，此为汇文女子中学的前身。

南京第一座新式医院是光绪十六年（1890）开始动工兴建，两年后落成使用的“基督医院”，因院长是西方传教士威廉·爱德华·麦克林医学博士（Williams Edward Macklin，中文译音“马林”），故又称“马林医院”。马林是加拿大籍传教士兼医生，他于光绪十二年（1886）从加拿大来南京传教，同时行医。他首先在鼓楼附近及城南花市大街（今长乐路附近）买地，盖起简易的房屋，开设马林诊所。次年，美国基督教会鉴于马林行医传教取得的良好效果，决定集资为他建造一所教会医院，由马林任院长。中国人景维行在鼓楼南坡捐地十余亩作为医院院址，即马林医院，这是南京历史上第一座西式医院。

基督医院旧影

同期的另一所教会医院是美国西北大学医科博士比必（R.C.Beebe）于光绪十一年（1885）在汉西门创办的金陵医院。光绪二十二年（1896），汇文书院增设医科，医科总教习师图尔（G.A.Stuart）与马林、比必之前便有密切交往，于是借机与他们合作，共同培养医学人才。三人分担了汇文书院医科的教学工作，另聘请若干助教，基督、金陵两医院也成为汇文书院医科的实习医院。

四、近代工业的诞生

太平天国战争结束之后，曾国藩等督抚大员多次表达了对列强新式军事装备的危机意识以及自强精神，李鸿章认为中国欲自强，当务之急就是学习外国先进的制造技术。

在与太平军交战期间，曾国藩将大营迁至安庆，于咸丰十一年（1861）创办安庆内军械所，并延揽了一批科技人才如徐寿、华蘅芳等人，开始制造轮船、洋炮、子弹、火药等，此为近代最早官办的军事工厂。同治三年（1864）湘军攻克南京后，安庆内军械所随曾国藩迁来。次年，李鸿章署理两江总督，在雨花台附近扫帚巷动工兴建金陵机器制造局，安庆内军械所随之并入。

金陵机器制造局是南京第一座近代机械化工厂，素有“民族军事

金陵机器制造局厂房

工业摇篮”之誉。直隶州知州刘佐禹担任金陵机器制造局的第一任总办，英国人马格理为督办。制造局从外国购买机器，招募洋匠为师，制造炮位门火、车轮盘架、子药箱具、开花炸弹、洋枪抬枪、铜帽等项。李鸿章将其在上海及苏州创办的洋炮局的机器、人员也迁到金陵机器制造局。同时期在龙蟠里设火药局，储存木药、洋药、枪药等。此外还在古城隍庙旁设立金陵军械所，专门储存外洋军火和内地军需，以供江宁绿营及湘淮水陆征防各军之用。

金陵机器制造局整体为西式建筑风格，最初只有一座机器厂房正屋，厅房 93 间，过亭 5 架，协屋 6 大间，披房 10 间，门楼 2 所，有员工役夫、匠目、亲兵 400 余人。不久后在毗邻的大报恩寺附近续造了 12 间委员住宅。经过数年扩充，制造局陆续增加设备，人员也增至 1000 人左右。尤其是同治十三年（1874）马格理从欧洲购回大量机器，金陵机器制造局得到进一步扩充，拥有 3 个机器厂、2 个翻砂厂和熟铁厂，并有火药局、用火药发射的火箭分局、水雷局等，添设了乌龙山炮台机器局。金陵机器制造局制造了大量炮弹、炮架、各种枪子等，分别供给南洋、北洋水师，是晚清海防建设的重要组成部分，成为仅次于江南制造局的近代四大兵工厂之一。

作为中国近代较早的军事工厂，金陵机器制造局由清政府拨发经费，初步建立一套独立的近代资本主义性质的经济核算制度，采用新式生产技术生产新式武器，并力图使管理近代化，如聘用洋务派官员为总办，总办下设委员和司事，聘洋监督进行管理，雇佣工人进行生产并发放货币工资等。它生产的军火除了供应本省及淮军所需外，也备各省采购。不过，制造局由李鸿章一手打造，即便是他担任直隶总督兼北洋大臣之后，所有账目几乎都要经他审核，驻苏淮军每月操练所需军火也都由制造局供给，所雇用的工人也多是李鸿章从军队调来的兵弁。制造局内官僚作风严重、腐败行为泛滥等造成生产进展缓慢，产品成本高、实效差，具有浓厚的封建性。所以，它虽然在近代化道路上迈出了第一步，却注定无法达到清政府举办军事工业“制器自强”的目的。

在军事工业建设过程中，原料材料短缺，运输、通信不畅等问题严重影响着军用工业的发展，洋务派官员们逐渐认识到仅仅依靠军事工业无法实现“自强”目的，陆续提出强与富并重、寓强于富的方针。自 19 世纪 70 年代开始，洋务运动进入注重“求富”阶段，即开办民用工业。南京陆续创办了胜昌机器厂、咸阳火柴厂、青龙山煤矿、同泰永机器翻砂厂、南洋印刷官厂、金陵电灯官厂、泰记和茂工厂、杨永兴机器厂、浦镇机厂、金陵机器火砖厂等民用企业。

总体来看，晚清时期南京近代工业发展缓慢，更多处于生产力低下、结构不合理、发展不平衡的状态。如胜昌机器厂只有三千元资本，根本不能制造机器，只能修配零件。这些民族工业普遍资金短缺，严重依赖国外机器和技术，处在封建专制主义和帝国主义的夹缝中，生产经营无法正常周转，有的刚开办旋即破产倒闭。尽管如此，近代官办和民办企业的创办开启了南京近代工业的先河，促进了城市近代化的进程，奠定了从传统到现代转型的基础。

五、南洋劝业会

光绪三十一年（1905），端方与载泽、戴鸿慈、徐世昌、绍英五人被慈禧派去西方考察宪政。回国后，端方离京南下担任两江总督兼南洋通商大臣，他认为，南京地势合宜，交通便捷，物产富饶，极适宜举办博览会。

光绪三十四年（1908），端方正式上奏清廷，全面申述南洋劝业会计划，以期振兴实业，开通民智，终获批准。端方随即在上海设立董事会事务所，在南京设立坐办事务所，规定南洋大臣为劝业会会长以及各副会长、参议人选。后端方调职，由新任两江总督兼南洋通商大臣张人骏接替他担任会长，继续筹备南洋劝业会。宁省坐办由陈琪担任，负责劝业会一切筹备事宜。陈琪以上海、南京等地为重点，在全国范围内推动各地建立协赞会、物产会和出品协会，征集参赛物品。因在劝业会期间表现出来的出色的组织筹划能力以及后来连续组织中国参与世界性博览会，陈琪被誉为“中国近代博览会事业之第一人”。

宣统二年（1910）四月二十八日，南洋劝业会隆重开幕。这是中国第一次全国性的博览会，历时长达半年，影响极大。南洋劝业会主会场南起丁家桥，北至三牌楼，东邻丰润门（今玄武门），西近将军庙，占地面积700余亩。会场呈椭圆形，中心建有四方形多层塔楼1座，作为劝业会办公所在地和会议、接待中心。会场内共设34个展区，包括各省展馆、专业馆、实业馆、特别馆等，南京的两江馆最大，此外还有暨南馆展览华侨展品，参考一馆、参考二馆展示外国展品。除甘肃、青海、新疆、西藏、广西等边远省区之外，南洋劝业会几乎有来自全国各地的展品，也有来自南洋各国和英、美、日、德等国的展品，总共分农产品、工艺品、水产品、美术品、畜产品、教育品、医药品、机械产品等24部86门，计400多类，共约100万件，几乎涵盖了当时社会生活的各个方面。

为了评奖，主办方还成立了南洋劝业研究会，以著名学者李瑞清为会长、江苏谘议局议长张謇为总干事，组织专家799人，耗时3个月对展品进行鉴定评比。至十月底，研究会共评出一等奏奖66名，二

南洋劝业会盛况

等超等奖214名，三等优等奖426名，四等金牌奖1218名，五等银牌奖3345名，共计5269名（项）。在一等奖中，以农产品中的丝茶、工艺品中的化工染织品为最多，基本上仍以传统工艺为主。

南洋劝业会在当时产生了极为轰动的影响，其新奇的技术、壮观的布置吸引了20多万全国各地乃至世界各国的游客，鲁迅、茅盾、叶圣陶等都曾参观过劝业会。劝业会会场布置极为隆重，门头有“南洋劝业会”五个大字，用彩灯缀成，进门有喷水池，夜晚在灯光辉映中显得尤为壮观。对此青年茅盾印象深刻，当时他在湖州中学读书，暑假中为了参观劝业会，特意乘船到无锡，再从无锡乘火车到南京。他在《我所走过的道路》中回忆道：“拂晓到达南京下关车站，猛抬头看见斗大的‘南洋劝业会’五个闪闪发光的字，走近了看，才知是许多小灯泡连串做成的。”

劝业会会场内设施齐全，包括贩卖部、饮食店、旅社、剧院、游艺场，以及动物园、植物园、马戏团、照相馆、邮局等。会场还专设电梯，可登高遍览整个场馆，使游人备感新奇。在交通方面，会场外接宁省铁路，有小火车每隔1小时发一班，方便游客观赏博览会。会场内则有马车、人力车等，可随时雇用漫游。整个会场布置错落有致，中西建筑相映成趣，各场馆或以园林取胜，或点缀园林，辅以各种游乐设施，使整个会场俨然成为一个大型公园。

会场东北还专门开辟了公园供人游览，内部设有憩息所、八角茅亭、鹤亭、虎亭、风力吸水机、玻璃温室、水晶宫、茶社等，可谓南京的第一个近代城市公园。为了方便游人游览与会场邻近的玄武湖，张人骏特地命人开辟新城门，后被称为“丰润门”，改变了之前游览玄武湖必须从太平门进出的不便状况，为民国时期开辟玄武湖公园做好了铺垫。

南洋劝业会事务所先后发行的《劝业会旬报》《劝业日报》等官方资料文献，详细记录了筹备和开展情况。劝业会举行之后，《申报》《大公报》《国风报》《东方杂志》等媒体争相报道盛况，前来游览的人们也留下了很多日记、笔记以及歌咏文献，集结而成的《南洋劝业会杂咏》共收录诗文 210 首，可称得上对劝业会的全面介绍。

为了“开风气而劝农工”而举行的南洋劝业会，确实起到了促进各地商品交流、激励农工商业发展的目的，在清末社会可谓大放异彩。然而，南洋劝业会建设耗资百万，虽然也有较高的成交额，最终却亏空严重，劝业会事务所和董事会只好宣布将会场变价出卖，南洋劝业会就此落幕。

随即爆发的辛亥革命，造成时局动荡，劝业会对南京城市建设的影响很快湮灭。今南京工业大学丁家桥校区内留有湖北水泥厂当年参展的水泥阳篷，以及两只汉白玉石貔貅，成为劝业会仅存的遗物。尽管如此，劝业会依旧给南京留下了很多物质及文化遗产，比如电灯、电梯、水泥等新事物的出现，逛公园、游艺场等市民新娱乐方式的诞生，以及沿用至今的“劝业村”“劝业路”等地名。南洋劝业会与其他近代中国博览会事业推动了近代中国工商业的发展，促进了社会的进步，它所提倡的振兴民族工业的宗旨，具有一定的积极意义。

第六章

民国风云

南京，依靠其历史上的重要影响，凭借地理上的形胜地利，并倚重经济、文化发展方面的优势地位，在1912年1月中华民国成立时被定为首都。1927年受蒋介石控制的国民党统治集团在南京建立国民政府，重为首都的南京再次成为全国的政治中心。1937年12月日军攻占南京，随之发生惨绝人寰的大屠杀。1945年抗战胜利后，国民政府自重庆还都南京。在人民解放战争中，国民党统治深陷危机。民国时期，中国共产党人在南京前仆后继地开展革命斗争，英勇反抗日伪及国民党反动派的统治。1949年4月，南京解放。从此在中国共产党的领导下，南京进入了人民当家做主和繁荣发展的新的历史时期。

第一节　中华民国临时政府成立

一、辛亥革命与南京光复

清宣统三年（1911），武汉地区的革命党人于10月10日（农历辛亥年八月十九日）发动起义，其枪声震撼全国，江苏各地纷起响应。

时属江苏地区的上海革命党人更是率先行动，于11月初发动起义成功，并组建沪军都督府。接着在江苏巡抚衙门驻地的苏州，巡抚程德全受革命形势的影响和推动，于11月4日晚召开会议，决定宣布江苏独立。程德全被推举为苏军都督。

苏军都督府成立后，于11月9日向江苏各府、州、县发出通令，要其克尽抚民之责，一切文牍均暂直送都督府核办，并保卫地方治安。

上海、苏州次第光复，对江苏全省的反清起义起着重要的推动作用。随后各地相继起义和光复，同时成立军政分府等临时权力机构。

南京作为全国有重要影响的大城市，其光复始自新军第九镇的秣陵关起义。此前，清政府编练的陆军第九镇新军由徐绍桢任统制，辖兵万余。辛亥革命爆发时，该镇司令部及步兵第十七协等驻南京，第十八协之第三十五、三十六标分驻镇江、江阴。

第九镇在征兵时，一些反清革命志士乘机入伍，并在军中从事革命活动。著名革命党人赵声先任第十七协第三十三标营管带，旋即升任该标标统。

赵声等革命党人利用多种方式在军内宣传反清革命思想，激发士兵爱国热情和为救国而甘洒热血的坚强斗志，同时还在军中成立同盟会组织，发展一批从事革命的青年军官及在宁青年学生加入同盟会。其时南京地区参加与同情革命的青年约达2万，而军中官兵反清斗志更是高涨，并准备随时举行起义。

徐绍桢

此时，两江总督张人骏惧怕第九镇新军起义而严加防范，将由江南提督张勋统率之江防军（旧军），从浦口调驻南京城监视新军；同时，千方百计压制新军，并逼其离开南京，开赴秣陵关。

11月3日，徐绍桢在群情激奋、大势所趋的情况下，召开标以上代表会议，决定以第九镇主要兵力袭取雨花台炮台，以及占领镇江等事。随着11月4日上海光复，5日程德全宣布苏属独立之消息传到秣陵，徐绍桢认为起义时机已到，遂作进入南京城的积极部署。

11月8日凌晨3时，南京城内的苏良斌等革命党人起义，但因联络未畅、缺乏外援而失败。当日，获悉城内变起，徐绍桢宣布立即起义，命令兵分三路攻城。新军官兵虽奋勇冲杀，但终因弹药缺乏及城内守敌防守严密，起义部队于当日夜间被迫向镇江方向退却。秣陵关第九镇新军起义虽然遭到失败，但却拉开了南京光复的序幕。

徐绍桢率部退到镇江，准备东山再起，并向上海求援。驻上海的同盟会中部总会鉴于南京地位重要，决定将江浙各军编组联军，以徐绍桢为联军总司令。

11月11日，徐绍桢在镇江成立江浙联军总司令部。会后，江、浙、沪等地民军纷纷派队参加联军，人数达万人以上。此时在镇江江面的南洋海军舰队十余艘舰艇亦服从联军指挥。

11月中旬，徐绍桢议决浙军、苏军、淞军分路进攻南京方略。23日，联军各路分途猛进。次日，各路军队遵令向指定目标发起猛攻。之后，淞军统领黎天才率部迅速占领南京城外之乌龙山、幕府山；浙军主力部队在马群地区与清军激烈作战，清军溃退；苏军占领七桥瓮等处。

11月28日晚，联军各部向南京城发起攻击遭到失败。之后，联军总司令部认为应先占领敌之仰仗的阵地天保城，遂作部署，终于12月1日晨全歼守敌，占领天保城。随后，凭借天保城有利地形，炮轰太平门清军瞭望台和北极阁张勋指挥所。两江总督张人骏、江宁将军铁良当夜惊慌出逃。同时，张勋见南京已被民军围困，败局已定，亦乘夜带残部逃窜江北。

12月2日，联军总司令徐绍桢下令各军攻城。浙军、淞军、苏军争相攻入城内，守军残部纷纷投降，民众亦热烈欢迎联军到来。徐绍桢随即向全国发出告捷电。

当日下午，徐绍桢率本部人员入城。根据当时形势，江苏省议会采纳众议，吁请苏军都督程德全移驻南京主持大计，认为江苏本为一省，之前宁苏分治，系清廷弊政，今既改为共和，一省之中应只设一行政总机关，且以驻宁为宜。5 日晚，程德全赴南京，出任江苏都督。随即组织江苏省都督府，并广贴安民告示，采取措施维护社会秩序。

二、民国建元与二次革命

武昌起义后，相继独立后的省份各自为政，互不统属，革命形势的发展要求迅速建立统一的中央政府。

1911 年 11 月上旬，湖北军政府都督黎元洪致电各独立省，请各省军政府派代表赴武昌开会，筹建临时中央政府。这时，上海都督陈其美也向独立各省都督发电，商请各地公举代表赴沪，议建临时中央政府。为此沪、鄂双方往电交涉，未得统一。

此后，因清军于 11 月 30 日攻占汉阳，炮击武昌，江浙联军又攻克南京，此时沪、鄂双方认为在此情况下，在南京筹建临时中央政府恰逢其时。于是，已在武昌、上海方面的各省都督府代表移会南京，于 12 月 17 日在江苏谘议局开会，议举黎元洪为大元帅，组织临时政府。

就在紧张筹备临时中央政府的关键时刻，中国民主革命先行者、同盟会领袖孙中山，于 12 月 25 日由国外回到上海。随后，会见各省都督府代表等多方人士，商谈组织临时中央政府问题，表示要选举大总统。

12 月 29 日，在南京的 17 省都督府代表开会选举临时大总统，孙中山以 16 票当选。代表会随即将结果电告在上海的孙中山，并请其移驾来宁，组织临时政府。孙中山当即复电即刻赴南京就职。

1912 年 1 月 1 日，孙中山在各省都督府代表联合会特派代表陪同下，乘专车赴南京。当晚，临时大总统就职典礼在两江总督府大堂举行，孙中山宣读誓词。随后，孙中山公布《临时大总统就职宣言书》，表示要尽扫专制之流毒，建立共和制政权。

孙中山

孙中山当选临时大总统后，立即组织政府，修改由各省都督府代表联合会制订的《临时政府组织大纲》，于 1 月 2 日公布。5 日，孙中山正式任命经各省代表会选举通过的各部总长。总统府内设秘书处，胡汉民任秘书长；法制院（局），宋教仁任院长，并设铨叙局、印铸局、公报局、稽勋局等。中央军事机关还设有参谋部（黄兴兼任总长）、大元帅大本营（战时由国家元首兼任大元帅）、南京卫戍总督府（徐绍桢担任总督）等。

南京临时政府成立后，各省代表会立即筹组临时立法机构。1 月 28 日，临时参议院在南京召开成立会，选举林森为议长。

南京临时政府的立法机构虽然存在的时间不长，但制定的法律法规多达一百多项，对民主共和的创立发挥了积极作用。其主要功绩在于制定、颁布了中国历史上第一部具有资本主义国家宪法性质的文件——《中华民国临时约法》。

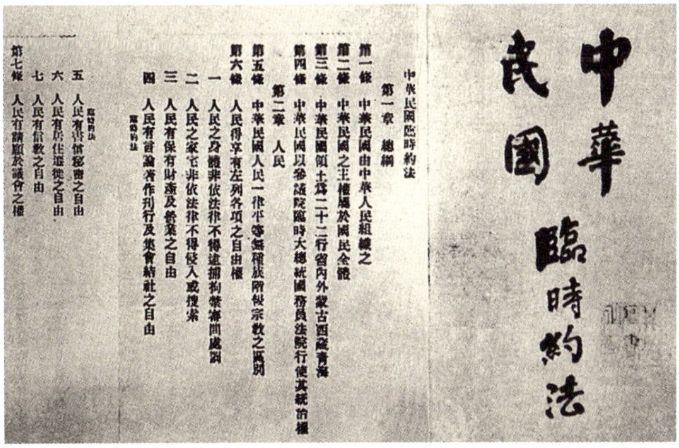

中華民國臨時約法

中華民國臨時約法

第一章 總綱

第一條 中華民國由中華人民組織之

第二條 中華民國之主權屬於國民全體

第三條 中華民國領土為二十二行省內外蒙古西藏青海

第四條 中華民國以參議院臨時大總統國務員法院行使其統治權

第二章 人民

第五條 中華民國人民一律平等無種族階級宗教之區別

第六條 人民得享有左列各項之自由權

一 人民之身體非依法律不得逮捕拘禁審問處罰

二 人民之家宅非依法律不得侵入或搜索

三 人民有保有財產及營業之自由

四 人民有言論著作刊行及集會結社之自由

臨時約法

五 人民有書信秘密之自由

六 人民有居住遷徙之自由

七 人民有信教之自由

第七條 人民有請願於議會之權

《中华民国临时约法》（局部）

3 月 10 日，临时参议院将历经数次审议并通过的《中华民国临时约法》呈送临时大总统孙中山，次日公布。《临时约法》的主要内容有：宣布本约法自公布之日施行起，《临时政府组织大纲》即废止；申明在国会制定中华民国宪法施行前，本约法之效力与宪法相等；规定主权在民的国体、共和制的政体，实行既分立又相互牵制原则，即中华民国以参议院、临时大总统、国务员、法院行使其统治权。《临时约法》以类同国家宪法的形式，在中国建立一个民主共和国，从根本上否定了数千年来封建君主专制的国体与政体，实为革命性的大变化与历史性的进步。

南京临时政府成立后，为改革政治，振兴实业，发展教育、文化，推进社会的近代化，颁布了一系列政策法令：一是定国号为中华民国，纪年改用阳历；二是整饬吏治，任人唯贤，通过考试制度挑选官吏；三是保障人权，禁止买卖人口，强调人格平等；四是改革教育，培养德、智、体全面发展的新型人才；五是铲除社会恶习，禁鸦片、禁赌博、禁缠足、剪辫子；六是振兴实业，扶助民族工商业发展、开办中国银行和发行划一货币、重视农业发展等。

南京临时政府的建立以及《中华民国临时约法》的制定，彻底结束了中国社会延续数千年的封建帝制，这是辛亥革命的伟大成果。它向国际社会宣告了中国历史上第一个民主共和国的建立，确立了建设现代中国的基本原则，开辟了中国走向现代化国家的历史新纪元。虽然南京临时政府的存在只有短短的 3 个月，其立宪原则与建政初衷未能在实践中切实实行，所创立与颁布的诸多制度与重大政策也未及完全实践，但仍给中国社会留下了宝贵的历史遗产，是中国近代历史与南京历史上光辉的一页。

就在南京临时政府成立并紧张进行巩固政权和推进各方面改革的时候，国内形势发生重大变化。武昌首义后，岌岌可危的清廷重新起用曾被罢免的袁世凯，授予其军政大权，镇压革命。袁世凯观察国内形势，采取军事与政治的阴谋和投机手段，于1月25日通电支持共和，2月12日逼清帝逊位。13日，孙中山宣布辞职，以践行就职临时大总统时之誓言。15日，南京临时参议院正式选举袁世凯为临时大总统。依据《临时约法》，改总统制为内阁制，意图削减袁之权力。同日，孙中山致电袁世凯，强调临时政府地点定在南京，袁须来宁就职。

袁世凯拒绝至南京就任临时大总统，执意要求将临时政府地点设于北京。之后，孙中山及南京临时参议院做出妥协。3月10日，袁世凯在北京就任临时大总统职，由唐绍仪出任第一任内阁总理。

4月1日，孙中山宣布解职，他对临时政府三个月来所取得的成绩感到满意。随后，临时参议院议决将政府迁往北京。4月21日，国务院在北京宣告成立。29日，临时参议院在北京开院。至此，中华民国临时政府正式宣告由南京迁至北京。

袁世凯窃夺辛亥革命果实，就任临时大总统职，并确立北洋军阀集团在全国的统治后，即向南方革命势力发起进攻，屠杀革命党人，甚至于1913年3月20日在上海刺杀著名革命党人、国民党代理理事长宋教仁。袁的倒行逆施，引起革命党人的极大愤恨。时在日本考察的孙中山于3月25日回到上海，商讨起兵反袁。之后，袁世凯更加咄咄逼人地进攻南方革命势力。危急时刻，革命党人反对袁世凯实行专制独裁、破坏民主共和的“二次革命”于7月12日爆发。7月14日傍晚，黄兴秘赴南京，开会部署讨袁及独立之事。当天，以黄兴等名义宣布江苏独立，并立即组织讨袁军总司令部，随即发布讨袁通电。

这时的南京，讨袁与拥袁势力斗争激烈。曾在光复南京中做出贡献的程德全，却对“二次革命”持否定态度。7月25日，已佯称有病而离宁赴沪就医的程德全致电袁世凯，表示反对江苏独立。26日，程又致电黄兴等人，胁迫他们取消独立，同时鼓动南京转持拥袁立场的部队逼迫黄兴离宁。无奈之下，黄兴等人于28日离开南京。此时讨袁军群龙无首，顿时瓦解。次日，拥袁势力通电宣布取消江苏独立。

针对各地风起云涌的反袁斗争，袁世凯发出《平叛通令》，于7月19日任命张勋为江北镇守使，率“辫子军”沿运河南进；7月23日任命冯国璋为江淮宣抚使兼第二军军长，率部沿津浦铁路南攻，拟与张勋军合围南京。

此时，南京以国民党人何海鸣领导的反袁势力再次兴起，并与拥袁势力进行激烈战斗。其间，反袁势力曾两次宣布江苏独立，但最后因敌众我寡而归于失败。

袁军攻入南京城后，按照冯国璋、张勋等人事先抢掠三天的许诺，肆意抢劫、淫掠，并将堆积如山的所有赃物运至浦口，再由火车直运至天津、北京等地。

在反袁的“二次革命”中，南京的反袁力量是主力军，并且南京还是军事斗争的主战场。反袁将士们为维护辛亥革命成果，在极为艰难的条件下浴血斗争，给南京历史以及中国近代史留下英勇而悲壮的一页。

第二节　国民政府定都南京

一、北伐军占领南京

1926年夏，国民革命军誓师北伐。北洋军阀直系首领孙传芳部队由江西湖口败退南京。当年冬，受孙邀请，奉系军阀张作霖派张宗昌率直鲁联军主力5万人南下增援。1927年2月13日，张宗昌抵达南京，直鲁联军也大部抵宁。28日，孙传芳、张宗昌在南京设立联合军司令部。

当年1月上旬，北伐军决定兵分东、西、中三路军，以彻底消灭孙传芳部队。其中中路军辖5个军，北伐军总司令蒋介石兼任总指挥，沿长江两岸东征，下辖江左、江右军。江左军由李宗仁任总指挥，沿长江北岸向安庆推进歼敌；江右军由程潜任总指挥，沿长江南岸东下，直取南京。

2 月 18 日，北伐军之东路军克杭州、攻上海，进展顺利；中路军之江左、江右两军也于 2 月中下旬沿江东下，胜利进军。

杭州惨败后，孙传芳率残兵败将逃回南京。3 月初，孙部开往扬州、南通一带“整训”，南京由直鲁联军接防。

3 月 15 日，江右军向南京攻击前进。之后，东路军何应钦部也进驻镇江，逼近南京。在江右军和东路军的强大攻势下，直鲁联军节节败退。20 日起，江右军各部陆续向南京攻击前进。同时，南京人民也纷纷行动起来，积极配合北伐军进攻。

3 月 23 日近午，江右军已将敌人重重包围。程潜兵分三路攻打南京。第一路主攻雨花台、聚宝门（今中华门），第二路猛攻通济门，第三路进攻光华门，皆于激战后破门而入。24 日上午，北伐军大队陆续入城，宣示南京光复。下午 5 时，程潜入城，随后改联军总司令部为军部。25 日，东路军总指挥何应钦亦率第四纵队进驻南京。

二、南京国民政府成立

1927 年 4 月 10 日，南京发生了“四一〇”事件。在这次事件中，以蒋介石为代表的国民党右派势力对革命势力进行残酷镇压，并借此抢先一步控制了南京城。

4 月 16 日，蒋介石召集追随他的国民党中央执行委员会和监察委员会委员，在南京召开“谈话会”，决定在南京成立“国民政府”，并以南京为“首都”。

4 月 18 日，“国民政府”在南京丁家桥原江苏省议会举行成立典礼，蒋介石、胡汉民等出席。当日，新成立的南京国民政府发表《定都南京宣言》，称政府已于本日在南京开始办公。此时，蒋介石所成

立的南京国民政府，与尚在武汉自认为正统的国民党中央与国民政府，处于对立状态。

7月15日，在武汉的汪精卫集团也发动反革命事变。武汉和南京都自称是合法政府，而武汉、南京，以及以国民党老右派为代表的上海的三派力量，又都自称为国民党中央，政局呈现错综复杂的局面。17日，武汉方面决定组成东征军，分三路讨伐宁方的蒋介石。

此时，实力派人物冯玉祥挟武力出面调停宁、汉争斗。为摆脱政治、军事困境，蒋介石以退为进，于8月13日宣布下野。之后，已进入南京的桂系首领李宗仁等感到对政局难以驾驭，便致电武汉方面，提议在武汉的国民政府迁到南京。

8月19日，在武汉的国民党中央召开扩大会议，并以党政名义发表《迁宁宣言》。就在其将迁南京而未迁之际，趁宁汉对立而重新聚拢的北洋军阀孙传芳部队迅速南下，欲攻占城防空虚的南京。情势危急，南京政府一方面将刚调入南京的第七军布防守江，另一方面又急调驻守沪杭地区的第一军来援。

8月26日至27日，孙传芳所部6个师陆续渡江成功，经两天两夜激烈作战，占领龙潭车站及其附近高地，并切断沪宁铁路，形成对南京城发动总攻的有利态势。

孙传芳所部对南京的攻击，反而促进了正处于争斗中的国民党各派之间寻求妥协和实现暂时联合的步伐。自8月27日拂晓起，在海军第二舰队的密切配合下，南京国民政府第七、第一军合力向龙潭攻击，随后，南京国民政府又调来4个军投入龙潭战场。

孙部在龙潭遭到强大反击，渐呈颓势，且外援不济，其指挥官离军先遁，部队更无斗志。至此，龙潭战局迅速逆转。战斗进行至8月31日，遭受严重打击的孙军残部渡江逃回江北。战事于9月2日结束，南京国民政府暂时度过了一场军事、政治危机。

9月5日，汪精卫等以“胜利者”身份到达南京。为了组建有权威的领导核心，汪于9月11日在上海召开了一个寻求各方合作的谈话会，决定组织特别委员会，由宁、汉、沪三方共同推定若干人组成，施行中央执行委员会全部职权，并推选汪精卫、胡汉民、张继、蒋介石等32人为特委会委员。

9月13日，汪精卫以“防共过迟”为借口通电下野。16日，国民党中央特别委员会虽然在南京正式成立，但内部矛盾重重，争斗不断。20日，新产生的国民政府和军事委员会在南京隆重举行就职典礼。该特别委员会成立后，因得不到蒋介石等实力派人物的支持，无法正常履职，于12月28日宣布结束。

1928年2月2日至7日，政治与军事势力得到增强的蒋介石，在南京主持召开国民党二届四中全会，成立了新的中央执行委员会，并组成了以蒋介石为主席的军事委员会，以及由蒋介石任组织部长的中央党部。

8月8日至15日，国民党在南京又召开了二届五中全会，任命蒋介石为国民政府主席，并决定加强中央集权。从此，形成了由蒋介石控制国民党和国民政府的独裁格局。

南京作为国民党和国民政府的全国统治中心，其核心、关键、重要机构及部门均常驻于此。1928年10月国民政府实行改组，试行“训政时期”之五院制度，即设行政院、立法院、司法院、考试院、监察院，而居重要地位的军事委员会等则仍由国民政府直辖。

三、《首都计划》与南京城市建设

1912年中华民国临时政府定都南京，曾废上元、江宁两县，设南京府，隶属民国临时政府内务部，辖原上元、江宁两县地域。后南京府被迁往北京的中华民国政府所撤销，重设江宁县，该县仍管辖原有上元、江宁两县辖地。1914 年 5 月，北洋政府设金陵道，治所设在江宁（今南京），辖江宁、句容、溧水、高淳、江浦、六合、丹徒、丹阳、溧阳、金坛、扬中十一县。

1927 年 4 月蒋介石在南京筹组国民政府时，改江宁为南京，并废金陵道，其主要辖域为原江宁城区部分，江宁县仍保留建制，但仅管辖南京之乡郊地区，隶属江苏省。

4 月 15 日，原国民革命军总部审计处处长刘纪文出任南京市市长。24 日，南京市政厅（不久改为市政府）宣告成立。这是南京成为现代意义上的“市”的行政建置的开始，也是中国首先建立的城市型政区，在中国现代城市发展史上具有标志意义。

6 月 6 日，国民政府将南京定为特别市，直隶于国民政府，初辖范围为江宁县原明代外郭以内地域及长江北岸原属江浦县的浦口镇。1930 年，南京市转隶于行政院，以后即沿此建置与隶属。另因中山陵园的特殊重要性和影响力，因此在划定的南京市区范围内，将钟山全部划为总理陵园区，并设总理陵园管理委员会，直隶于国民政府。

先期成立的南京市政厅及之后改建的南京市政府，均在夫子庙江南贡院旧址办公。市政府初成立时，设教育、财政、卫生、工务、公安、土地、社会等局，后根据需要调整。除此以外，另设都市计划委员会、文化建设委员会、文献委员会、经济建设委员会、公用事业委员会等直属机构，并特设有首都警察厅、首都高等法院、首都地方法院等。

南京定为首都后，其建设问题随之被提上议事日程。1929 年 12 月，由国民政府聘请的美国建筑设计师墨菲主持的南京第一部城市规划《首都计划》完成并予以公布。该规划的指导思想主要以欧美理念为主，辅以中国传统形制，涉及首都建设的基本方面。它按照现代功能分区理念，将南京具体分为六大功能区，包括中央政治区、市级行政区、工业区、商业区、文教区、新住宅区。从整体来看，该规划基本上能够从南京的历史文化、政治地位、自然状况、社会发展等实际情况出发，融合现代化的城市设计理念，并比照纽约、伦敦、巴黎等大都市进行规划设计，兼顾到了南京建设的各个方面。当然，限于当时一些主客观原因，《首都计划》并非尽善尽美，但它仍不失为南京历史上第一个现代意义上的城市建设规划。

《首都计划》出台后，南京长达近十年的大规模城市建设随之展开，直到 1937 年南京沦陷前才暂告中止。新的建筑技术和建筑材料在南京被广泛采用，一批从欧美留学归国的建筑师和工程师人才聚集南京，在城市建设中大显身手。

逐步展现的南京建设蓝图主要体现在以下几个重要方面：

第一，道路交通逐渐畅达。以前南京道路等级低，且不成体系。

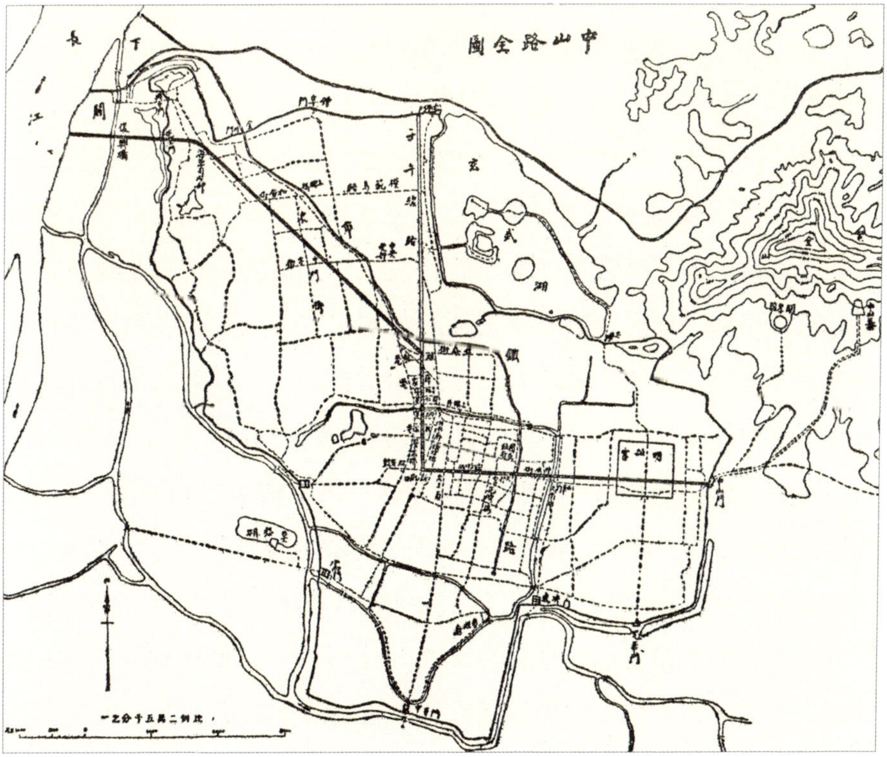

中山路全图（《申报》1928 年 9 月 3 日）

南京国民政府成立后，在道路建设上投入相当大力量，并取得显著成就。其中最重要的，是为迎接孙中山先生灵榇而开辟的南京首条柏油马路——中山大道，全长 12 公里，由此构成南京城市发展主轴线。另外，修建、改造、扩建不同等级的道路。纵横交错、四通八达的路网，构成当时南京城市道路的总体格局，且两旁多植悬铃木（法国梧桐），多年后，郁郁葱葱，遮天蔽日。

当时，沿中山大道两侧陆续建有国民政府交通部、铁道部、外交部、最高法院、立法院、司法院等大楼，颇具特色。此外，在城内还分散建造了一批行政办公楼房，在新街口等多处建有环岛式街心广场。

与此同时，其他一批内外交通及其设施也较快地开展起来。一是建成明故宫机场，1929 年 7 月 8 日迎来民航飞机首降；二是 1930 年重新建成下关火车站，使客货运量大幅提升；三是江南汽车股份有限公司于 1931 年 5 月开业；四是南京火车轮渡于 1933 年 10 月 22 日通航；五是中山码头于 1936 年 3 月 15 日竣工开业。

第二，邮政、广播、通讯及电信事业初步发展。邮政方面。1927 年 11 月 1 日，南京设立邮政总局，改变了中国邮政长期由外国人操办的状况，此后南京邮政事业有了较快发展。快捷的航空邮路也迅速发展起来。广播方面。1927 年 8 月 1 日，国民党中央执行委员会广播无线电台（简称“中央广播电台”）开始播音。之后发射功率增加，播音可传至中国边陲以及南洋地区，号称东亚第一、世界第三。通讯方面。1927 年南京成为首都后，对电话电报事业的需求猛增。1930 年 8 月 1 日，首次开通 5 位数号码的自动电话，此后规模继续扩大。至 1936 年 6 月，全市自动交换机容量有 7300 门，其规模和自动化程度在全国名列前茅。同时，南京的长途电话也有大的发展。到 1937 年全面抗战爆发前，南京已与全国约 30 座大中城市开通了长途电话。电信方面。1935 年，南京电台已能够与全国大部分省市进行电信联络。在此之前，南京已

首都电厂旧影

首次成功使用国际无线传真电报。

第三，供水供电能力不断提升。供水方面。1933 年 4 月，南京第一家自来水厂——北河口水厂首期工程竣工供水，日供水量从最初的 4000 吨逐渐提升至 1 万吨左右。供电方面。南京早先有江苏省立南京电灯厂，1919 年，该厂在下关建立分厂——下关发电所。1928 年，本厂与分厂合并为首都电厂。后为满足不断增长的用电量，南京下关发电所进行了两期扩建，扩建工程全由中国人负责，这成为中国电力建设史上的创举。在此期间，南京城区的路灯照明也逐步发展起来。

第四，特色建筑陆续建造。一是中山陵。位于紫金山南麓，采用著名建筑师吕彦直设计的自由钟式图案，寓意孙中山先生毕生致力于唤醒民众。陵墓于 1929 年春主体建成，5 月 28 日，孙中山灵榇由北京运抵南京。6 月 1 日，在中山陵举行了庄严隆重的奉安大典。二是国民革命军阵亡将士公墓。建于紫金山南麓，葬有 1029 名在北伐及淞沪抗战中阵亡的将士，另有八角九层的纪念塔。三是国民大会堂（今

中山陵

人民大会堂），位于国府路（今长江路）29 号。会场宽敞明亮，可容纳 3000 人开会。整座建筑雄伟壮观，为南京当时最大的公共建筑。四是中央体育场，位于中山门外，为举办 1931 年全国运动会所建，全场可容纳观众 6 万人，其规模在当时的远东首屈一指。五是当时大批政府办公大楼开建，遵循“中国固有之形式”，最典型的就是大屋顶式的传统宫殿式建筑，如国民政府考试院、铁道部大楼等，既保留了中国的传统建筑样式，也吸收了西方一些先进的建筑元素，总体上体现出雄伟、壮观、典雅、华丽的气势，是此时期民国建筑的代表作，在中国建筑史上具有重要

铁道部大楼

价值。此外，南京作为首都，政府要员、富豪显贵云集，外国驻华机构林立，因此建有诸多颇具特色的官邸。其中最为有名的，如位于小红山上的国民政府主席官邸，既庄重典雅，又富丽堂皇；位于鼓楼以西偏北侧的新住宅区第一区，曾是民国党政军要员、富豪、外国人的花园别墅，环境优雅，公共设施齐全。

第三节　南京沦陷与汪伪政权登场

一、南京保卫战

1937 年 7 月 7 日，日本蓄意制造卢沟桥事变，迅速扩大侵华战争。早在八一三淞沪会战爆发后不久，南京就成为日军空袭的重要目标。8 月 15 日，16 架日本重型轰炸机首次轰炸南京，造成南京军民数千人伤亡。此后，日机频繁轰炸南京军用、民用设施与文化场馆等，给南京人民生命财产造成严重损失。

在敌机对南京城郊近 4 个月的狂轰滥炸期间，中国空军以及苏联援华航空志愿队飞机，为保卫南京升空与日机英勇作战，击落击伤敌机数十架，自己也遭受严重损失，乐以琴等十余名飞行员在与敌机空中搏斗中血洒长空。

在淞沪战局危急、敌机不断轰炸南京的严重情况下，国民政府决定迁都重庆。自 11 月 16 日起，国民政府在南京各机关开始大规模地迁移。随后，英、美、苏等各国大使馆亦先行迁至外交部办公地点汉口。11 月 20 日，国民政府正式发表移驻重庆宣言。此时，政府各机关已大体迁移完毕。12 月初，国民政府、国民党中央党部先后在重庆开始办公。

随着日军进逼南京，为了保存国力和中华文化的精华，位于南京的工业与文教机构也陆续开始内迁，其中包括国营兵工企业金陵兵工厂、民营企业永利铔厂、国立中央大学、私立金陵大学、国立中央研究院、国立中央图书馆等。

中国军队由淞沪战场全线撤退前夕，日军当局于 11 月 7 日下令组建华中方面军，以松井石根为司令官，下辖上海派遣军与第十军，其主要作战目标就是占领南京。28 日，日本参谋本部下达“向南京追击”的命令。

12 月 1 日，日军华中方面军除留一部驻守上海外，其他均参加进军南京的军事行动，其中直接攻击南京城的部队总人数约 10 万人。之后，该方面军兵分三路，采取左右包抄、中间突破战术，向南京方向攻击前进。

面对日益严峻的形势，蒋介石及最高军事当局决定，鉴于南京的特殊地位和影响，在现时形势下应对其做短期固守，至不得已放弃时，各防守部队须进行有掩护的撤退。11 月 19 日，蒋介石任命唐生智为南京卫戍司令长官。首都卫戍部队组建后，经过不断充实，其主力部队约达 15 万人。其间，唐生智就南京现有人员和物质条件，制定了守土奋战、顽强抗敌的城防计划。

南京保卫战自 12 月初激烈展开。保卫战首发于外围激战。12 月 5 日至 9 日期间，中国守军于句（容）汤（水镇）线等地区，与敌发生激烈战斗，虽有英勇无畏表现，最后仍失却或放弃阵地而后撤。12 月 8 日，中国守军本着“集中兵力，固守南京”的指导思想，将原来的大防御战线予以收缩。新的阵地明确以南京城垣为依托，而以复廓地区为重点防御地带。

日军在不断突破中国守军的外围防御阵地后，兵锋直逼南京城垣。12 月 9 日，日军将一份劝降书空投至南京市内。其中以最后通牒方式，要求中国守军于次日中午前投降，否则将开始进攻南京城。

唐生智在接获敌人的劝降书后，即刻发布命令，重申全军将士与阵地共存亡的决心。同时，中国守军更加激烈地在城外与日军作战。恼羞成怒的日本侵略军，未料到中国守军竟如此坚决地拒绝投降，遂于10日午后1时下达对南京的总攻击令。

面对敌人的凶猛进攻，中国守军奋力抵御。战斗在南京城外的几处主要阵地激烈展开。

一是血战紫金山。12月8日至12日，装备优良、战斗力较强的教导总队各部，与进攻之敌在紫金山地区激战，虽伤亡严重，但也给敌以大的杀伤，抵抗行动一直坚持到总撤退令下达之后。

二是拼杀光华门。12月9日拂晓，敌我双方在光华门处反复拼杀，连日战斗惊心动魄，敌军竟一时难破此门。直至12日下午接到撤退令时止，光华门仍被守城部队控制着。

三是激战雨花台。12月9日上午，守军对日军向雨花台阵地发起的连番进攻奋勇还击，并多次将敌击退。双方激战至12日，该阵地枪炮声仍然震耳欲聋。之后在日军各部的联合猛攻下，阵地终告失守。

四是血染中华门。12月10日下午起，已连续鏖战数日的守军在艰难情况下，继续勇猛阻击日敌。12日，战况更加激烈，守城官兵不时与冲上城墙的小股日军展开面对面地拼死搏杀。当晚守军遵令撤退后，中华门陷于敌手。

日军于12月10日正午开始对南京城发动总攻后，显然低估了中国守军的抵抗意志及战斗精神，至11日仍未能如愿迅速攻入城中。但被敌重重包围的南京城，形势已是十分危殆。12日下午5时，唐生智召开师长以上高级将领会议，在宣读蒋介石于11日午后下达的撤退令后，即下发具体的撤退令。

此后，在复廓、城垣阵地已有多处被敌突破的情况下，守军部队撤退行动陆续开始。在此过程中，因命令传达不及时，以及过江运输工具的严重不足，造成从渡口过江的部队拥挤混乱，成功过江者仅为

被侵华日军毁坏的挹江门城楼

少数。同时，也有部分守军或临时收集船只于其他渡口过江，或经与遭遇到的日军惨烈作战后，余部从陆路分散突围而出。12日晚9时，对南京保卫战的失败及其混乱撤退心怀愧疚的唐生智以及其他高官，乘军轮过江抵达浦口北去。

大约从13日凌晨起，各路日军分别从各个城门蜂拥进城。另外，日军国崎支队还从上游越过长江，在占领江浦县城后，于13日下午攻取浦口车站，从而完全切断了南京守军撤往江北的退路。

12月13日，南京城失陷。这是南京乃至中国人民最感耻辱和最为悲惨的一天。英勇悲壮的南京保卫战，终因多种原因而失败，但是，中国军人在这一战役中所表现出的英勇不屈、不怕牺牲、顽强奋战的坚强斗志，仍是中国人民与中华民族的宝贵精神财富。

二、侵华日军南京大屠杀

1937年12月13日侵华日军攻占南京城后，随即对无辜的居民和放下武器的中国士兵，进行了长达6个星期的惨绝人寰的大屠杀，并犯下抢劫、纵火、奸淫等骇人听闻的野蛮暴行。

根据历史档案记载，规模在2000人以上的集体屠杀有：12月15日，在汉中门外屠杀2000余人，在鱼雷营江边屠杀9000余人；12月16日，在中山码头屠杀5000余人，在下关屠杀4000余人；12月17日，在煤炭港屠杀3000余人；12月18日，在草鞋峡屠杀57000余人。

同月，在水西门外上新河一带屠杀28000余人，在城南凤台乡、花神庙一带屠杀7000余人，在燕子矶江边屠杀50000余人，在宝塔桥、鱼雷营一带屠杀30000余人。

除此以外，遍布城郊的分散屠杀，更是面广量大，手段残忍，骇人听闻。其中有据可查、规模不等的屠杀事件就有870余起，被害者少则一二人，多则数十人至数百人。

日军在大屠杀中，还采用诸多恶劣方法，虐待被俘获的中国军民，甚至以杀人取乐。如日军少尉向井敏明、野田毅竟在攻击南京途中，相约开展“杀人竞赛”，谁先杀满100人，谁就是胜者。后二人在都达到目标的情况下，又将获胜标准提升至150人，并续行之。

侵华日军惨无人道的南京大屠杀，极大地震惊了世界。据中国第二历史档案馆所藏《审判战犯军事法庭谷寿夫案件判决书》确认：“我被俘军民遭日军用机枪集体射杀并焚尸灭迹者，有单耀庭等十九万余人。此外零星屠杀，其尸体经慈善机关收埋者十五万余具。被害总数达三十万

侵华日军南京大屠杀中华门外现场(《伦敦新闻画报》1938年1月15日)

人以上。”

日军灭绝人性的性暴行，亦具有普遍性、野蛮性的犯罪特征。远东国际军事法庭在经过认真调查后确认：“在（日军）占领后的一个月中，在南京市内发生了二万左右的强奸事件。”

日军性暴行的罪恶与卑劣方式，有白日强奸，不分老幼和孕妇、产妇施奸，摧残式轮奸，逼受害者乱伦等。日军在行奸过程中，或摧残致死，或血腥杀戮被害人，其暴虐行为令人发指。此外，日军还强征慰安妇和设立十余个慰安所，供日军官兵日夜宣淫，有不少女同胞被蹂躏、残害致死。

侵入南京的日军还大肆纵火，致古都烈焰升腾、浓烟蔽日。战后据中国军事法庭审判战犯判决书认定：“陷城之初，沿中华门迄下关江边，遍处大火，烈焰烛天，半城几成灰烬。我公私财产损失，殆不可以数字计。”日军纵火对象及地域广泛，且纵火暴行长达一月时间以上。更有甚者，当有民众前来救火时，日军竟残忍地将救火者捅死后抛入火海，或将救火者直接推入大火中烧死。

伴随着屠杀、奸淫及纵火暴行，日军还在南京城到处进行有组织、大规模的抢劫与掠夺。日军所到之处，抢劫随之发生。据南京市抗战损失调查委员会 1946 年 9 月的不完全统计，公私财物损失当时价值为 2317.8 亿元，约合抗战胜利后价值 2 万亿元。另外，日军还大肆劫掠南京重要工厂，或是将其机器拆卸运走，或是将其转交日本公司经营等。据统计，整个南京工业因日军破坏，损失率高达 80%。另外，在日军的野蛮劫掠与破坏中，南京附近各县广大农村也未能幸免，总损失同样巨大。

在此期间，日军还对南京进行疯狂的文化掠夺与大肆破坏，一方面对中国图书肆意掠夺，或者毁坏；另一方面对南京城内外文物疯狂洗劫，不仅数量庞大，其价值更是难以估量。

日军的肆意纵火与疯狂劫掠暴行，导致南京全城残垣断壁、满目疮痍、市面萧条、生产停滞，曾经的繁华都市顿现破败景象。

三、南京安全区国际委员会的成立及其活动

1937 年 11 月中旬，随着日军步步逼近，南京城面临着血腥的劫难。为解决大量难民问题，由金陵大学董事会董事长、中英文教基金会总干事杭立武博士发起，邀约部分留在南京的热心公益的外侨代表，成立了名为“南京安全区国际委员会”的国际救济机构，并设置了安全区，以便在情势最危急的时候，为未及撤离的难民提供一个最后躲避的场所。

11 月 21 日，由杭立武等联名拟就的筹组难民区报告送交南京市政府。次日，安全区国际委员会正式成立，共有德国、英国、丹麦、美国籍人士 15 人，德国西门子中国公司驻南京代表约翰·拉贝被推选为该委员会主席。12 月 4 日，安全区国际委员会向新闻界和警方发布《在安全区安置居民及分发食物的暂行措施》，难民们开始陆续涌入安全区。

南京安全区国际委员会主席约翰·拉贝

同时，为管埋与照护南京受伤军民，安全区国际委员会还发起并呈请上海国际红十字会和中国红十字会承认，组织了“国际红十字会南京委员会”。该委员会与安全区国际委员会密切合作，由美国圣公会牧师约翰·马吉担任主席。

安全区以美国大使馆所在地和金陵大学、金陵女子文理学院等教会学校为中心，占地面积约 3.86 平方公里，四面以马路为界，区内以厂校及有关机构等处所为基地，设立 20 余处难民收容所。

南京安全区成立以后，曾经通过多种渠道，同中、日双方进行交涉，

要求承认安全区的中立地位，得到了中国方面的完全承认，并予支持和配合。12 月 1 日，南京市市长马超俊把难民区的行政权交给了安全区国际委员会，同时提供部分米面及现金等，以应付紧急局面。首都卫戍司令长官唐生智也予以积极合作和支持。但日本当局却漠视安全区的合理、正当要求，蛮横地予以否决。

12 月 8 日，随着《告南京市民书》的发布，安全区正式宣告建立。难民们在安全区理应是安全的，但是，日本侵略者却屡屡在安全区内犯下种种暴行。日军根本无视国际公法的存在，认为安全区与非安全区并无明确界限，无论哪里都是可以为所欲为地进行杀、烧、淫、掠的地方。

12 月 13 日，日军在全城开始大屠杀的同时，也开始了在安全区内的屠杀。日军对躲避在安全区内收容点的难民，以及放下武器的中国军人，任意捆绑押走，然后用各种野蛮手段予以屠杀。其中属集体屠杀的，少则十几人、几十人，多则数百人、数千人；而安全区内的分散屠杀，更是随处发生。

日军在安全区内不仅大加杀戮，还对区内妇女肆意奸淫。躲入安全区的妇女难民，虽有安全区国际委员会及外国友人的尽力庇护，但仍遭到奸淫。南京城陷之初，几乎每天都有日军多次侵入安全区，对妇女当场奸淫，或将大批妇女掳外奸淫。其奸淫对象，不分老幼与孕妇。日军在强奸妇女时，每以武力胁迫，如有人拦阻、反抗，则将其刺死或射杀。

除了在安全区内的屠杀、奸淫外，日军还在区内实施纵火与抢劫。闯进安全区的日军不但焚烧房屋，甚至为供取暖，竟不惜将难民的家具及社会公物用以引火。而更甚者，则是普遍发生于安全区内的抢劫暴行。日军不分黑夜白昼，冲进安全区疯狂搜索钱财，即便是外国的大使馆与外侨住宅也未能幸免。

安全区内一方面发生着日军的屠杀、奸淫、抢劫等暴行，另一方面，安全区国际委员会也利用其特殊身份与中立地位，力所能及地开展对难民的多方救助活动。

参加安全区工作的外侨，面对日军的野蛮暴行，不顾个人安危挺身而出，利用自己的特殊身份，努力保护平民与放下武器的中国军人的生命安全。此举在一定程度上减缓或限制了日军在安全区的暴行。

为保护妇女免受日军欺凌，安全区的外侨们常日夜值守在有关场所。有遇见日军正欲或正在污辱、强奸妇女之事，则严厉呵斥并将其轰出赶走。正是由于这些外侨们对安全区内妇女的尽力保护，才避免了更多日军强奸事件的发生，同时也使不少受辱妇女得到救护和照料。

此外，安全区国际委员会冒着危险提前抢运粮食，克服困难开办粥厂，并建立食粮配给或平价出售点，使区内难民生活初步得到保障。针对安全区内食粮与燃煤的严重不足，国际委员会还不断寻求米、煤的新来源，以解困局。

南京安全区国际委员会对南京难民的救助活动，一定程度上减少了日军暴行、饥饿和疾病所造成的痛苦和伤害，并于战乱中使难民们得到精神方面的某些慰藉。

四、伪政权的建立与覆灭

南京沦陷后，日本特务机关即加紧策划组织汉奸傀儡政权。1937年12月23日，伪南京市自治委员会正式开始组建，日军南京特务机关推举陶锡三为会长，并聘请日本顾问数名。次年1月1日，作为日军傀儡的伪自治委员会宣告成立。

伪自治委员会成立后，即配合日军实行“良民登记”和强迫难民返家。因惧怕日军仍在施行暴行，故许多难民仍然聚留在安全区。后在日军授意和支持下，伪自治委员会强驱安全区难民撤离。至1938年

2月18日，安全区国际委员会被迫解散，并改称“南京国际救济委员会”。

为操控伪自治委员会，日本特务机关向该会及所属各区公所、警察厅局等，派驻日本顾问和宪兵队，监视其一举一动。

伪自治委员会成立近4个月后，南京的社会秩序渐趋恢复，此时日军当局在南京筹组华中伪政权的工作获得进展。后随着伪维新政府在南京宣告成立、伪督办南京市政公署成立，伪自治委员会于1938年4月24日宣告撤销。

1938年1月18日，日本陆军省拟定了《华中政务指导方案》，要在华中建立“高度的亲日政权”，后又推出和制定了该政权的人选、运行细则及具体方案等。3月26日，日本华中派遣军特务机关人员护送汉奸梁鸿志、温宗尧、陈群等从上海抵达南京。28日上午，“中华民国维新政府”成立典礼在南京原国民政府大礼堂举行，梁鸿志等一众汉奸与日本华中派遣军、海军、外务省有关人员出席。伪维新政府

伪中华民国维新政府成立典礼

设立行政院、立法院，梁鸿志、温宗尧分任伪行政院院长、伪立法院院长，陈群任伪行政院内政部长。由此三汉奸组成“议政委员会”，作为最高议政机关。4 月 1 日，伪维新政府任命伪绥靖部长任援道暂行兼任伪南京市政督办。4 月 24 日，伪督办南京市政公署正式成立。

伪行政院设秘书厅及 8 个部（多有名无实），其管辖范围仅限于沪、宁两市，以及苏、浙、皖三省部分地区。10 月 1 日，伪维新政府开始在南京正式办公。10 月 5 日，高冠吾接任伪市政督办职。1939 年 3 月，伪维新政府将伪督办南京市政公署改组为伪南京特别市政府，直属伪行政院。为扶持该傀儡政权，日本在财政上给予大力支持，但同时也严密监控和掌握着伪维新政府的运作，其所有“政务”均由日本顾问部控制。

伪维新政府成立后，全面推行卖国政策。在政治上，秉持“绝对否认国民政府”“反对共产主义”“对日密切提携”三大原则。在经济上，接收上海及苏浙皖地区中国政府的税务机关，使日本商品在沦陷区大量倾销；与日方签订密约，将华中重要国防矿产资源全部划归所谓“日中合办公司”开发经营；与日方合办“华中蚕丝股份有限公司”，全面统制华中地区蚕丝业；设立华兴银行，发行华兴券。在军事上，组建汉奸武装——苏浙皖绥靖军，一年后已多达数万人。

日本虽然扶植伪维新政府，但在外交上并未承认，只是将其视为一个地方性政权。后日本与汪精卫汉奸集团达成交易，目标是成立全国性伪政权。因此，已完成其阶段性汉奸使命的伪维新政府于 1940 年 3 月 29 日正式宣布解散，所属各院、部随之分别移交给汪伪政权的各院、部。

1940 年 1 月下旬，在日本主子的主持和撮合下，汪精卫与各方伪政权头目在青岛举行会谈，一致同意建立伪国民政府。3 月 30 日，汪伪国民政府以“国民政府还都”名义现身南京。伪国民政府代理主席兼行政院院长汪精卫，以及各院、部、会主要人员陈公博、周佛海等宣布就职。

汪伪政府号称“中华民国国民政府”，自诩“中央政府”，虽为全国性汉奸政权，但它的实际统治区域仅限于以宁沪杭为中心的长江下游地区、武汉地区，以及后来的淮海与华南地区。

汪伪汉奸政权以原国民党党员为主体，其核心层多为原国民党与国民政府中的要员。它袭用中国国民党的政治体制和国民政府的组织形态，以伪国民党中央政治委员会为最高决策机关，施行“以党治国”。伪国民政府实行主席制，下设行政、立法、考试、监察、司法五院。伪行政院又下设内政、外交等 14 个部及赈务等 4 个委员会。在五院之外设军事委员会。汪伪政权组织机构之完备与严密，超过先前其他所有伪政权。

“还都”南京后的汪伪政权，为了直接控制“首都”南京，于 6 月对伪南京特别市政府再行改组。高冠吾被调苏州，任伪江苏省政府主席，另由汪伪政府工商部次长蔡培担任伪南京特别市市长。1942 年 1 月 16 日，伪国民党南京市党部主任委员周学昌继蔡培任伪市长职，直到 1945 年 8 月日本投降止。

汪伪国民政府举行“还都”仪式

汪伪政权成立后，即与日本签订《日华基本关系条约》及其附属议定书，又与日本建立正式“外交关系”。为严密监控汪伪政权，日本在伪国民政府内设立由日本人组成的

“最高军事顾问部”“最高经济顾问部”，由日本顾问对各部实行对口控制，而伪政权下属之各省、县，也都有日本特务机关派出的“联络官”加以监督。

1943年,日军不但在太平洋战场败象显露,在中国战场亦深陷泥潭。1944年11月10日，伪政权的核心人物汪精卫病死于日本名古屋，陈公博继任伪国民政府主席一职，其内部派系斗争加剧，已呈分裂瓦解之势。为谋取后路以自保，以周佛海为代表的大小汉奸纷纷与国民党重庆方面暗中联系。1945年8月15日日本宣布投降后，陈公博于次日在南京举行伪中央政治委员会临时会议,决定解散伪国民政府。至此,投敌卖国的汪伪汉奸政权，随着日本主子的倒台而宣告终结。

第四节　现代文学中心

一、白话文学

1912年民国成立后的十几年间，社会大变动的时代背景为南京的文化发展增添了新气象，而作为新文学形态的白话文学，符合社会发展的需求，因而逐渐兴起并获得重要成就。在此时期，南京白话小说界的代表人物主要有陈衡哲、倪贻德两位。

陈衡哲（1890—1976），湖南衡山人。1914年赴美国留学，毕业于芝加哥大学。她是现代中国留学生中的第一位女性、第一位女硕士。1918年，她在《新青年》上发表白话小说《老夫妻》，这是继鲁迅白话小说《狂人日记》之后，该刊所公开发表的第二篇白话小说。她以自己对中国语言文字的独特把握，以及对社会生活的敏锐感悟而创作，积极地为新文学运动呐喊助威。1920年学成回国，执教于国立东南大学。后继续发表《小雨点》等白话小说。1928年，这些小说以《小雨点》为书名结集出版，其作品内容多反映五四时期青年知识分子的积极人生态度与奋发精神。

倪贻德（1901—1970），浙江杭州人。1922年毕业于上海美专，次年加入文学团体创造社，为文坛后起之秀。其小说创作特点，以强烈的个人情绪宣泄和浓郁的主观抒情为主。1923年，他在南京艺术学校担任教职时创作了《玄武湖之秋》小说集中的大部分作品。该小说集于1924年出版，其中所收录的《玄武湖之秋》等10篇小说以较多笔墨描述了青年人求生谋职的压力，以及因诸多挫折而产生的对人生意义的怀疑。他的小说除了关注社会、聚焦个人情感的主题外，也有将二者结合起来批判现实的一些另类作品。

南京东水关公园里的朱自清、俞平伯雕塑（平涛 摄）

另外，与现代白话小说创作特点及叙述方式不同的散文，在此时期亦逐渐兴起。其创作特点重在通过对现实生活中某些片段或生活事件的描述，表达作者的观点、感情，并揭示其社会意义。朱自清的《背影》《桨声灯影里的秦淮河》，其感情表露真挚、文笔细腻生动；包天笑的《初到南京》《在南京》，情意深深地叙述了他在南京的任教经历及对南京的多面感受。

1927—1937年，作为民国首都，南京政治地位的提升，对白话文学创作起到促进作用。在此期间，南京汇聚了不少知名作家，并形成在全国有着重要影响的文学流派，如现实主义小说流派、“纯文学”创作流派、民族主义文学流派等，所获成就亦引人注目。

这一时期白话文学领域的著名作家，还有在美国出生、于中国长大的女作家赛珍珠（Pearl S.Buck，1892—1973）。1920—1935年，她随丈夫居住在南京，受聘于金陵大学和东南大学。较长时期在中国的工作与生活经历，以及受传统中国文化的熏陶，使她能够在写作中融合中西方的观点、视角进行创作。她具有重要影响的作品，是1930—1935年创作的鸿篇巨制《大地》三部曲，包括《大地》《儿子们》《分家》。该三部曲描述了中国农民祖孙三代与“土地”关系的变迁，其间既有对大量中国农村习俗的描述，也有以写实手法再现农村原生态的生活场景，成为沟通现代中国与西方世界的桥梁。她凭借《大地》三部曲获得1938年的诺贝尔文学奖，也因此成为美国第一位获得诺贝尔文学奖的女作家。

1937年12月13日南京沦陷后，因文教及研究机构的提前外迁，南京在文化方面的高级人才包括小说作家多随之外流；加之南京处于日伪高压统治之下，故文学创作领域顿现凋零，而同时被大力推行与扶持的则是包含小说在内的汉奸文学。

1945年8月，中国人民抗战取得最后胜利，南京再度恢复首都地位。于是，一些知名的文化人包括小说作家，也在历经抗战期间的艰难辗转岁月后会聚南京，希冀一展才华，创作更多更好作品。后因国内战争全面爆发，国民党在军事方面的失利以至败退，加速引发了国民党统治区在政治、经济方面的全面危机。在此政局动荡之下，小说创作罕有重要成果。

二、抗战文学

沦陷后的南京，直接遭受日本侵略者和傀儡汉奸政权的统治。在日军占领南京前后，有爱国心的文人、作家，有些是在南京出生或生活过的，有些是在南京就职或途经南京的，亦大都逃难至外地。尽管流离失所，生活困顿，但他们还是在小说、报告文学、散文、杂感等多个领域，直接或间接地以抗战为题材，撰写出震撼人心、宣传抗战的文学作品，以宣扬爱国主义精神，揭露日军暴行，表达对胜利的期盼和对南京的思念。

阿垅（1907—1967）是一位参加过淞沪会战并负过伤的作家，曾以这段战场经历为题材，发表《闸北打了起来》等数篇纪实作品。1939年，他在西安完成了报告文学体的长篇小说《南京血祭》。作为“南京沦陷的悲剧性的史诗”，小说着重描绘了中国守军在南京保卫战中宁死不屈、坚决抗敌的英勇事迹，并以纪实报告的写作方式，有力地揭穿了当时日本作家企图否定南京大屠杀的弥天谎言。

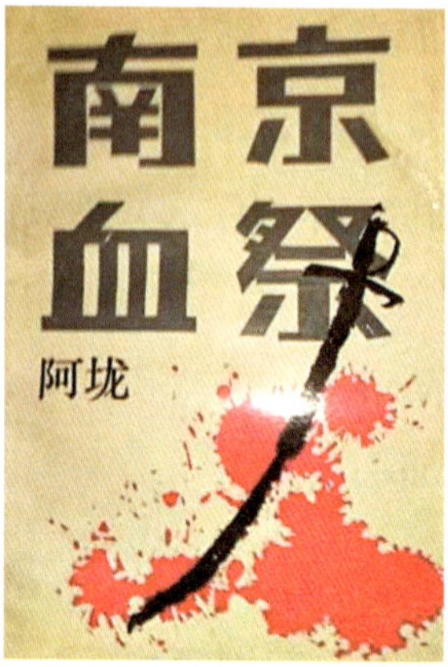

《南京血祭》书影

路翎（1923—1994）是现实主义的代表性作家之一，抗战胜利后创作出长篇小说《财主底儿女们》。路翎的童年、少年在南京度过，抗战中又遭遇了难以抚平的心灵创伤。该作品以他的一段人生经历为原型创作，着重通过蒋氏家族儿女的生活流动来记述南京的变化，真切地描绘了战时南京颓败的生活场景与凄凉的社会景象。

张天翼（1906—1985）生于南京，以撰写讽刺小说著名。抗日战争全面爆发后，他在祖籍地湖南积极投入抗敌救亡工作，并以敏锐的洞察力看到抗日阵营内部的光明与黑暗，写成《华威先生》等三部短篇小说，深刻讽刺和批判了国统区一些投机分子，借着抗战之名沽名钓誉的丑行，社会反响热烈，影响甚大。

张恨水（1895—1967）曾在南京寓居两年。他所创作和发表的讽刺社会现实的寓言式长篇小说《八十一梦》，直指抗战时期大后方国统区的黑暗统治与腐败，以及空谈、奢靡等种种弊端。此外，他还创作了多部以南京为背景的乡土小说，如《石头城外》《丹凤街》《热血之花》《大江东去》《秦淮世家》等。这些作品中既有对南京地方色彩与市井民俗的深情描写，也有对义勇军奋起反抗日军入侵故事的叙述，还有对中国守军保卫中华门英勇战斗事迹的褒扬。

除以上几位著名作家外，还有一些撰写乡土小说的著名作家，他们在抗战的中心话语下，所著小说关注个体命运，呼唤思想启蒙，体现出此时期多元化的主题诉求，也使得抗战小说呈现出新的创作风貌。

报告文学作为抗战文学的一个重要方面，具有历史真实性的特点。全面抗战时期，在记述南京遭受日军大屠杀等历史事件中，报告文学具有独特的作用。如《武汉报》记者范式之根据南京难民的口述资料，撰成《敌蹂躏下的南京》；陈鹤琴、海燕收录当时中外报刊上发表的揭露日军暴行的通讯报道，编成《敌军暴行记》；蒋公穀用日记体裁写成《陷京三月记》；林娜根据难民口述撰成《血泪话金陵》；李克痕出逃南京后写成《陷京五月记》；郭岐根据亲身经历发表《陷都血泪录》；白芜出版《今日之南京》等。这些作品，从不同视角报道和揭露了日军在南京的大屠杀暴行，以及南京民众所遭受的深重苦难与不屈的反抗事迹。

20 世纪三四十年代与南京相关的散文、杂感，既有描述南京陷落后的民众生活、作者内心感受的杂感文章，也有迁移到后方的作家对南京的追忆性叙事等。与南京有着密切关系的张恨水，其散文创作也多以南京为主题，如记录南京重要景点与风俗人情的《白门十记》，浸润着作者对南京深情回忆与丝丝挂念的《两都赋》等。对南京怀有深厚感情的卢前，在举家逃难到重庆的过程中创作了《南京杂忆》，表达对家乡的深深怀念，并对南京沦陷后所遭受的文化屠戮深感痛惜。同样与南京关系密切的黄裳，于 1942 年冬初次到南京，对日本侵略军铁蹄蹂躏下的南京百感交集，所作《白门秋柳》记录了在汪伪汉奸政府统治下南京的荒芜与凄凉景象。南京陷落后，有大批作家文人跟随政府辗转西迁，备尝人间疾苦，遂有感而作。其中有见证日机轰炸平民的艾芜作品《沪杭路上》，有目睹政府搬迁逃离南京的范长江作品《感慨过金陵》，有描写南京陷落给中国造成巨大损失的聂绀弩作品《怀南京》,还有描述汪伪政府统治时期南京暗无天日境况的王平陵作品《陵园明月夜》等。

第五节　科教重镇

南京历来人文荟萃，崇尚科学和教育。民国成立后，南京逐渐发展成为全国科学研究和教育的重镇。

一、科研机构

中国科学社原名科学社，由留学美国康奈尔大学的中国学生赵元任等九人于 1915 年 10 月在美国发起成立，是中国最早的民间现代科学学术团体，其宗旨为联络同志，研究学术，以共图中国科学之发达。任鸿隽任社长。1918 年该社总办事机关迁回国内，分别在南京、上海设事务所。次年，该社总办事处及所办的《科学》月刊编辑部迁驻南京，并在此开始了近十年的活动历程，直到 1928 年 4 月移设上海。

中国科学社在南京期间活动积极，发展迅速。1924 年有社员 648 名，绝大多数都是在中国从事科学工作和工程技术工作的优秀人才。该社每年举行一次年会，包括开展讲演、宣读论文、专题讨论等。1920 年 8 月，该社所创建的南京科学图书馆成立。中国科学社对中国科学事业的发展做出了重大贡献，同时其在南京的活动，亦给南京科学发展及科技进步留下了深厚的历史积淀，培养和带动了一批从事科学研究的专业人才，扩大与提升了南京在全国科学研究中的影响与地位。

1927 年南京再次作为民国首都，此后逐渐成为全国主要的学术科研中心，特别是国立中央研究院的创立和发展，吸引了一批在诸多学术研究领域有卓越贡献的专家学者。

1927 年 5 月，国民党中央政治会议决议设立国立中央研究院筹备处，确定该院为民国最高科学研究机关，并推定蔡元培等为筹备委员。次年 4 月，国民政府依例改中华民国大学院中央研究院为国立中央研究院，使之成为独立机关。1928 年 6 月，国立中央研究院正式宣告成立。

国立中央研究院首任院长蔡元培

国立中央研究院的成立，适应了当时科学研究发展的需求，所包含的学科既有理科、工科，也有文科。总办事处初设在南京成贤街，后移至鸡笼山麓，同时在上海设立办事处。从 1927 年秋开始筹备至 1930 年初，共成立 9 个研究所和 1 个博物馆。其中设在南京的有天文、气象、地质、心理、历史语言、社会科学研究所，以及自然历史博物馆（后改为动植物研究所）等机构。

自 1927 年后的十年中，南京还成立了其他一些科学研究及工作机构，包括国立编译馆、国立中央博物院筹备处等。后者以著名学者傅斯年为主任，下辖自然、人文、工艺三个分馆。1937 年 8 月，其建设

国立中央研究院总办事处大楼

工程已完成大半，惜因抗日战争全面爆发而被迫停止。

抗战全面爆发后，包括全国最高学术研究机构国立中央研究院在内的科研机构，在危急中匆匆辗转西迁，并在新址艰难的条件下继续开展有限的研究工作。抗战胜利后，西迁的国立中央研究院等科研机构又陆续迁返南京，开始科学研究。

1946年6月，国内战争全面爆发。随着国民党军队在战场上的节节败退，国民党统治陷入空前危机。在南京的国立中央研究院等科研机构遵政府令，欲搬迁至沿海地区或台湾，但遭到了大多数科研人员的反对。他们团结起来，采取巧妙的应对策略，坚决抵制异地搬迁。历经一年左右的搬迁与反搬迁斗争，国立中央研究院系统14个单位、506人，除了管理机构总办事处、历史语言研究所（共计130人）成建制迁台，数学所少部分人去台外，其余研究所、将近3/4人员（包含大多数院士）选择留在大陆，其中社会、地质、物理、气象、天文、地理等研究所留在南京。这些研究机构与高级专家人才，成为中华人民共和国成立后南京乃至全国从事科研工作的重要基础和骨干力量。

二、高等学府

在南京历史上，官民多重视教育。自民国成立，得益于首都地位，南京的高等教育事业迎来新的发展机遇，创办了许多知名的高等学校。

南京在清末共创办6所高等学堂。辛亥革命爆发后，新旧社会处于变动中，除外国教会办的金陵大学外，南京其他高等学堂均遭停办。民国初年，因时局动荡等原因，南京竟无一所公立大学，直接影响了高等人才的培养特别是无法满足中等学校发展对师资力量的急需。在江苏省民政长韩国钧的支持下，历经艰辛而创办的南京高等师范学校于1915年8月开始正式招生。

南京高等师范学校创办伊始，仅设国文、理化两部和国文专修科，

河海工程专门学校旧影

教职员只有30余人，实际报到新生仅有110人。到1920年，已有毕业生58人，在校生达到357人。共设有8系8科，其规模之大，颇具综合大学雏形，这为后来创设综合大学奠定了基础。为顺应新思潮及满足社会所需，学校于1920年暑期开始招收女生入学，虽录取数量有限，但男女生同校同班学习，揭开了中国高等教育史上崭新的一页。

除师范学校外，1915年在南京创办的隶属全国水利局的河海工程专门学校，是中国首所培养水利人才的高等学校。1924年夏，该校与国立东南大学工科合并组成“河海工科大学”，由著名桥梁学专家茅以升担任校长。

1921年9月，获准成立的国立东南大学正式开学，由南京高等师范学校校长郭秉文兼任东南大学校长。该校是民国初年继北京大学之后中国建立的第二所国立大学，与北京大学齐名。1923年7月，南京高等师范学校并入，东南大学办学实力大增。该校设文理、教育、工、农、商5科27系，其学科之全居全国首位。

与此同时，南京的教会大学也获得进一步发展。其中金陵大学在办学过程中不断发展壮大，不仅新添设师范科、华言科、医科、农林科，还购进鼓楼附近的基督医院，更名为鼓楼医院。后金大对部分系科做了调整，至 1927 年共有文理、农林 2 科，18 个系（科）和 3 个专修科，已初具近代化大学的基本办学条件。

另外，南京于 1915 年创立了一所新的教会大学——金陵女子大学。9 月正式开学，仅设文、理两科，首届只收新生 11 名。此后，金女大不断发展，1924 年在校生有 135 人。到 1927 年，已拥有文理科共 11 个系。据 1922 年 8 月统计，该校前四届毕业生共计 33 人，其中赴美深造，获得硕士、博士学位者达 20 人。

民国成立后南京高等学校的创建与初步发展，具有办学起点较高、教学质量优良的特点，这对南京教育及社会事业的发展具有重要的奠基与推动作用。

1927 年，国民政府决定将包括国立东南大学在内的八所院校合并改建为国立第四中山大学，主校址设在原国立东南大学。次年 5 月，改称国立中央大学。1932 年，国立中大改组，南京本地留文学院、理学院、法学院、教育学院、工学院和农学院 6 个学院。1935 年，增设医学院、

国立中央大学校门

金陵大学旧影

牙医专科学校、机械特别研究班及理科研究所算学部。该校是民国时期中国培养人才最多的大学，也是中国当时最著名的大学之一。

1927 年后，在南京的教会大学中，掀起了一场以收回教育权为主旨的“本土化”运动。在这种大背景下，陈裕光成为金陵大学首位中国人校长。该校后将原文理科、农林科改建为文学院、理学院、农学院，同时新建中国文化研究所。1927 年后，南京的另外一所教会大学金陵女子大学（1930 年改名金陵女子文理学院）也进行了“本土化”改革，聘中国人吴贻芳为校长。抗日战争全面爆发前，该校先后增设中国语文系、经济系等 7 个系、科。

除以上高等学校外，1927 年 5 月，国民党中央党务学校（蒋介石兼任校长）在南京成立，6 月更名为中央政治学校。此外，南京还先后筹备成立了一批新的高等学校，如中央国术馆体育专科学校（1934）、国立戏剧专科学校（1935）、国立药学专科学校（1936）等。

1937 年 12 月南京失陷后，日军进行全城大屠杀，时局动荡，秩序混乱，之前南京原有的各高等学校已经外迁至大后方，导致曾经比较发达的南京高等教育遭受沉重打击。其后，伪政权着手“恢复”了一些高等学校。

1940年4月9日，汪伪政权决定“恢复”中央大学，任命樊仲云为校长。9月该校正式开学，首届招录到674名新生，之后每年招生数有所扩大。同年，江洪杰在南京创办的私立安徽大学（后改称私立南方大学）也开始招生，但首届仅录取新生36人。1942年，中国公学在南京“复校”，下设大学部和高中部。到1942年底，南京高校学生总数为1100多人，较沦陷前大幅萎缩。

抗战胜利后，国民政府下令解散汪伪政权所办的中央大学及三所私立高等学校。1946年，曾西迁的南京高等学校开始回迁。国立中央大学、戏剧专科学校、药学专科学校，以及私立金陵大学、金陵女子文理学院等相继迁回南京，并在原址复校。复校后的国立中央大学规模是战前的三四倍，原四牌楼校舍已不敷使用，遂于丁家桥地区设立分部。1946年11月1日，复校后的国立中央大学开学，共有各类学生4719人，成为全国学生人数最多的高等学校。中大复校初期，教师队伍较前虽略有缩减，但聘请了许多专家、学者任教。1947年初，全校有教职员1260余人，其中教授、副教授400余人，所开课目也比较齐全。

1946年9月，金陵女子文理学院在南京陶谷旧址开学复课，在全校师生的努力下，学校教学秩序很快恢复。中央政治学校在南京复校后，不久即与中央干部学校合组为国立政治大学，蒋介石亲任校长。另外，一些抗战期间在后方建立的高校在抗战胜利后移址南京，抗战胜利后在南京又新建（含合组）了一些高校，其中有国立边疆学校、国立音乐院、私立建国法商学院、私立南京工业专科学校等。到1948年底，南京共有8所国立高校、5所私立高校。

随着1948年人民解放军战略决战胜利展开，国民党军队主力接连被歼，国民党统治的末日即将到来。国民党政府谋划将南京的重要高校搬迁，随同撤离高级专家、学者，于是开展了高校的搬迁与反搬迁斗争。

1949 年 1 月，国立中央大学代校长周鸿经奉命搬迁学校至外地，遭到多数教授和学生的群起反对，他们公开开展护校行动。鉴于学校领导出走，中大教授会成立“中大校务维持委员会”，行使特殊时期的学校行政领导权，保护图书仪器，并建立各种护校组织，最终取得护校斗争胜利。

蒋介石担任校长的国立政治大学地位特殊，校内国民党势力比较强。国民党政府搬迁令一下，校方就大造舆论、散布谣言，并蒙蔽了不少学生。隐于该校的共产党员在中共南京市委学委领导下，发动群众反对搬迁，且人数越来越多。1949 年初，校方曾以旅游为诱饵，骗走部分学生到杭州，以达迁校目的。但大部分学生不为所动，坚持留校并维护校产，还写信给赴杭师生，说服其大部返回学校。

在此期间，除有影响的中大、政大开展反搬迁斗争外，其他高等学校也都先后成立应变会、护校队等组织，维持秩序和成功开展护校斗争。

第六节　革命斗争

一、五四运动及南京的响应

1919 年 5 月 4 日，北京发生了震惊中外的五四运动。1919 年上半年，在第一次世界大战中获胜的协约国在巴黎举行“和平会议”。曾于战时参加协约国行动的中国派出代表，在会上提出废除外国在中国的势力范围、撤退在中国的外国军队，以及取消日本曾于 1915 年提出的旨在灭亡中国的二十一条等要求，却遭到会议的无理拒绝，反把战败国德国在山东的特权全部转交给日本，而被北洋军阀控制的中国政府屈从于帝国主义压力，竟准备在和约上签字。消息传到国内，迅速激起中国人民的强烈愤慨。

5月4日，北京学生3000多人在天安门广场集会，强烈抗议巴黎和会对中国山东问题的无理决定。学生们高呼“外争国权，内惩国贼”“废止二十一条”“誓死争回青岛”等口号，强烈要求惩办亲日派曹汝霖、陆宗舆、章宗祥。会后举行游行，火烧了赵家楼曹汝霖的住宅。北京政府出动军警镇压学生运动，逮捕学生、市民30余人。

北京学生的爱国行动，得到了全国人民的积极支持和声援。5月6日，南京学界获悉北京学生被捕消息，极为愤慨。次日，全市中等以上学校代表召开国民大会，决定致电北京政府，要求释放被捕学生等。会议还致电北京各校学生，表示声援和愿为后盾。会议决定以5月9日为国耻纪念日。

5月9日上午，南京学生6000多人聚会。会上，公立法政学校校长钟叔进、南京高等师范学校教务主任陶知行（后改名陶行知）等先后演讲。会后，学生们整队游行，沿途高呼口号，呼吁各界人民赶快行动起来，反抗外侮，共诛国贼。学生们还先后向督军公署、省长公署、省议会请愿，提出收回青岛、废除中日密约、释放被捕学生等要求。

5月13日，为了适应运动发展的需要，南京20余所中等以上学校代表开会，成立南京学界联合会，南京学界的爱国运动有了统一的指挥中心。

随着运动的深入，南京人民掀起了声势浩大的抵制日货运动。在“五九”国耻游行示威活动结束后，许多学生纷纷焚烧日货。5月10日，南京总商会开会决定抵制日货。5月14日，南京各界在下关大舞台召开数千人参加的国民请愿大会，呼吁各国支持将青岛归还中国，如争不回青岛中国绝不在“和约”上签字，并决定一致维护国货，抵制日货。大会后，南京抵制日货、提倡国货运动形成高潮。5月19日北京学生实行总罢课后，江苏督军李纯、省长齐耀琳根据北京政府密令，对南京学生的爱国运动严加控制，但仍然阻止不了学生爱国运动的热潮。5月26日，南京学界联合会为响应北京学生总罢课而召开紧急会议，商量开展罢课的具体行动，但意见未能统一。27日，金陵大学等20余所中等以上学校学生代表开会，另行成立南京学生联合会，选举南京高师学生黄曝寰为会长，并决定一致罢课。29日，南京21所中等以上学校3413名学生致电北京政府，发表惩办国贼、拯救国危的罢课宣言，表示自即日起至政府完满答复之日止，全体罢课。6月2日，南京学联为了表示洗雪国耻的决心，在公共体育场举行有数千名学生参加的宣誓典礼，表达“拥护国权，发扬民气，协力同心，始终一致”的坚强信念。6月3日至4日，北京政府在北京大肆逮捕学生，激起全国人民强烈反对，上海商人首先罢市。5日晚，南京学联召开特别会议，商议声援京沪罢市办法，并决定由各校学生直接动员商店罢市。次日，学生们分头动员商店罢市，并于午后实现全城罢市。

其时，江苏省军政当局竭力阻止学生罢课和商人罢市。6月7日，省教育厅向各校发出限期实行提前放假的训令。同时，警察部门也出警逼迫商店开业，并用暴力驱逐和野蛮殴打以至拘捕在街上演说的学生，致受伤和被捕学生达百人左右。8日，南京各界万余人举行抗暴游行，要求严惩打人凶手，抚恤受伤学生。在群情激愤之下，下关警察署长王固磐作为替罪羊被撤职。

继学界罢课、商界罢市之后，南京工人阶级也登上政治舞台。6月7日，下关、浦口的码头工人、搬运工人率先罢工。次日，沪宁路铁路工人，南京至镇江、扬州、芜湖间的航运工人亦相继罢工。接着，津浦路司机也举行了同盟罢工。浦镇机厂工人不但举行罢工，还在浦镇举行了示威游行。

此时，江苏督军李纯和省长齐耀琳感到十分恐慌，于6月9日向北京政府告急，陈说江苏省内近期罢课、罢市、罢工之危情，深恐事态扩大，局势更难收拾。

6 月 10 日，在举国一致声讨下，北京政府不得不下令免去曹汝霖、陆宗舆、章宗祥职务。消息传来，南京人民奔走相告，全城欢腾。12 日，各商店、学校、工厂开始复市、复课、复工。6 月 28 日，在全国人民的一致坚决反对下，中国代表终于拒绝在巴黎和会上签字。

在标志着中国新民主主义革命伟大开端的五四运动中，南京是全国开展运动的重要地区之一。南京人民在运动中所表现出的爱国精神，为南京的近代史增添了光彩的一页。

二、中共南京地方组织的建立

五四运动后，南京青年纷纷组织社团，其中影响最大的为南京学生联合会、少年中国学会南京分会。与此同时，南京青年学生也更多地接触社会，争相阅读进步书刊，并且自办刊物，宣传新思想，批判旧道德。主要有创刊于 1919 年 6 月 23 日的《南京学生联合会日刊》、创刊于 1919 年 12 月 1 日的《少年社会》、创刊于 1920 年 1 月的《少年世界》等，其存在时间从数月至一年不等。

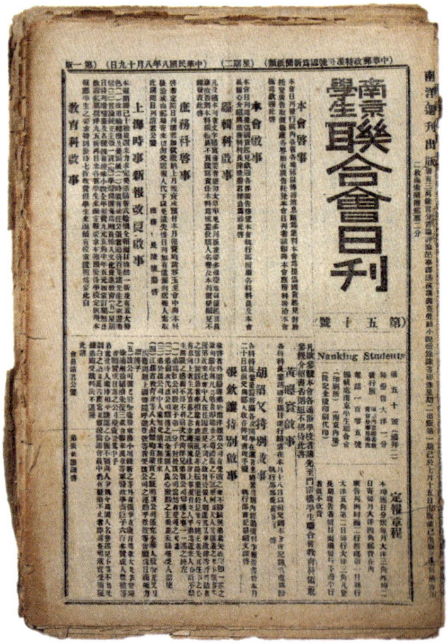
南京學生聯合會日刊
第五十號
Nanking Students

1919 年 8 月 19 日《南京学生联合会日刊》发表张闻天的《社会问题》

在五四运动后的新文化运动中，南京涌现出张闻天、沈泽民、杨贤江、杨杏佛等研究和传播马克思主义的先驱。

张闻天（1900—1976），江苏南汇（今属上海市）人，1917 年秋到河海工程专门学校读书，1920 年夏赴日本留学。他是《南京学生联合会日刊》的编辑和主要撰稿人之一。当时他已经开始尝试用马克思主义的唯物史观来考察中国的社会问题。他在 1919 年 8 月 19 日至 21 日的《日刊》上发表《社会问题》一文，已明确地“按马克思唯物的历史观”，论述人类社会的变迁和中国当时的社会问题。文章最后还全文转抄《共产党宣言》第二章中的十条纲领，张闻天也成为“中国传播马克思主义的先驱之一”。

杨贤江（1895—1931），浙江余姚人，1917 年秋到南京，就职于南京高等师范学校。他积极参加五四运动，1919 年 11 月 1 日少年中国学会南京分会成立时任书记。曾担任《少年世界》月刊编辑。在新文化运动中，他逐渐接触到马克思主义，开始思考社会“改造”问题。

沈泽民（1902—1933），浙江桐乡人，五四时期在河海工程专门学校读书。1919 年，满怀爱国热情积极投身五四运动，参加编辑《南京学生联合会日刊》。

杨杏佛（1893—1933），江西清江人，曾赴美国哈佛大学留学。归国后在南京高等师范学校任教授。他常在各种场合介绍马克思的生平事迹及其思想，对南京地区的马克思主义传播起到了启蒙作用。

在传播马克思主义过程中，南京还先后出现马克思主义研究小组和马克思学说研究会。

1920 年春夏之间，杨贤江团结对马克思主义感兴趣的青年，组织了一个秘密的马克思主义研究小组。与此同时，一些先进的知识分子也开始从书斋走向社会，进行社会调查，其成果分别发表于《新青年》和《劳动界》。

1920 年，张闻天、沈泽民、杨贤江等先后离开南京，但南京研究、宣传马克思主义的活动并未中断。1922 年 5 月 5 日，南京成立中国社会主义青年团南京委员会，负责人为侯曜、吴肃。南京团委是全国最早建立的 15 个团地方委员会之一。为了更加有效地学习和宣传马克思主义，青年团还组织了公开的马克思学说研究会，通过读书和报告会等多种方式，推动马克思主义在南京的深入传播。

随着马克思主义的传播和工人运动的逐渐高涨，在中国劳动组合书记部北京分部、社会主义青年团中央、上海党组织的帮助下，南京浦口首先建立党小组。

此前，南京浦口、浦镇工人曾参加声援五四运动的国民大会及游行示威活动，浦口码头工人还参加了罢工，宣示两浦的南京工人阶级登上政治舞台。后在全国工人运动影响下，1921 年 3 月 14 日，浦镇机厂工人王荷波领导本厂工人成立中华工会，并被推为副会长（后任会长）。该工会成立不久，王荷波就领导浦镇工人于 6 月 27 日进行了一次罢工，反对英国监工布拉克对工人的刁难管理举措。后经过斗争和谈判，津浦路局代表和布拉克被迫答应了工人提出的加薪、道歉等条件，罢工取得胜利。

王荷波

1921 年 7 月，中国共产党诞生。8 月，中共早期公开领导工人运动的总机关——中国劳动组合书记部成立。12 月，该书记部北京分部负责人罗章龙亲自来浦镇实地调查，并介绍王荷波及所领导工会加入书记部，介绍王荷波加入北京大学马克思主义学说研究会。次年夏，王荷波在北京正式加入中国共产党。同一时期，浦镇车务段行车司事王国珍也在北方入党。同年秋，劳动组合书记部还派出中共党员王振翼到浦镇，协助王荷波筹建津浦铁路总工会。王荷波先后发展了浦镇机厂工人张振诚、王恩荣等入党，随即在浦镇建立了南京地区第一个党小组，王荷波任组长，隶属中共北方区委领导。这是南京最早建立的党组织。

不久，因两浦地区白色恐怖严重，王荷波等被迫离开南京，由张振诚接任浦口党小组长。1923 年 7 月，中共上海地方兼区执行委员会令王恩荣担任党小组长。自此，浦口党小组归属上海地方兼区执行委员会领导。同年 10 月 11 日，中共上海地方兼区执行委员会决定将南京城内已有的 5 名党员编组为第六小组，组长谢远定；另将浦口 11 名党员编为第七小组，组长王恩荣。并指示两个党小组加强联系，共商党的工作。11 月 8 日，中共上海地方兼区执行委员会批准建立中共南京地方执行委员会，并归其领导。同年底，南京地方执行委员会成立，谢远定任负责人。

中共南京地方执行委员会成立后，大力发展党团组织，加强思想建设，组织群众学习革命理论。在斗争实践中，党组织逐步成为南京人民进行革命斗争的领导核心。

1924—1927 年大革命期间，南京党的组织广泛发动和组织群众，积极开展反帝反封建斗争，支援北伐。之后，蒋介石、汪精卫集团先后发动四一二、七一五反革命政变，大革命惨遭失败，南京党的组织和革命力量遭受严重打击。

自 1927 年 4 月国民政府在南京成立后，南京成为国民党长期进行独裁统治的心脏地区。此后十年间，中共南京地下党的组织在严重的白色恐怖下，组织领导党员和群众，在极其艰难的条件下为争取民主、自由和生存权利，反对日本帝国主义侵略中国而开展艰苦卓绝的斗争，曾先后八次遭到大的破坏，许多共产党员和革命群众或被捕或遇害。

至 1937 年抗战全面爆发、南京沦陷后，斗争环境更为恶劣。此时中国共产党在南京重建了地下组织，从客观实际出发，采取灵活的斗争策略和行动方式，积极收集日伪情报，打击汉奸活动，取得不少成绩，为配合江苏以及全国的抗战做出了积极贡献。

三、新四军抗日活动

1937 年 7 月全面抗战爆发后，根据中国共产党与国民党当局达成的协议，在南方坚持游击战争的红军游击队于 10 月改编为国民革命军陆军新编第四军（简称新四军）。12 月，中共中央军委会新四军分会成立，项英任书记，陈毅任副书记。随之成立军部，叶挺、项英分任军长、副军长。初辖 4 个支队和 1 个特务营，全军共 1 万余人。

1938 年 4 月，根据中共中央指示，新四军决定向苏南敌后挺进。4 月 28 日，其先遣支队在司令员兼政委粟裕的率领下，从皖南岩寺出发，越过敌封锁线，于 5 月 19 日后到达江宁横溪桥、铜山镇附近地区，先行开展侦查和抗日宣传活动。

不久，陈毅司令员率新四军第一支队东进，6 月初到达高淳，在溧水新桥与粟裕所部会合。接着，第一支队兵分两路，一路进驻以小丹阳为中心的江（宁）当（涂）溧（水）地区，一路继续东进茅山地区。6 月中旬和 7 月初，张鼎丞司令员率领第二支队也分批到达江（宁）当（涂）溧（水）高（淳）地区，与第一支队并肩开创以茅山为中心的苏南抗日根据地。

到达南京周边地区后，新四军第一、二支队一面发动群众，建立抗日根据地，一面不断破坏敌人交通，并伺机向敌人发起攻击。据不完全统计，仅从 6 月中旬至 8 月底，第一、二支队就在南京周边进行大小战斗 100 多次。之后在近郊连续与敌作战获胜。在此期间，新四军侦察人员还潜进南京城内，张贴文告，抓捕敌探，迫使日军宣布南京全城特别戒严。

抗日战争进入相持阶段后，日伪军加强了对南京周边地区的“扫荡”，新四军则进行艰苦的“反扫荡”。1939 年 1 月至 1940 年 5 月，新四军第二支队在地方武装配合下，在南京周边地区多次与敌之“扫荡”部队激烈作战，单次毙伤敌数十名至数百名不等。

此外，新四军江北第二纵队、第四支队、第五支队各一部及苏皖支队，亦于1939年6月至12月先后进入江浦、六合等地区，积极打击日伪军，发展地方武装，创建游击根据地。次年1月，新四军第五支队与苏皖支队配合作战，共毙伤进犯六合樊集地区的日伪军300多人。

1940年上半年，为开辟苏北、苏中根据地，苏南新四军主力北渡长江。1941年1月，“皖南事变”发生。新四军经过整编，力量发展壮大。同年4月17日，正在六合金牛山休整的新四军第二师第十二团，与前来偷袭的日伪军700余人展开激战，共毙伤俘日伪军600人左右，还缴获了大量武器和军用物资。1943年8月17日，该师第十三团与地方武装配合，在六合地区伏击前来抢粮的600多名日伪军，共毙伤300余人。

苏南新四军主力北调后，留在苏南的新四军兵力大为减少，所创建的横山根据地也暂时丧失。1941年1月新四军重建军部后，留在苏南的新四军编为第六师，辖第十六、第十八旅。

1941年夏，在宜兴完成整编的新四军第十六旅挥师重返溧水、溧阳地区。在黄金山三战三捷，扭转了皖南事变后苏南抗日根据地的危难局面。之后，又不断摧毁日伪据点，恢复和扩大根据地。这引起了日伪当局的严重关注，遂于9月以大部队连续向该旅发起“扫荡”。11月28日，日伪军调集优势兵力，向该旅旅部和中共苏南党政机关所在地溧阳塘马村发起进攻。该旅旅长罗忠毅、政委廖海涛率部英勇阻击，掩护党政机关千余人安全突围，罗、廖等270名新四军指战员在激战中壮烈牺牲。

1943年秋，日军实施了苏浙皖边区战役行动，迫使驻守该地区的国民党军队撤走。新四军第十六旅采用“敌进我进”战略，尾敌南进，牵制日伪军，并收复了溧水、溧阳原有的抗日游击根据地，随后解放高淳部分地区。两溧地区再度成为苏南敌后中共及抗日根据地的党政军指挥中心。11 月至 12 月，该旅先后在溧水与高淳交界等地区，与日伪军机智勇敢作战，生俘伪第三师副师长以下 160 余名，毙敌 43 名，给敌以严重打击。

1944 年夏，日军为应付其他战场需要，将苏南各地的防务移交给伪军和新编部队，导致防守兵力分散而薄弱。新四军第十六旅乘机先后主动向敌人发起多次攻击，攻克敌据点，取得新战果。

随着日军在太平洋战场的节节败退，中共中央决定加速发展在东南沿海的力量。1944 年 12 月底，新四军第一师师长粟裕率部返回苏南。次年 1 月，该师会合第十六旅和浙东游击队，组成苏浙军区，在 8 月 7 日至 9 日发起的东坝战役中，获得全歼敌伪独立第十五旅 2 个主力团的重大胜利。

1945 年 8 月 15 日，日本宣布无条件投降。八九月间，苏浙军区部队先后占领溧阳、溧水、句容、高淳等 10 座县城，其中包括南京近郊之湖熟、秣陵关等大小集镇 100 余处。与此同时，新四军第二师与地方武装相配合，于 8 月间攻克六合县城，并组建南京支队，在划子口渡江南下，攻占龙潭、栖霞山，兵临南京城下。

在全面抗战的八年中，新四军部队在日伪统治中心的南京周边地区，始终坚持敌后抗战，依靠群众克艰排难，不怕牺牲英勇作战，在打击日伪强敌中建设根据地，为争取抗战胜利做出重要贡献。

四、五二〇运动和第二条战线

历经全面抗战的艰苦八年，中国人民终于获得胜利。然而国民党统治集团却不顾人民的和平与民主要求，于 1946 年 6 月悍然发动全面内战，未曾料到不多久便深陷全面危机，由此导致五二〇运动的发生。

1946 年底，北平发生美军强奸北京大学女生沈崇事件，此事立即引发全国性的反美抗暴运动。次年1月初，国立中央大学、金陵大学等南京专科以上学校数千名学生两度走上街头，举行抗议美军暴行并要求美军立即从中国撤退的大游行。

此时，国统区因内战耗费，物价飞涨，人民在饥饿与死亡线上挣扎。南京和全国许多城市陆续发生学生要求改革校政、挽救失学危机，教师要求增加教育经费、改善生活待遇的斗争。

1947年4月，中共中央上海局根据形势发展，指示中共南京市委于5月间发动一次大规模的群众运动，以造成更大政治影响。南京市委经过研究讨论，决定因势利导，在争生存基础上发动各行业人民反迫害、反饥饿、反内战，并决定由共产党员较多的国立中央大学首先发动。

5月6日，国立中央大学教授会发表要求提高教育经费以改善教员待遇宣言。10日，中大学生伙食团贴出布告，称物价飞涨已使副食费不能维持伙食。12日，中大系科召开代表大会，决定向教育部、行政院请愿交涉，要求提高学生的副食费。

自5月15日起，中大等学校五六千名学生联合举行反饥饿请愿游行。此后，全市大专院校代表接连集会，决定在5月20日举行“挽救教育危机联合大游行”，并通电全国各地大学与南京游行活动相配合。

5月18日，为平息各地学潮，国民政府颁布《维持社会秩序临时办法》，严禁10人以上的请愿、罢课、罢工和示威游行；蒋介石亦发表《整饬学风，维护法纪》谈话，声称对学生的请愿行动“将不得不采取断然之处置”。

5月19日晚，“京沪苏杭区十六专科以上学校挽救教育危机联合会”第一次会议在中大召开，会议代表讨论了有关游行示威的细节问题，议定联合请愿之共同原则为全国教育经费应提高至总预算的15%；5月份学生副食费应增至10万元；专科以上学校应一律享受公费待遇；

五二〇运动中学生举行“反饥饿”“反内战”游行

提高教职员工、研究生待遇或生活津贴，并按物价指数逐月调整；请政府直接指拨充足外汇交各校订购图书仪器。

5月20日上午10时许，京、沪、苏、杭16所大专学校5000余名学生奋力冲破军警重重包围，在鼓楼汇合后整队向中山路进发。他们以孙中山先生遗像为前导，高呼“反饥饿”“反内战”口号一路向前。游行队伍行至珠江路口时，遭到国民党军警毒打和消防车水龙头猛烈冲射，当场酿成19人重伤、百余人轻伤、28人被捕的五二〇血案。

冲过珠江路封锁线的学生队伍在国府路（今长江路），再遇全副武装的警宪的重重封锁。学生方面派代表与其指挥官交涉，提出严惩凶手、医疗伤者、释放被捕同学、撤退武装宪警、让路给游行队伍通过等条件。后由国民参政会秘书长邵力子出面，会见学生代表，收下请愿书，并代表国民政府表示完全接受学生提出的要求。于是，游行学生始返回学校。此后，“反饥饿、反内战、反迫害”的学生运动风暴席卷全国，各地学生纷起响应。到6月4日，全国共有20个省的数十万学生罢课，参加游行的学生约10万人次。

这次率先从南京发起的学生运动，反映了国统区人民要和平、争民主、求生存的强烈心声，因而博得广泛的社会同情。各界人士纷纷慰问、捐款，发表声明支持，使得国统区的爱国民主运动又达到了一个新的高潮。

五二〇运动，是一次可与五四、五卅、一二·九运动相比拟的爱国民主运动。这场以学生运动为先锋和主干的国统区人民民主运动，标志着反对国民党独裁统治的第二条战线的形成，也显示出国民党政权已陷入四面楚歌的境地。

第七节　日本投降与南京解放

一、中国战区日本签字投降

日本发动的对华侵略战争，在中国人民的英勇抵抗与世界反法西斯战线的共同打击下，终于遭到彻底失败。1945 年 8 月 15 日，日本宣布接受《波茨坦公告》，向包括中国在内的盟国无条件投降。

实际上，在日本宣布无条件投降之前，其战败投降之结局已然明显。其时，南京城外的国共两党力量都在紧张地筹划与指挥着武装接管南京。

8 月 14 日，重庆国民政府方面致电在苏州的伪第一方面军总司令兼伪江苏省省长任援道，委任他为“南京先遣军”司令官，统辖江苏全省、南京附近等各种部队，负责京、苏一带治安；另电委在南京的伪警卫第一师师长刘启雄为“南京先遣军”第一路指挥，企图利用这两支伪军控制住南京与江苏地区局势。

此前，中共中央已于 8 月 10 日发出《关于苏联参战后准备进占城市及交通要道的指示》，要求新四军军部准备南京、上海、武汉三市市长与江苏等省省长的人选。随后，中共华中局与新四军根据中央指示，命令新四军第一、第六师及其他部队占领南京、上海。中共苏皖区委还在南京近郊设立“迎接南京解放指挥部”，南京城里的中共地下组织则筹建“地下军”。到 8 月 12 日，中共中央根据当时形势变化与自身力量，指示新四军江南部队放弃占领上海、南京等大城市的打算，改为就现地向四周扩张，夺取广大乡村及许多县城。因此，新四军各部队加紧在南京四周广大农村地区活动，占领县城与集镇，并策动驻南京的汪伪警卫第三师师长钟健魂于8月13日率部约3000人起义，投奔解放区。

就在日本宣布无条件投降当天，盟军中国战区最高统帅、国民政府主席蒋介石，向日本中国派遣军总司令冈村宁次发出关于日军投降的命令，要其停止一切军事行动，并与中方洽谈受降事宜。

与此同时，中国共产党与新四军代表杨帆于8月15日来到南京，向日本中国派遣军总司令部代表，转达朱德总司令向冈村宁次下达的关于在华日军向八路军、新四军投降的命令，并转达新四军军部向华中日军发出的最后通牒，但冈村宁次及日军总部决定向重庆国民政府投降。

8月27日下午，以国民政府陆军总司令部副参谋长冷欣中将为首的国民政府陆军总司令部前进指挥所、新六军前进指挥所部分人员，乘飞机飞抵南京。次日，冈村宁次前往设于华侨招待所的“前进指挥所”拜会冷欣。冷欣向其转交了何应钦发来的致日军备忘录。

8月30日至9月5日，国民政府空运新六军陆续抵达南京及其附近地区，并担任南京及周边地区警备。此时，返回南京的马超俊复任南京市市长。9月8日，盟军中国战区受降主官何应钦乘专机飞抵南京。

9月9日上午，南京城一片欢庆气氛。中国战区日军投降签字仪式在南京黄埔路原中央陆军军官军校大礼堂举行。现场戒备森严，庄重肃穆。应邀前来观礼的外宾及中国重要官员、中外记者多达400余人。

当日上午8时51分，何应钦率第三战区司令长官顾祝同、陆军总司令部参谋长萧毅肃、海军总司令陈绍宽、空军指挥部参谋长张廷孟等受降官先行入场，就座于受降席。接着，日方投降代表6人由冈村宁次率领鱼贯入场。他们分别代表日本中国派遣军、驻台湾军与驻法

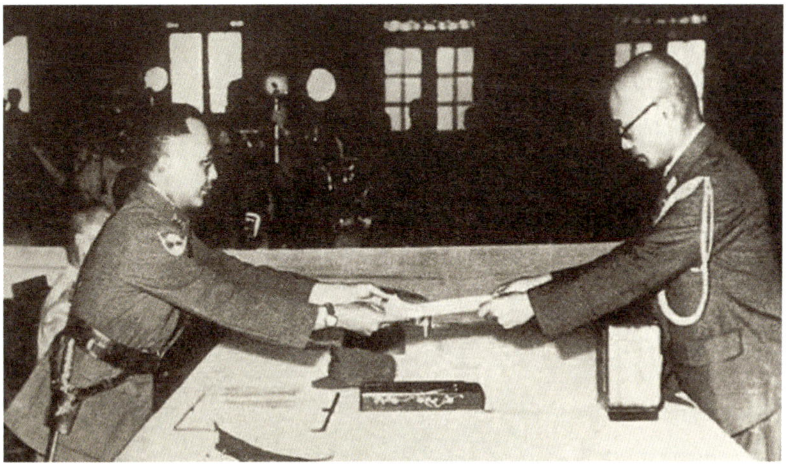

日本中国派遣军参谋长小林浅三郎（右）向中国陆军总司令何应钦（左）呈递投降书

属印度支那北部军，向盟军中国战区投降。

9 时整，受降仪式开始。何应钦在检验了冈村宁次等日军代表签降的证明文件后，令将两份分别以中、日文印制的日军降书交付冈村宁次阅读签字。冈村宁次与其他日军代表神色黯然，在匆匆阅过降书后即在上面签字并转呈何应钦。受降仪式历时 20 分钟结束。

中国接受日本侵略军投降，这是历史性的伟大时刻。它象征着日本自 19 世纪中叶以来近百年对华侵略战争的最终失败！象征着日本侵略者对南京人民八年黑暗统治的彻底结束！

9 月 9 日晚，冈村宁次向全体驻华日军下达投降命令。10 月上旬，驻南京地区的日军向国民政府第三方面军汤恩伯部举行投降缴械仪式。

1946 年 1 月中旬，国民政府行政院下达除希望留下来的技术人员外，全体日本军民一律遣返回国的命令。至 3 月 13 日，日侨遣送完毕；约 6 月底，日俘遣送完毕。

二、国府还都

国民政府在南京接受日军投降之时，对南京的日伪财产、物资与企业进行了接收，但在接收过程中因混乱与贪腐而产生了恶劣影响。

1945 年 8 月，国民政府为了开展收复区的经济接收工作，制定了有关办法。9 月初，成立从事接收的有关组织与机构。鉴于南京曾是日本中国派遣军总司令部所在地与汪伪政权的“首都”，为日伪政权重点经营行政、财政、金融、经济的地方，因而成为战后国民政府接收的重点城市。

国民政府及南京市政府等有关机构对接收和处理日伪财政金融、工交企业等看似重视、认真，但由于没有健全的监督制约机制，更由于国民党与国民政府党政军从上到下各级官员在抗战胜利后的迅速腐败，导致南京地区的财政金融、工交企业接收工作弊病丛生，贪腐成风，民众深受其害。

于是，抗战胜利后的接收变为“劫收”，造成国民政府威信的严重降低与人心的极大丧失，成为国民党最终走向失败的最重要因素之一。

随着受降、肃奸、接收等工作的陆续展开，南京形势日趋稳定，国民政府积极部署“还都”。1946 年 4 月 30 日，国民政府在重庆发布“还都令”，宣布 5 月 5 日在南京举行“还都大典”。实际上，早在抗战结束后，国民政府就已着手进行从重庆迁返南京的各项准备工作。5 月 1 日下午，蒋介石乘专机离开重庆，途经西安、武汉，于 3 日飞抵南京。

南京庆祝“还都”牌楼（1946 年 5 月）

5 月 5 日，国

民政府在南京举行隆重的“还都大典”，南京城张灯结彩，处处洋溢着喜庆气氛。上午，蒋介石先率数千名军政官员到中山陵进行谒陵、献花、默哀等活动，将抗战胜利之喜讯告慰孙中山先生。随后，在国民大会堂举行首都各界庆祝国民政府还都典礼。蒋介石在典礼仪式上致辞称：八年抗战，有赖全国同胞始终一致拥护抗战国策，百折不回，浴血牺牲，终能获得今日之最后胜利，涤除了中华民族百年来的国耻。

当 1945 年 8 月 15 日日本政府宣布无条件投降后，东京盟军最高司令部迅速开展对日本战犯的审判工作，首先下令逮捕日本各级战犯，其中包括南京大屠杀的罪魁祸首、原日本华中方面军司令官松井石根和原日军第六师团长谷寿夫等。

1946 年 1 月 19 日，盟军在东京设立远东国际军事法庭，审理日本战争罪犯。2 月 7 日，中国检察官向哲濬与助理检察官裘劭恒受中国政府委派前往东京，参加远东国际军事法庭对日本战犯的起诉与审判，并向国际检察局递交了中国政府认定的 11 人战犯名单，其中就有松井石根、谷寿夫等人。3 月 20 日，中国法官梅汝璈受中国政府委派，赴东京就任远东国际军事法庭法官。

5月3日，远东国际军事法庭对日本甲级战犯共28人正式开庭审理。审讯前期，一名美国检察官与中国助理检察官裘劭恒等人受派来到南京，为南京大屠杀案的审判实地取证。6 月 12 日，他们在搜集到日军在南京大屠杀中的大量人证与物证后，随带有关证人与物证飞返东京。

8 月 15 日，远东国际军事法庭开庭审理南京大屠杀案。在历经两年多时间的开庭审问与调查后，于 1948 年 11 月 4 日庄严宣判：判决日本法西斯甲级战犯东条英机等七人死刑，其中包括南京大屠杀主犯松井石根、南京大屠杀共犯之一武藤彰。12月22日，对他们执行了绞刑。

与东京审判同时，国民政府依据盟国一系列宣言、决定等，迅速开展对日本乙级、丙级战犯的审判工作。1945 年 11 月 6 日，国民政府在重庆成立“（日本）战争罪犯处理委员会”，以此作为国家处理日本战争罪犯的最高权力机关，接着制定和颁布各种有关审判战犯的规章、细则、条例、制度等。与此同时，中国政府及中国民间机构也加紧进行搜集与调查日本战争罪犯罪证材料的工作。

1946年2月15日，国民政府陆军总司令部正式成立南京审判战犯军事法庭，石美瑜任庭长。8月27日，首先判处日本侵华重要代表人物即第一号战犯酒井隆死刑，9月13日执行枪决。

因日军第六师团长谷寿夫在南京大屠杀中犯有特大罪行，于是中国政府向盟军总部交涉，将谷寿夫从日本引渡到南京接受审判。1946年10月3日，谷寿夫被押解来南京。次年3月10日，法庭依据无可辩驳的事实，宣判谷寿夫死刑。4月26日，谷寿夫被执行枪决。

1947年12月18日，南京审判战犯军事法庭还判决在进攻南京及南京大屠杀期间，犯有疯狂斩杀中国战俘与平民的日军军官向井敏明、野田毅、田中军吉三名丙级重大战犯死刑。次年1月28日，此三犯亦被执行枪决。

东京远东国际军事法庭与南京审判战犯军事法庭对南京大屠杀案的审判，体现了历史的公平与正义。那些双手沾满中国同胞鲜血的刽子手们，被永远钉在了历史的耻辱柱上。

与此同时，中国各地法庭还对那些在日本侵华期间卖身投靠、积极为日本侵华战争与黑暗统治服务的伪政权、伪组织首要，先后进行了审判。这些汉奸也相继受到惩罚，其中陈公博、梁鸿志等被判处死刑，周佛海等被判处无期徒刑。

三、国共和谈

国民政府还都南京，原在重庆与国民党谈判的中共代表团在周恩来率领下，于1946年5月3日乘飞机到达南京，进驻梅园新村。代表团对外称中共代表团南京办事处，对内称中共中央南京局。

周恩来一行到达驻地，当晚便举行中外记者招待会。周恩来指出：中原局势甚为严重，全国内战可能爆发，因此首先应该停止中原内战。次日，周恩来会晤负责调处国共关系的美国总统特使马歇尔，阐明中共对制止中原战事的意见。在周恩来的坚持下，美方和国民党方面被迫接受他的建议，同意组成三人小组去中原军区所在地的湖北宣化店视察。

1946 年 5 月 8 日，三人小组在宣化店实地调处，听取中原军区司令员李先念愤怒指斥国民党军队破坏停战协定的大量事实。之后，慑于全国人民压力，国民党当局只好于 5 月 10 日在汉口与中共代表签订《关于停止中原内战的协议》，中原的紧张局势暂时得到缓和。但时隔一个多月后的 6 月 26 日，国民党军队即背信弃义，突然开始大举围攻中原解放区，宣告了内战的全面爆发。周恩来愤然暂时退出谈判，并在 9 月 16 日离开南京到上海避住。

10 月 11 日，国民党方面无视中共警告，调动军队攻占解放区重要城市张家口。当天下午，蒋介石立即宣布，由他们单方面决定召开的国民大会将在 11 月 12 日如期举行。此时，国民党继续以“和平”口号蛊惑人心，要挟中共宣布参加“国大”，并派员赴上海力邀周恩来到南京重开和谈。

这时，周恩来考虑到要用事实来彻底揭穿蒋介石假和平、真内战阴谋，于是便在 10 月 21 日飞返南京。周恩来到了南京，蒋介石只会见了几分钟，便离开飞赴台湾去了。他一走，和谈又告搁浅。29 日，回到南京的蒋介石在和谈方面仍然寸步不让，坚持只能以他所提条件为谈判基础。11 月 15 日，由国民党一手把持的“国民大会”在延期三天后仍执意召开，标志着国共和谈的大门关闭。

中共代表团在南京谈判期间，广泛地开展统一战线工作，积极争取、团结第三方面人士站在和平、民主一边，推动他们认清国民党内战、独裁的真实面目；并指斥国民党特务制造“下关惨案”，暗杀民主人士李公朴、闻一多的卑鄙行为是令人愤慨的法西斯暴行。

周恩来在梅园新村举行最后一次记者招待会（1946年11月16日）

11月16日，周恩来在梅园新村驻地举行了最后一次中外记者招待会，指出国民党召开一党包办的“国民大会”，是违背政协决议和全国民意的，中共坚决反对和不承认，现和平之门已被国民党一手关闭。19日，周恩来结束了半年多来在南京与国民党的艰难谈判，先行率领十余名代表团成员乘飞机返回延安。周恩来走后，董必武等继续留在南京坚持工作和斗争。

1947年2月28日，国民党政府限令中共代表团驻南京、上海、重庆三地的全部工作人员撤回延安，从而使国共谈判彻底破裂。3月7日，董必武率代表团驻南京、上海的全体工作人员74人，乘飞机返回延安。

四、渡江战役与南京解放

自国民党统治集团发动全面内战后，中国共产党领导人民解放军依靠人民支持，在各个战场上反击国民党军进攻。在进入战略进攻阶段后，人民解放军连续取得辽沈、淮海、平津三大战役的伟大胜利。面临军事、政治、经济不断加深的严重危机，因高唱“和平”而被揭穿真面目的蒋介石，在内外交困、众叛亲离的情况下，被迫于1949年

1月宣布“引退”，而他的总统职务则交由副总统李宗仁代理。

此时的国民党政府为求得喘息之机，实现划江而治，阻挡人民解放军渡江南下，组成和谈代表团，于1949年4月1日飞赴北平，与中共代表进行谈判。中共方面为早日结束战争，实现国家的统一、民主，从和平愿望出发，经反复磋商、谈判，最后于4月15日与其达成《国内和平协定（最后修正案）》，并规定4月20日为最后签字期限，但终被国民党政府拒绝。

和谈破裂，国民党政府紧急召集各院、部会议，决定将总统府、国防部迁往上海，行政院迁往广州，其他院、部、会分批疏散至广州、桂林、台湾等地。随后，国民党军政要员及其家眷纷纷逃离南京。4月23日，在南京的国民党党政机关及军、警、宪、特等各部人员与物资，通过水、陆、空交通运输工具，开始了惶恐混乱的紧急大撤离、大疏散。当日上午，代总统李宗仁、行政院院长何应钦等也乘专机飞离南京。

早在北平和谈期间，解放军在人民群众的支援以及中共地下组织情报工作的配合下，已经做好渡江的充分准备。4月20日国民党政府拒绝接受《国内和平协定》后的翌日凌晨，中国人民革命军事委员会主席毛泽东、中国人民解放军总司令朱德发布《向全国进军的命令》。

4月20日夜，人民解放军第二、第三野战军在第四野战军先遣兵团等的配合下，由总前委统一指挥，发起了史无前例、规模浩大的渡江战役。人民解放军百万大军在西起江西湖口、东至江苏江阴的长达千余里

千帆竞发，百万雄师横渡长江天堑

的浩渺江面上，以木帆船为主要航渡工具，分东、中、西三路进发，一举突破了国民党军队苦心经营了三个半月的长江防线，并挥戈南下，迅速向京沪杭之纵深地区前进。

其间，人民解放军渡江前线指挥部于 4 月 22 日下午命令第三十五军从正面渡江，直取南京城。当晚，该军部队不怕牺牲，英勇作战，对长江北岸之浦口、浦镇地区发起总攻。激战至 23 日晨 8 时，国民党守军全线崩溃，夺路南逃。第三十五军迅即占领江浦、浦口、浦镇整个地区。此时，兵锋直指长江南岸已近在咫尺的南京城。

4 月 23 日下午，为支援解放军渡江，江岸地区广大民众积极行动起来，自愿驾驶收集起来的船只，冒着密集枪弹奋勇驾船，多次往返于大江南北，将解放军战士运送过江。南京下关发电厂、轮渡所的工人率先开动小火轮，渡送第三十五军侦察员南下及解放军先头部队进城。傍晚，下关电厂船工驾驶保存下来的“京电”号运煤船，也顺利完成对渡江主力部队某团的运送任务。

早在渡江战役开始前的 1948 年 10 月，中共南京市委便根据中共中央上海局指示，转入以配合解放南京和准备接管南京而斗争的时期。为此他们团结其他民主党派力量，做了收集情报、策反国民党军警等大量卓有成效的工作，这对配合解放军发动渡江战役，以及保护、解放和接管南京，发挥了非常重要的作用。特别是当国民党各党政机关仓皇撤逃，解放军尚未进城之际，南京社会各界民众在中共南京地下组织的领导下，已积极行动起来，主动保护城市重要设施，保护档案资料，维护社会治安，防范敌特破坏，以迎接南京城的新生。

在渡江战役中，人民解放军攻占和接收南京的任务，原定由陈赓指挥的第二野战军第四兵团担任。根据 4 月 23 日南京守敌大多已经撤逃的新情况，总前委在向中央军委报告后，取消了该兵团的接管任务，改由第三野战军第八兵团的 2 个军负责南京城防，兵团司令员陈士榘、政治委员袁仲贤分任南京市警备司令、政委。兵团所辖第三十五军被委以占领和接管南京的重任。

4 月 23 日午夜时分，解放军强渡长江成功后立即进入南京市区。其中最先渡江的第三十五军第一〇四师 1 个加强营以及 2 个团的部队，从南京城左侧迂回前进，迅速占领紫金山地区，从东面控制了南京城；担任第二梯队的第一〇三师自浦口上游渡江后，从南京右翼直插清凉山等制高点，从西侧控制城西和下关江面，以保证后续部队安全渡江；第一〇五师则从浦口渡口渡江，直插南京市中心，占领了从新街口到中山门一线市区。南京全城宣告解放。

4 月 24 日凌晨，作为解放南京第一梯队率先渡江的第三十五军第一〇四师第三一二团，急行军到达鼓楼广场一带，占领北极阁等制高点。其先头部队特务连指战员很快与起义警察联系上，由他们带路直奔总统府及附近重要机关。

守卫总统府的警卫部队听到浦口失守的消息后，已于半夜时分慌忙撤走，连门口的卫兵都未留下，大院内空空荡荡，一片狼藉。冲进总统府的解放军指战员经过紧张搜索，随即在各门口及重要通道布置

中国人民解放军占领总统府

警戒，并当场俘虏十余名未携枪弹的总统府原卫兵。

天亮后，守卫总统府的解放军官兵登上总统府门楼，撤下旗杆上的国民党旗帜，随即升起一面鲜艳的红旗，由此宣告了国民党统治集团的覆灭。

中共中央主席毛泽东获悉南京解放，挥笔写下气势磅礴的《七律·人民解放军占领南京》诗一首：

钟山风雨起苍黄，百万雄师过大江。
虎踞龙盘今胜昔，天翻地覆慨而慷。
宜将剩勇追穷寇，不可沽名学霸王。
天若有情天亦老，人间正道是沧桑。

4月24日，解放军大部队沿着中山大道开进南京城。市民们热烈欢迎解放大军到来。全城红旗飞扬，鼓乐震天，欢呼声响彻云霄。

在中共南京党组织的配合下，解放军第三十五军入城后，即着手肃清国民党军散兵游勇，维护市区社会秩序，并强调遵守城市纪律。

4月25日，中国人民解放军南京市军事管制委员会成立，下设军事、财经、交通、政务、文化教育等若干接管委员会，分头进行各系统接管。之前中共中央已确定由刘伯承担任南京市首任市长兼中共南京市委书记，南京解放后，再任命刘伯承为南京市军管会主任，宋任穷任副主任。5月1日，中共中央向第二、第三野战军全体指战员发出庆祝南京解放的贺电。

南京，这座虎踞龙盘的著名古都，终于获得解放。这一伟大胜利，告慰了为革命胜利而献出鲜血生命的英雄先烈！揭开了在中国共产党领导下人民当家做主、社会全面发展进步的新的历史篇章！

大事记

距今 50 万年前

南京汤山一带已有人类活动。

距今 10 万年前

南京地区的长江南北已有旧石器时代早期先民活动。

距今 1.1 万年前

南京先民已经开始制作陶器。

距今 6000 年左右

南京地区先民在长江南岸的秦淮河、金川河（包括玄武湖）、古丹阳河（胥河）和长江北岸的滁河水系建立了许多原始聚落，先后创造了南京北阴阳营文化、江宁点将台文化、江宁湖熟文化。

周

自商末太伯、仲雍奔吴始，南京地区先民陆续在秦淮河、水阳江、青弋江、姑溪河、慈湖河和长江两岸，建立众多聚落。

周灵王十三年（前 559）秋，楚军伐吴，进驻长江北岸的棠邑（今六合），棠邑成为南京最早见于历史记载的城邑。

周景王四年（前 541），吴王余眛在今高淳区固城街道固城村创建濑渚邑（又名固城，亦名楚王城），成为南京长江以南建立的最早的一座政治、军事中心。

春秋末年，吴王夫差在今南京朝天宫建立一座规模较大的冶铸作坊，史称冶城。

周元王四年（前 472），越王勾践派遣大夫范蠡在南京城南长干里修建军事堡垒越城（又名长干城、范蠡城），是文献记载的南京建城史的发端。

周显王三十六年（前 333），楚威王熊商在南京石头山建金陵邑，标志着南京主城区设置行政区划的开始。

秦汉

秦始皇三十七年（前 210），改金陵邑为秣陵县，秣陵县治所位于秦淮河中游的今江宁区秣陵街道。

东汉光和四年（181），立《汉溧阳长潘乾校官碑》（即《校官碑》），该碑是南京和江苏地区发现的最早碑刻。

东汉建安十六年（211），孙权自京（今镇江）徙治秣陵。次年（212），改秣陵为建业，并在石头山楚国金陵邑故址上修筑石头城，作为军事堡垒和屯粮之所。

六朝

孙吴黄龙元年（229）四月，孙权于武昌（今湖北鄂州）称帝；九月迁都建业（今南京），此为南京建都之始。

孙吴黄龙二年（230），派将军卫温、诸葛直率领士兵万人乘船寻找夷洲（今台湾）和亶洲（今琉球），后得夷洲数千人而还。

孙吴赤乌三年（240），开凿城西南的运渎，连接秦淮河和皇宫后的仓城。

孙吴赤乌八年（245），开凿破岗渎，筑方山埭，沟通秦淮河和三吴地区。

孙吴赤乌十年（247），康居国僧人康僧会自交趾（今越南）经广州北上来到建业，孙权在建业为其建立了江南第一座佛寺——建初寺。

东晋建武元年（317），司马睿在建康（今南京）即晋王位，创建东晋；太兴元年（318），晋王司马睿称帝。

东晋太元四年（379），王羲之去世。其书法为历代书法家所推崇，享有“书圣”之美誉。

东晋元兴元年（402），顾恺之去世。其创作丰富，画艺精妙，留有名作《女史箴图》《洛神赋图》等。

东晋义熙十三年（417），刘裕北伐后秦，迁后秦都城长安百工之人，在建康城南秦淮河畔斗场里设置“斗场锦署”，从此南京织锦业登上历史舞台。

刘宋元嘉十五年（438），宋文帝在建康设四学馆，由雷次宗主持儒学馆，何承天主持史学馆，何尚之主持玄学馆，谢元主持文学馆，首开中国分科教育之先河。

刘宋元嘉二十二年（445），范晔被杀，著有《后汉书》纪传八十卷。

刘宋大明六年（462），祖冲之奏《大明历》，纠正何承天《元嘉历》的错误，并推算出中古时代最先进的圆周率的数值。

萧齐永明八年（490），谢朓作《入朝曲》，名句“江南佳丽地，金陵帝王州”流传千古。

萧齐中兴元年（501）至二年（502），刘勰著《文心雕龙》，该书作为首部体系严密的文学理论专著，在中国文学理论批评史上占有重要地位。

萧梁天监十二年（513），沈约去世，著有《宋书》。

萧梁中大通三年（531），萧统去世。他组织编选的《文选》，是中国现存最早的诗文总集。

萧梁大同二年（536），陶弘景去世，著有《真诰》《本草经集注》等。

萧梁大同三年（537），萧子显去世，著有《南齐书》。

隋唐

隋开皇九年（589），隋文帝杨坚灭陈，统一中国，将建康城邑宫室荡平为耕地，并在石头城设立蒋州。

隋仁寿元年（601），始建栖霞寺舍利塔，为五级方形木塔，为天下八十三州舍利塔之首。

唐贞观十年（636），法融来到江宁南郊牛头山幽栖寺北岩下，得禅宗四祖道信和尚传授，创立牛头宗。

唐上元三年（676），唐高宗李治撰文为栖霞寺创立者明僧绍立《明徵君碑》。

唐开元十三年（725）至上元二年（761），李白多次游历金陵名胜，为南京作诗59首，其中《长干行》《登金陵凤凰台》《金陵酒肆留别》等是脍炙人口的千古名篇。

唐乾元元年（758），颜真卿担任昇州刺史。次年（759），书写《乌龙潭放生池》等碑记。

唐宝历二年（826），刘禹锡在和州（今安徽和县）任上创作《金陵五题》，此前创作《西塞山怀古》，抒发吊古伤今之叹。

唐太和七年（833）至大中六年（852），杜牧多次往来于金陵，留下《江南春》《泊秦淮》等名作。

五代十国

杨吴天祐十二年（915），杨吴政权的实际掌握者、齐国公徐温对金陵城进行大规模建设。至武义二年（920），金陵城竣工。

杨吴大和四年（932），徐温养子、镇守金陵的徐知诰在已筑金陵城的基础上拓广周围达二十里。

南唐昇元元年（937），徐知诰改金陵府为江宁府，并正式受杨吴禅让，在江宁即皇帝位，国号大齐。三年（939），徐知诰恢复其本姓李氏，更名为李昪，改国号为大唐，史称南唐。

南唐保大八年（950），重修栖霞寺舍利塔，建成五级八面密檐式石塔。

宋

开宝八年十一月二十七日（976年1月1日），金陵城被北宋和吴越联军攻陷，后主李煜被俘，南唐灭亡。

天圣七年（1029），建江宁府学于冶城故址文宣庙（今朝天宫），景祐元年（1034）迁至城南秦淮河北岸（今夫子庙）。

熙宁九年（1076），王安石二次罢相后定居金陵，留下了许多描写南京的作品，如《桂枝香·金陵怀古》等。元丰七年（1084），苏轼来到江宁，会晤隐退在半山园家中的王安石，写下《同王胜之游蒋山》《次荆公韵四绝》等作品。

建炎四年（1130），韩世忠在黄天荡截击金军，金军被逐出江南。

乾道四年（1168），知府史正志在建康建贡院。次年（1169），重修建康府城及镇淮、饮虹两桥。

淳熙元年（1174），辛弃疾任职建康期间创作《水龙吟·登建康赏心亭》。

淳祐元年（1241），明道书院建成，后又建成南轩、昭明书院。

景定二年（1261），周应合纂《景定建康志》五十卷成。

德祐元年（1275），元兵占领雨花台，攻占建康城，改建康府为建康路。

祥兴二年（1279），抗元失利后被俘的文天祥，在被押解北上途经金陵驿时，创作《金陵驿二首》《酹江月》，为宋代慷慨爱国诗词之绝唱。

元

至元十七年（1280），白朴迁居建康，其重要著作多在此完成。

天历二年（1329），改建康路为集庆路。

至顺三年（1332），萨都剌移居建康，写下《满江红·金陵怀古》《念奴娇·登石头城》等多篇怀古作品。

至正四年（1344），张铉受聘纂成《至正金陵新志》十五卷。

至正十六年（1356），朱元璋攻占集庆路，改为应天府，称吴国公。

至正二十六年（1366），朱元璋下令在应天建造宫阙、城池，由刘基等卜地，定新宫于钟山之阳。

明

洪武元年（1368），朱元璋即皇帝位于应天府，改国号为明，以应天府为京师，改称南京。

洪武十三年(1380),明孝陵开始修建,位于紫金山独龙阜玩珠峰下。永乐三年（1405）完工，前后达25年之久。

洪武十四年(1381),在城北鸡鸣山下修建国子监,至十五年(1382)完工。

洪武十八年（1385），在鸡鸣山上设观星台，由钦天监管理。

永乐元年（1403），朱棣令翰林学士解缙等人在南京编修《永乐大典》。五年（1407），《永乐大典》修成。

永乐三年（1405），郑和奉命首次出使西洋。至宣德八年（1433），郑和率领船队共七次出使西洋，其航线最远到达西亚和非洲东海岸。

永乐六年（1408），浡泥国王率领亲属及近臣150余人访问明朝，抵达南京，受到永乐皇帝盛情款待。后因染急症不幸病故，葬于南京城南安德门外乌龟山。

永乐十年（1412），明成祖朱棣敕工部在天禧寺原址建大报恩寺，并建大报恩寺琉璃塔，该塔被誉为“世界第八大奇观”。

永乐十六年（1418），明成祖下诏刻大藏经，版存金陵大报恩寺，称为《永乐南藏》。

永乐十八年（1420），明成祖朱棣下诏于次年迁都北京，改京师为南京。

正德十六年（1521），散曲大家陈铎撰成《滑稽余韵》，该书生动描绘了南京社会风俗，是文学史上独具特色的散曲集。

万历十五年（1587），汤显祖在南京任职时创作的《紫钗记》，是中国古典戏曲瑰宝，与《牡丹亭》《南柯记》《邯郸记》合称为“临川四梦”。

万历二十一年（1593），李时珍去世。二十四年（1596），《本草纲目》在南京刊印。

万历二十三年（1595），意大利籍天主教传教士利玛窦第一次来到南京；二十六年（1598）、二十七年（1599），又两度来到南京，得到许可在城内居住，并建立教堂，进行传教活动。

万历二十八年（1600），徐光启赴南京，从利玛窦学习天文、历算及枪炮等西方科技知识，并皈依天主教，与利玛窦在南京合作翻译了《几何原本》，后又译《泰西水法》《测量法义》《勾股义》等书。

天启七年（1627），胡正言编印的《十竹斋书画谱》刊行。

清

顺治元年（1644），福王朱由崧在南京登基，史称“南明”。

顺治二年（1645），清兵入南京，南明弘光政权灭亡，清廷改南京为江南省，改应天府为江宁府。

康熙六年（1667），寓居南京芥子园的李渔创作中国戏剧理论重要著作《闲情偶寄》。

康熙十八年（1679），王概等人在南京编辑刻印《芥子园画传》，该书是中国流传时间最久、影响范围最广的古代中国画启蒙教材。

康熙二十三年（1684），康熙帝首次南巡至南京，同年，康熙《江南通志》在南京刊刻成书。

康熙三十八年（1699），孔尚任写成以南明王朝为背景的名剧《桃花扇》。

康熙四十五年（1706），伊斯兰学者刘智的汉文译著《天方典礼》在南京成书。

雍正元年（1723），两江总督查弼纳捐资建立钟山书院。

雍正九年（1731），两江总督尹继善等征集在籍儒臣，纂修《江南通志》。

雍正十一年（1733），吴敬梓离开家乡全椒，寓居南京秦淮水亭。此后，他在南京写下中国讽刺小说的代表作《儒林外史》。

乾隆三十年（1765），曹雪芹完成《红楼梦》，这部具有世界影响力的中国古典小说，在创作原型、语言风格、人物形象等方面，皆与南京有紧密联系。

乾隆五十五年（1790），袁枚《随园诗话》首次出版，阐发“性灵说”，倡导真情、个性、诗才，是清代影响最大的诗歌评论著作。

道光十八年（1838），两江总督陶澍在南京创办惜阴书院。

道光二十二年（1842），由于在第一次鸦片战争中战败，清政府被迫与英国在停留在南京下关江面的“康华丽”号战舰上签订了中国近代史上第一个不平等条约《南京条约》。

咸丰三年（1853），太平军攻克南京，改名天京，定为都城，正式建立了与清王朝相对峙的太平天国政权。

同治三年（1864），两江总督曾国藩迁安庆内军械所至南京，改称金陵内军械所，由徐寿、华蘅芳等人在南京长江边成功研制出中国第一艘蒸汽机轮船“黄鹄”号并试航成功。

同治四年（1865），署理两江总督李鸿章将苏州洋炮局迁至南京，创办金陵机器制造局，专门制造枪炮。

同治七年（1868），杨仁山居士在南京创立金陵刻经处，首刻《净土四经》，“为近世佛教重光之始”。

光绪十四年（1888），美以美会传教士傅罗在南京创办汇文书院。

光绪十六年（1890），两江总督兼南洋通商大臣曾国荃在南京创办江南水师学堂，专门培养海军人才。

光绪十八年（1892），基督医院（俗称马林医院）在南京鼓楼落成。

光绪二十二年（1896），署理两江总督兼南洋通商大臣张之洞创办江南陆师学堂及附设矿路学堂。

光绪二十四年（1898），为配合戊戌变法，钟山、尊经、惜阴、文正、凤池、奎光六所书院改为府县学堂。变法失败后，学堂重新改为书院。

光绪二十八年（1902），署理两江总督张之洞奏请于北极阁之南筹办三江师范学堂，次年（1903）正式招生入学，成为清末实施教育新政后规模最大、设计最新的一所师范学堂。三十一年（1905）改名为两江优级师范学堂，李瑞清担任监督（即校长）。

光绪三十三年（1907），两江总督端方在惜阴书院旧址创办江南图书馆，缪荃孙任总办，这是中国第一所公共图书馆。

宣统二年（1910），汇文书院与宏育书院合并，取名金陵大学堂。同年，历时半年的南洋劝业会在南京举行，为中国第一次举办国际性博览会。

民国

民国元年（1912）1月1日，中华民国临时政府建立，孙中山在南京就任中华民国临时大总统。

民国三年（1914），在两江优级师范学堂旧址上筹建南京高等师范学校，江谦任校长，次年（1915）正式成立。

民国七年（1918），中国科学社迁回国内，设总社于南京高等师范学校。

民国十年（1921），在南京高等师范学校基础上建立起国立东南大学，郭秉文任校长。

民国十二年（1923）8月20日至25日，中国社会主义青年团第二次全国代表大会在国立东南大学梅庵召开，出席代表包括毛泽东、邓中夏、瞿秋白等在内的29人。同年，朱自清与俞平伯以白话写作同题散文《桨声灯影里的秦淮河》，成为现代文学史上的佳话。

民国十六年（1927）3月，国立东南大学教授陶行知辞职赴南京郊外创办晓庄师范，同时创办附属晓庄小学。同年，国民政府决定将东南大学在内的八所院校合并改建为国立第四中山大学，主校址设在原国立东南大学。次年改称国立中央大学。

民国十七年（1928）2月，国立中央研究院天文研究所、气象研究所在南京成立，高鲁、竺可桢分别为首任所长。

民国十八年（1929）6月1日，国民政府举行孙中山灵柩奉安中山陵大典。

民国二十年（1931），中央体育场建成，全场可容纳观众6万人，其规模为当时“远东第一”。

民国二十一年（1932）6月，国立编译馆成立，隶属国民政府教育部，负责文化书籍及教科图书的编译和审查等。

民国二十二年（1933）4月，国立中央博物院筹备处成立，隶属教育部，以傅斯年为主任。

民国二十三年（1934）9月1日，国立中央研究院天文研究所举行紫金山天文台落成典礼，标志着中国天文学研究向前迈出了一大步，南京由此成为中国现代天文学的研究中心。

民国二十六年（1937）11月，国民政府决定迁都重庆，政府各机关、大中学校、科研院所等随之纷纷撤离南京。12月13日，日本侵略军攻占南京，进行了长达六周的惨绝人寰的大屠杀。

民国二十九年（1940）3月30日，汪伪国民政府在南京成立。

民国三十五年（1946）5月5日，国民政府在南京举行“还都”典礼，曾经外迁的文教单位、研究机构等相继回返南京。

民国三十六年（1947）5月20日，五二〇运动爆发，标志着第二

条战线正式形成。

民国三十七年（1948）3月，国立中央研究院正式选举了第一届81名院士。

民国三十八年（1949）4月23日，南京解放，国民党反动统治结束。

主要参考资料

[汉]司马迁撰：《史记》，中华书局1982年版。

[东汉]袁康、吴平辑录，乐祖谋点校：《越绝书》，上海古籍出版社1985年版。

[汉]赵晔著，苗麓点校：《吴越春秋》，江苏古籍出版社1986年版。

[晋]陈寿撰：《三国志》，中华书局1982年版。

[梁]沈约撰：《宋书》，中华书局1974年版。

[梁]萧子显撰：《南齐书》，中华书局1972年版。

[唐]姚思廉撰：《梁书》，中华书局1973年版。

[唐]姚思廉撰：《陈书》，中华书局1972年版。

[唐]许嵩撰，张忱石点校：《建康实录》，中华书局1986年版。

[宋]李昉等撰：《太平御览》，上海古籍出版社2008年版。

[宋]周应合纂：《景定建康志》，南京出版社2009年版。

[元]脱脱等撰：《宋史》，中华书局1977年版。

[明]宋濂等撰：《元史》，中华书局1976年版。

[明]礼部纂修、[明]陈沂撰，欧阳摩壹点校：《洪武京城图志·金陵古今图考》，南京出版社2006年版。

［明］陆粲、顾起元撰，谭棣华、陈稼禾点校：《庚巳编·客座赘语》，中华书局1987年版。

［清］张廷玉等撰：《明史》，中华书局1974年版。

［清］甘熙撰，邓振明点校：《白下琐言》，南京出版社2007年版。

［民国］叶楚伧、柳诒徵主编，王焕镳纂：《首都志》（上、下），正中书局1935年版。

［民国］朱偰著：《金陵古迹图考》，中华书局2006年版。

南京博物院编著：《南唐二陵发掘报告》，文物出版社1957年版。

范文澜：《中国通史简编》（修订本第二编），人民出版社1964年版。

蒋赞初：《南京史话》，江苏人民出版社1980年版。

中共代表团梅园新村纪念馆编：《国共谈判文献资料选辑》，江苏人民出版社1980年版。

南京大学历史系太平天国史研究室编：《太平天国史论考》，江苏古籍出版社1985年版。

中国古都学会编：《中国古都研究》（第二辑），浙江人民出版社1986年版。

中国第二历史档案馆等编：《侵华日军南京大屠杀档案》，江苏古籍出版社1987年版。

江苏省档案馆、安徽省档案馆编：《渡江战役》，档案出版社1989年版。

罗尔纲著：《太平天国史》，中华书局1991年版。

中共江苏省委党史工作委员会等编：《五四运动在江苏》，江苏古籍出版社1992年版。

南京市人民政府研究室编：《南京经济史》（上），中国农业科技出版社1996年版。

中共南京市委党史办公室编：《解放战争时期第二条战线·学生运动卷》中册，中共党史出版社 1997 年版。

中共南京市委党史工作办公室、中共南京市委宣传部编：《南京百年风云（1840—1949）》，南京出版社 1997 年版。

史念海著：《中国古都和文化》，中华书局 1998 年版。

邹厚本主编：《江苏考古五十年》，南京出版社 2000 年版。

邹劲风著：《南唐国史》，南京大学出版社 2000 年版。

胡阿祥著：《六朝疆域与政区研究》，西安地图出版社 2001 年版。

卢海鸣著：《六朝都城》，南京出版社 2002 年版。

吴汝康、李星学主编：《南京直立人》，江苏科学技术出版社 2002 年版。

王德滋主编：《南京大学百年史》，南京大学出版社 2002 年版。

罗炳权、王慧君主编：《解放战争时期的南京学生运动》，南京大学出版社 2002 年版。

王仲荦著：《魏晋南北朝史》，上海人民出版社 2003 年版。

张剑光著：《唐五代江南工商业布局研究》，江苏古籍出版社 2003 年版。

中共南京市委党史工作办公室、中共南京市委宣传部编：《南京历代风华（远古—1840）》，南京出版社 2004 年版。

经盛鸿著：《南京沦陷八年史》（上、下），社会科学文献出版社 2005 年版。

张连红主编：《金陵女子大学校史》，江苏人民出版社 2005 年版。

孟国祥著：《大劫难：日本侵华对中国文化的破坏》，中国社会科学出版社 2005 年版。

中共南京市委党史工作办公室等编著：《新四军与南京》，中共党史出版社 2005 年版。

徐传德主编：《南京教育史》，商务印书馆 2006 年版。

南炳文、何孝荣著：《明代文化研究》，人民出版社 2006 年版。

杨国庆、王志高著：《南京城墙志》，凤凰出版社 2008 年版。

南京市档案馆编：《南京解放》，中国档案出版社 2009 年版。

祁龙威、周新国主编：《辛亥革命江苏地区史料合集》，江苏人民出版社 2011 年版。

中共江苏省委党史工作办公室著：《中共江苏地方史·第一卷（1921—1949）》，江苏人民出版社 2012 年版。

孙宅巍著：《南京保卫战史》，南京出版社 2014 年版。

中共南京市委党史工作办公室编：《中国共产党南京历史大事记（1919—1949）》，中央文献出版社 2015 年版。

中共南京市委党史工作办公室编：《南京解放史（1945—1949）》，中共党史出版社 2019 年版。

刘淑芬著：《六朝的城市与社会》（增订本），南京大学出版社 2021 年版。

南京市地方志编纂委员会办公室编：《南京通史》（8 卷），商务印书馆 2021 年版。

中共南京市委党史工作办公室编：《南京党史一百年（1921—2021）》，中共党史出版社、南京出版社 2021 年版。

张光芒等著：《南京百年文学史》，江苏凤凰文艺出版社 2021 年版。

南京市地方志编纂委员会办公室编：《南京历史文化干部读物》，南京出版社 2023 年版。

卢海鸣、曹劲松主编：《江苏地方文化史·南京卷》，江苏人民出版社 2023 年版。

卢海鸣著：《南京近代建筑》，南京出版社 2024 年版。

后 记

※

为进一步学习宣传贯彻习近平文化思想，赋能文化强市建设，全面推进中华民族现代文明南京新实践，“走在前，做示范”，中共南京市委宣传部、南京市委党校和南京市地方志办公室研究决定，联合编纂一本权威可靠、通俗易读的《南京简史》，介绍南京历史发展脉络，展现南京在中华历史文明进程中的地位和作用。

2023年8月，在南京市第十次地方志工作会议上，“《南京简史（中英文版）》编纂”项目启动。会上，贺云翱、胡阿祥、夏维中、李天石、卢海鸣5位专家受邀担任该书学术顾问。会后，经过专家学者反复论证，确定了该书编纂提纲。全书除前言外，分为6章，约20万字、150幅图片。承担撰写任务的作者均为社会知名度较高，并对南京历史文化研究造诣颇深的专家学者，具体分工如下：

前言，贺云翱撰写；第一章，祁海宁撰写；第二章，胡阿祥、卢海鸣撰写；第三章，邹劲风、王淳航撰写；第四章，罗晓翔撰写；第五章，魏星撰写；第六章，杨颖奇撰写；大事记和主要参考资料，徐智汇编。全书由卢海鸣统稿。

本书的顺利出版，离不开专家学者的大力支持。贺云翱、胡阿祥、夏维中、李天石、曹劲松、李程骅、刘喜发等专家参加了书稿编纂大纲论证会。在组稿过程中，受邀的各位专家学者给予了大力支持，克服各种困难，慨然接受写作任务并准时交稿。初稿完成后，龚良、王志高、李天石、夏维中、曹劲松、张连红、吴光祥等参加了书稿终审会，专家们认真审读，提出了许多中肯的修改建议，作者们都认真吸收采纳。在此，我们向他们表示深深的感谢。由于水平和时间有限，书中难免有疏漏和不足之处，敬请大家批评指正。